안셀모의 관상기도 : 그 체험적 기록

그리스도와 친해지기

김기원 지음

마인드북스

국립중앙도서관 출판시도서목록(CIP)

그리스도와 친해지기 : 안셀모의 관상기도 : 그 체험적 기록 / 지은이: 김기원. -- 서울 : 마인드북스, 2011
  p. ; cm

ISBN 978-89-963495-3-2 03230 : ₩13000

신앙 생활[信仰生活]
관상 기도[觀想祈禱]

234.8-KDC5
248.4-DDC21   CIP2011002255

그리스도와 친해지기
-안셀모의 관상기도: 그 체험적 기록

초판 1쇄 인쇄 2011년 6월 7일
초판 1쇄 발행 2011년 6월 14일

지은이 • 김 기 원
펴낸이 • 정 영 석
펴낸곳 • **마인드북스**
주   소 • 서울시 강남구 대치동 889-5 샹제리제센터 A-1601호
전   화 • 02-6414-5995 / 팩 스 • 02-6280-9390
이메일 • mindbook@hanmail.net
출판등록 • 제2009-000311호
블로그 • http://blog.daum.net/mindbooks1
ⓒ 김기원, 2011

ISBN 978-89-963495-3-2 03230

* 이 책을 무단 복사, 복제 및 전재하는 것은 저작권법에 저촉됩니다.
* 저자와의 협약으로 인지는 생략합니다.
* 잘못된 책은 구입하신 곳에서 교환해 드립니다.
* 책값은 뒤표지에 있습니다.

추천의 글

최 일 도 목사
(詩人, 다일공동체 대표)

　이 책은 참으로 독특한 내용을 담고 있습니다. 관상기도의 체험을 그리스도의 생애와 엮어 한 편의 감동적인 신앙고백으로 완성시킨 경우는 우리 주변에서 흔히 볼 수 있는 일이 아니라고 생각됩니다. 그만큼 이 책은 귀하고 읽는 이에게 흔하지 않은 도전과 감동을 불러일으킵니다. 물론 관상기도 자체가 생소하신 분들에게는 이해하기 어려운 면이 없지 않겠지만, 그런 깊은 기도의 세계를 잘 모른다고 하더라도 복음 내용을 체험적으로 경험하게 하고 마침내 예수와 가까워지는 은총을 누리게 하는 데는 충분한 재료를 제공하고 있습니다.

　관상기도는 깊은 침묵 속에서 주님을 만나 마침내 그분과 온전히 하나가 되려 하는 기도 방법 일체를 일컫습니다. 주님을 마주 대한다(관상)는 의미에서 관상기도는 단순한 묵상과는 다른 일종의 신비라고 볼 수 있습니다. 이는 다른 모든 종교적 문화유산들과 마찬가지로 그리스도교가 자랑스럽게 생각하는 심오하고 아름다운 전통 가운데 하나입니다.

관상기도의 방법이나 관상 상태에 대한 단계들은 다양하게 기술되어 왔지만 그 기원을 거슬러 올라가자면 초기 수도원운동 훨씬 이전인 구약의 엘리야 시대까지 이를 수 있는 유구한 역사를 가지고 있습니다. 따라서 이 책이 토대로 한 이냐시오식 관상기도를 보다 잘 이해할 수 있으려면 기독교 영성사의 두 가지 큰 흐름을 먼저 살펴보아야 할 것 같습니다.

'긍정의 길(via positiva/ kataphatic way)'과 '부정의 길(via negativa/ apophatic way)'이 그것입니다. 한마디로 정리하자면 긍정의 길은 모든 피조물을 하나님께 나아가는 데 적극적으로 활용하는 것이고, 부정의 길은 모든 피조물을 철저히 배제시켜 하나님께 나아가려는 방법입니다.

즉, 긍정의 길은 자연세계나 나의 상상력과 오관을 적극 활용하여 하나님께 나아갑니다. 시편기자들이 자연 속에서 하나님을 찬양한 것이나, 동·식물, 심지어 태양과 달과 별에게서도 형제자매적 일치를 누렸던 아시스의 성프란체스코가 이를 잘 드러냅니다. 나아가 16세기에 예수회를 창립한 이냐시오 로욜라 역시 자신의 영신수련에서 제안했고 오늘날에도 많은 영성가들이 실천하고 있는 관상기도는 기도와 관련하여 전형적인 긍정적 방법이라 할 수 있습니다.

부정의 길은 이와 반대입니다. 우리의 생각과 느낌 혹은 개념들은 실상 아무것도 아닌 것(nada)으로 전제하고, 그 모든 것을 넘어 계신 하나님을 만나기 위해 본질적이지 않은 허상들을 벗겨 내려고 합니다. 전통적 의미에서의 관상기도와 중세기의 신비가 십자가의 성요한이나 아빌라의 데레사 등이 걸어간 영성의 길이 여기에 속합니다. 오늘날 또 한편에서 많은 관심을 끌고 있는 향심기도(centering prayer)는 이것의 전형적인 사례라고 볼 수 있습니다.

이 두 가지 길은 외면상 극히 상극을 이루는 것 같으나 실상 하나님의 신비 안에서는 맞닿는 점이 있습니다. 두 가지 길은 모두 기독교 영성사에서 공인된 길입니다. 개인에 따라 혹은 공동체에 따라 선호하는 경향이 있을 뿐입니다. 이 책은 전형적인 긍정적 방법인 이냐시오식 관상기도를 통하여 경험한 신비의 세계를 작가의 문학적 재능으로 반추하면서 다양한 장르로 표현해 놓은 작품입니다. 통상 기도 체험은 영성일기 형태로 남겨 두고 본인의 성찰 도구로만 사용하기 때문에 이렇게 책으로 엮어진 것은 퍽이나 이례적인 일입니다.

물론 이 책이 관상기도 때의 깊은 체험을 토대로 하고 있는 것이 사실이고 또 그것 때문에 강력한 메시지를 담고 있는 것도 사실이지만, 이 책은 단순한 영성일기나 관상기도를 소개하는 종류의 글이 아닙니다. 오히려 보다 보편적인 지평에서 신앙의 원리를 접할 수 있게 하는 감동적인 고백의 글이라 할 수 있습니다. 필자는 이것 때문에 책 출간을 무척 고민하였던 것 같습니다. 혹시나 관상기도에 대한 오해를 불러일으켜서 기도생활을 하시려는 분들에게 불필요한 짐을 안겨 드리지나 않을까 하고 말입니다.

그러나 저자가 서문에서 충분히 밝히고 있듯이 이 책이 그런 부작용을 낳지는 않을 것 같습니다. 오히려 복음서의 행간을 읽는 재미와, 한 신앙인의 깨달음의 과정에 동참하면서 자연스럽게 얻게 되는 신학적 통찰력을 누구든지 덤으로 받게 될 것 같습니다. 억지로가 아니라 참으로 자연스럽게 그리스도와 친해질 수 있다는 저자의 주장은 결코 과대 포장된 이야기가 아니라는 사실을 이 책을 접하는 모든 독자가 공감할 것입니다.

저자는 이 책의 판권을 그리스도와 공유한다고 천명하고 있을 정도입니다. 그만큼 이 책의 내용은 의지적인 묵상과는 다른 차원의 것을 담고 있습니다. 칼릴 지브란이 《사람의 아들 예수》라는 불후의 명작으로 예수와 관련된 인물들에 대한 천재 작가의 상상력을 신비롭게 펼쳐 보였다면, 이 책은 그리스도를 닮기 원하는 한 신앙인과 하나님과의 깊은 교류가 낳은 새로운 차원의 신비를 담은 문학작품입니다.

거듭 강조하는 바이지만 이 책은 그리스도를 따르고자 원하는 사람들은 물론이요 아직 예수와 깊은 만남이 없었던 분들에게도 공히 유익함을 선물할 것입니다. 어쩌면 근자에 유난히 드러나고 있는 교회의 부정적인 모습 때문에 침체에 빠져 있던 그리스도인들에게 잔잔한 파문을 일으키게 될지도 모르겠습니다. 모쪼록 이 책이 그리스도를 따르며 참된 제자가 되고 싶은 이들과 만나 묵상과 성찰 및 관상기도의 참신한 길잡이가 될 수 있기를 바랍니다.

인쇄판을 내며
(둘째 서문)

이 책은 예수그리스도를 사랑하는 한 사람이 관상기도(이냐시오식 유념적 관상기도: 상상력을 통한 묵상기도)를 통하여 체험한 바를 글로 엮은 것입니다. 첫 서문에서 고백하고 있듯이 이 책은 출판하려고 하다가 중단했었습니다. 그러나 이 이야기를 나누고 싶고 나누는 것이 좋겠다 싶은 상황이 자연스럽게 발생하는 바람에, 몇몇 분들에게 인터넷을 통하여 전자북 형태로 드린 바 있습니다.

그런데 전자북을 받으신 분들 중에는 컴퓨터로 책을 읽는 것이 불편해서 자비로 책을 제본하여 보시는 분이 계신다는 말씀을 듣게 되었습니다. 죄송한 마음이 들었고, 기왕에 나누기 시작한 바에야 읽기 편하게 만들어 드리는 것이 바른 도리 아니겠는가 생각하게 되었습니다. 결국 우여곡절 끝에 이렇게 인쇄물을 내는 데까지 이르렀습니다. 그리고 보니 이 숱한 사연을 통하여 주님께서 제게 주시는 깨달음이 참으로 풍요롭다는 것을 새삼 발견하게 됩니다.

이 글 묶음을 전자북 형태로 나눌 때 먼저는 관상기도(이냐시오식) 생활을 하시는 분들에게 유익이 될 것을 염두에 두었습니다. 그럼에도 불구하고 기도생활을 하시는 분들에게는 이 책이 주는 위험한 요소가 있습니다. 아마 이것 때문에, 이 위험한 요소를 잘 부각시켜 부작용을 최소화할 수 있도록 하는 장치를 마련하기 위하여, 책이 출간되는 과정이 (주님에 의해서) 여러 번 제약을 받았던 것 같습니다.

관상기도의 체험은 우리 각자에게 고유의 방식으로 주시는 은총의 선물이기에 누구의 것이 낫고 누구의 것이 모자라다 할 수 없습니다. 더욱이 누구의 것이 옳고 누구의 것이 그르다고는 도무지 말할 수 없는 일입니다. 주님께서는 각자에게 가장 적합한 방식으로 찾아가셔서 가장 필요한 모습으로 만나 주십니다.

그러므로 이 책이 전하는 기도 체험이 비교 대상이 되거나 모방의 대상이 되어서는 곤란합니다. 물론 여러분 스스로의 것과 마찬가지로 다른 이의 기도 체험도 우리 모두에게 주님의 사랑을 기억하게 하는 유용한 도구가 될 수 있을 것입니다. 그러니 세상 모든 피조물과 마찬가지로 이 책도 여러분과 주님과의 친교에 유익이 되는 만큼 취하시고 그 반대의 것이 있으면 버리십시오.

더불어 이 책은 관상기도와 별 인연이 없었던 분들에게도 유익할 수 있다고 믿습니다. 심지어 아직 예수님이 누구인지 잘 모르시는 분들에게도 하나의 체험적 안내서가 될 수 있습니다. 어쩌면 정교한 이론으로 단장된 교리서보다도 더 생동감 있게 주님을 만날 수 있는 도구가 될 수도 있겠습니다. 책 제목을 '그리스도와 친해지기'로 달아 놓은 것은 이처럼 그리스도와 별로 친한 적이 없었던 분들을 겨냥한 것이기도 합니다.

아무튼 이 책은 제게도, 여러분에게도 여러 가지 도전을 주는 주님의 메시지임에 틀림없습니다. 모쪼록 이 책이 지상의 모든 이들에게 그리스도와 진실한 친교를 이루는 데 좋은 도구가 되길 바랍니다.

2011년 사순절에
김기원 안셀모 드림

들어가며
(첫 서문)

　이 글은 주님과 나와의 연애편지와 같다. 그래서 딱히 다른 이들에게 공개할 만한 이유를 갖지 못한다. 그럼에도 불구하고 책의 모양으로 만든 것은 내 사랑의 여운들이 너무 진하고 커서 세상에 외치지 않을 수 없었기 때문이다. 하지만 이 분출욕은 내 눈을 어둡게 만들고 말았다. 정작 내게 필요한 것은 이 관상여행 동안 누렸던 풍요로운 사랑의 경험을 일상 속에서 실제적 연애로 실현시키는 일이었지만, 나는 그 이야기를 전하는 데만 온통 마음을 빼앗겨 버렸었다. 주객이 전도된 것이요 일의 전후가 뒤바뀐 것이었다.
　치기어린 짓임을 뻔히 알면서도 좌충우돌하면서 책은 만들어져 나갔다. 몇몇 영적 스승들께서 기도 체험은 나누는 것보다는 혼자 잘 간직하는 것이 좋다는 충고를 하셨지만 그런 충고는 금세 무시되어 버렸다. 책상에만 앉으면 나도 모르게 책을 만들고 있었다. 아무튼 내 연애담은 결국 이렇게 책 모양으로 완성이 되었다. 그 과정 또한 깨닫게 하는 바가 많았다. 여기까지 오게 된 사연은 이렇다.
　필자는 지난 2010년 5월 한 달간 이냐시오 영신수련 피정을 통하여 많은 은총을 받은 바 있다. 그런데 피정 도중에 영성일기를 쓰면서 스스로 보기에도 탄복할 만한 영적 체험들이 쌓이자 이것을 모아 책으로 내야 하겠다는 '분심'이 생겼다. 산책 도중에 불현듯 찾아든 이 분심은 그 산책을 마치고 돌아오며 바로 기도의 방해꾼으로 알아차리고 물리치려 했었다. 그리고 그날 면담 시간에 영적 지도자에게 털어놓음으로써 그 분심에서 해방된, 아니 적어도 이후 기도에 방해를 주지는 않게 된 경험이 있다.

그런데 기도를 마치고 세상으로 나와서 영성일기를 정리하는 순간, 이제는 기도 시간도 아니니 이것을 책으로 엮어내는 일은 어쩌면 나의 사명과도 같은 것 아닐까 하는 생각을 품게 되는 것이었다.

피정을 마치고 세상과 조우하는 연착륙의 시기는 30일 침묵피정 속에서 받은 은총을 잘 되새기고 적용시켜 나갈 채비를 하는 중요한 과도기라고 볼 수 있다. 그런데 필자는 이 시간 동안 피정 시 육필로 기록해 놓았던 영성일기를 책 모양으로 엮어 내는 일을 열심히 했다. 물론 일기를 다시 정리하면서 받는 은총 또한 대단한 것이었지만, 책을 만들려고 애쓰는 것보다 더 마음을 두어야 되었을 일들이 많았다. 생각하면 부끄러운 일이다. 무릇 모든 깨달음의 결과가 그렇듯이 조용한 실천만이 내가 누리고 있는 사랑을 진정한 사랑으로 여물게 할 것이다. 이는 '관상과 활동'의 조화 이전의 문제다.

어쨌든 피정 기간 영성일기를 쓰면서 모든 기도 체험의 내용을 죄다 글로 옮겨 놓는 미련한 짓을 했었고, 그때 기도 체험을 글로 옮기면서 문학적 기법을 가미하도록 주님께서 허락하신 부분이 있었기에, 글은 나름대로 모양새를 갖추게 되었다. 그리고 예수님의 강생에서부터 부활 승천에 이르기까지를 연결시키니 하나의 완성된 스토리가 되며 내가 읽어도 감동이 있었다. 주님을 스승으로 모시겠다는 크리스천이라면 이 스토리에 한 번쯤 귀 기울여 보는 것도 괜찮을 것 같아 보였다. 그리고 관상기도, 특히 거룩한 상상력을 총동원하는 이냐시오식 관상기도 방법을 좀 더 잘 알고 싶은 분들에게는 하나의 가이드가 될 수도 있겠다 싶었다.

그러나 초심은 이것이 나와 주님과의 관계에, 그리고 이 글을 읽을 사람들과 주님과의 관계에 선익이 있으면 출판될 것이고 아니면 못 될 것이라는 비교적 경도되지 않은 마음이었지만, 시간이 지날수록 그 양상이 바뀌어 갔다. 이것을 반드시 책으로 내겠다는 욕심은, 시나브로 출판되지 않아도 좋다는 생각을 압도하고 말았다.

이윽고 이 욕심(과시욕)은 나의 체험이야말로 그 누구의 것보다 뛰어난 것이고 자랑할 만한 것이라고 착각하게 만들었다. 사실 관상기도의 체험은 누구에게나 고유한 방식으로 은혜롭게 주어지는 신비로운 하느님의 선물이기에, 그 누구든 특출하고 유별나고 재미있는 방식으로 주님을 만나게 되어 있다. 그것을 우리는 '신비'라고 부른다. 그런데 나는 이것을 부지불식간 무시해 버리고 내 것만 특출한 것처럼 착각한 채, '세상 사람들'에게 출판하려고 안달이 나는 지경까지 이르렀다.

물론 주님을 강렬하게 만난 신비한 체험을 가슴속에 묻어 두기란

쉽지 않은 일이다. 조금 다른 성격의 것이긴 하지만, 필자는 예레미야 예언자의 체험적 고백처럼 내가 그것을 말하지 않으면 가슴에 불이 나서 견딜 수가 없는(예레미야 20:9) 그런 일을 체험하였다. 우리의 주님이요 스승이신 예수님을 이토록 강렬하게 만나고, 처절하게 만나고, 오래 만나고, 마침내 나의 모든 것을 다 드려도 모자랄 것 같은 내 사랑하는 친구로 만났으니 그럴 만도 한 일이었다.

그러나 그것은 다윗의 아들 암논이 이복여동생에 대한 사랑의 열병에 걸린 나머지, 그 사랑을 성취할 수 있는 바른 방법이 있었음에도 잘못된 선택을 하였듯(사무엘하 13장) 나로 하여금 과시욕에만 정신이 팔려 정작 중요한 것에서는 점점 멀어져 가게 하는 결과를 초래했다. 사랑과 그 사랑의 성취보다는, 나의 사랑을 다른 이들에게 과시하는 데 온통 마음을 빼앗기는 과정이라고나 할까…….

출판 기회가 무산되는 등 정신을 차릴 만한 징표를 받고서도 마음 깊은 데에서는 좀처럼 출판에 대한 미련을 버리지 못하고 있을 때, 주님은 다른 영성수련에서 나에게 관상기도를 안내하며 면담하는 일을 맡게 하셨다. 그리고 비로소 확연히 알게 되었다. 지금 내게 필요한 것이 무엇인지를. 그래서 이렇게 결심하게 되었다.

다른 사람들에게 말하기 전에 나야말로 한때의 감흥에 매이지 말고 보다 깊이 주님을 만나는 영적 진보에로 나아가야 한다. 그러기 위해서는 더 깊게 더 알차게 더 오래 더 많이 기도하고 더 충실하게 사랑해야 한다. 설익은 초보운전 경험(필자는 30일 피정이 처음이다)을 세상에 내놓으려 하는 것은 참으로 낯

두꺼운 일이다. 겸손해야 한다. 중요한 일은 내가 주님을 더 깊이 알고 더욱 열렬히 사랑하는 것뿐이다. 그리하여 지금보다 두 배, 세 배, 열 배로 더 친근하게 주님을 따르게 되는 그것이다. 그 외의 모든 것은 다 이에 귀속되는 일이고, 일이어야 한다. 지금 내게 중요한 일은 책을 만드는 것이 아니라 사랑의 열매를 맺어 나가는 일이다.

너무나 명쾌한 진리다. '겸손'은 나와 세상을 객관적으로 명료하게 인식하는 '진리에 이르는 문'이라 했는데, 30일간의 영적 여정 직후 내게 필요한 첫 작업은 바로 겸손의 회복이었다. 그리고 정말 내게 필요한 일, 곧 세상 속에 숨어 계신 주님을 만나 사랑하는 일, 관상의 세계에서가 아니라 실재의 세계에서 사랑하는 일을 하나하나 해 나가는 것이었다. 이는 곧 관상기도가 관상생활로 뿌리내리는 일이요, 스스로를 죽여 부활 생명을 사는 '예수따르미' 본연의 자세에 천착하는 바른 길(正道)인 것이다.

언젠가 사람들에게 내 인생의 목표는 세상의 하수구가 되는 것이라고 떠벌였던 적이 있다. 지금 생각하면 기특한 발상이긴 하나 너무 머릿속에서만 맴돈 이야기 같다. 그런데 이제야 그 말이 나의 남은 인생에서 뚜렷한 잣대가 된다. 오히려 '세상이 알아주지 않는' 복을 받아 누린다면 나는 진짜 행운아일 것이다. 하수구처럼 어련히 거기 있어야 할 것이라고 사람들이 신경 쓰지 않은 사이, 세상의 온갖 더럽고 아픈 것들을 받아 치워 주는 사랑의 터널이 될 수 있다면 얼마나 영광인가.

아무튼 이제 책의 형태로 완성된 이 글 엮음은 타임캡슐처럼 내 창고 어딘가에 묻어 버린다. 언젠가 필요할 때 주님께서 캐내도록 하셔서 다른 이들과 나눌 수도 있고 없을 수도 있다. 그러나 인쇄물로의 출판 여부는 이제 나와 더는 상관없는 일이 되었다. 출판과 관련한 모든 주도권은 이 책의 주인공이시며 편지의 당사자이신 주님께 전적으로 일임되었다.

이제야 홀가분하고 겸손한 마음으로 책의 서문을 완성하는 것 같다. 이 책을 이렇게까지 만들어 나오면서 나의 부끄러움은 하늘에 닿았다. 이제는 땅에서 땅의 일을 해 나가는 일만 남았다.

오 주님.
죄송하고 감사합니다.

주후 2010년 8월
김 기 원 안셀모

차 례

* 추천의 글 3
* 인쇄판을 내며 7
* 들어가며 10
* 여행 가이드 20
   원리와 기초 29

제1부 육화(Incarnation)　　　　　　　　　　31

- 강생 32
- 탄생 43
- 봉헌 50
- 피난 56
- 어린 시절 63
- 성장기 69

제2부 공생애(Compassion)　　　　　　　　　79

두 깃발 80
- 세례 81
- 광야 수련 88
- 공생애의 시작 95

- 부르심: 어부들 101
- 부르심: 마태오 107
- 제자단 113
- 첫 행적: 혼인 잔치 117
- 가르침 122
- 그리스도의 감각: 해방 126
- 그리스도의 감각: 끈질김, 맹렬함 130
- 그리스도의 감각: 궁극적 지향 134
- 그리스도의 감각: 치열함 142
- 그리스도의 감각: 종합 성찰 150
- 성전정화 152
- 오병이어 163
- 변모 168

세 가지 겸손 172
- 라자로 173
- 향유 177
- 공생애에 대한 마무리 성찰 180

제3부 수난(Passion) 185

- 예루살렘 입성 186
- 파스카 만찬: 세족례 194
- 파스카 만찬: 성찬례 202
- 파스카 만찬: 세족과 성찬례 반복 209
- 수난의 길: 번민 215
- 수난의 길: 번민 반복 221
- 수난의 길: 체포 223
- 수난의 길: 산헤드린 230

- 수난의 길: 사형선고1　238
- 수난의 길: 사형선고2　245
- 수난의 길: 십자가의 길　250
- 수난의 길: 십자가의 길 반복　256
- 십자가 위에서 돌아가심　261
- 묻히심　269
- 돌아가심과 묻히심 반복　275
- 수난의 여정 마무리 성찰　280

제4부 부활(Resurrection)　281

- 부활1: 어머니께 발현　282
- 부활2: 여인들에게　291
- 부활3: 엠마오　297
- 부활4: 토마　307
- 부활5: 좋네, 그런 마음으로 나를 따르게　315
- 승천　325
- 마지막 성찰　331

제5부 사랑의 관상　333

하느님은 진실하십니다.
그분은 여러분을 부르셔서
당신의 아들 우리 주 예수 그리스도와
친교를 맺게 해주셨습니다.
- 고린도전서 1장 9절 -

여행 가이드

서문에서 밝힌 대로 이 책은 이냐시오 영신수련 때의 체험 일부를 글로 엮어 낸 것이다. 원래 이냐시오 영신수련은 잘 짜인 수련 프로그램이다. 삶의 원리에 대한 성찰, 죄가 무엇인지에 대한 성찰에서 시작하여 복음서가 전하는 예수님을 체험적으로 만나게 함으로써 그리스도를 통한 하느님 사랑의 원리를 온몸으로 깨우치게 하는 매우 훌륭한 영성수련이다. 때문에 16세기 초에 만들어진 이 수련프로그램이 21세기에도 로마가톨릭교회에서는 공인되고 장려되는 수련일 뿐만 아니라, 교파를 초월하여 수많은 그리스도인들에게 권장되고 있는 영성훈련 방법인 것이다.

그러나 이 책이 이냐시오 영신수련의 은총을 반영하고 있다손 치더라도 영신수련 자체를 소개하는 것은 아님을 먼저 밝혀 둔다. 이것은 주의해야 할 대목이다. 여기에서는 오직 복음 안에서 관상기도를 통하여 만나는 그리스도를 전하고 있을 뿐이다. 그러므로 이냐시오 영신수련을 제대로 이해하고 접하려면 직접 그 수련에 임하는 것 외에는 다른 방법이 없음을 이해하시기 바란다.

그럼에도 불구하고 이 책이 담고 있는 여정은 영신수련이 지향하는 바의 핵심 중의 하나를 여러분에게 전달할 수 있는 훌륭한 도구가 된다는 사실 또한 틀림이 없는 것이다. 비록 영신수련의 전 과정을 포함하고 있지는 못하지만, 이 책이 진행하고 있는 순서에 따라 여러분이 성경의 신비 속에 함께 젖어 들어 여행을 할 수 있다면, 여러분은 틀림없이 이냐시오 영신수련의 큰 목표 중 하나인 '그리스도와 친해지는' 은총을 누릴 수 있을 것이다.

이 책 내용을 이해하기 위해서는 먼저 이냐시오 영신수련 내용을 간단하게 소개하지 않을 수가 없는 것 같다. 영신수련은 절대 침묵 속에서 주어진 과제에 따라 하루에 네 번에서 다섯 번의 기도를 함으로써 주님과 만날 수 있도록 인도한다. 거의 온종일 깊은 기도에 몰입하게 되는 고된 훈련인 셈이다. 더구나 30일간 쉬지 않고 지속하는 것이기에 더더욱 만만치 않은 여정이다. 그 한 번의 기도는 기도 준비(성경봉독과 새김)로 약 15분, 본기도 한 시간, 기도 성찰 약 15분으로 탄탄하게 구성된다.

영신수련의 초반부는 소위 '원리와 기초'에 대한 깊은 성찰을 유도하기 때문에 성경을 토대로 묵상기도를 하도록 되어 있지만, 제2부라 할 수 있는 그리스도와의 여정(복음서를 통하여 예수 그리스도의 생애에 동참하는)에서는 이냐시오 로욜라식의 독특한 관상기도를 하게 된다. 이는 '유념적 관상기도'라 불리는 것으로 주님께서 우리의 상상력을 이용하셔서 당신을 체험적으로 만날 수 있도록 인도하시는 탁월한 기도방법이다. 이 복음관상기도의 구체적 방법은 다음과 같다.

기도를 준비하는 성경봉독 시간에는 먼저 이 모든 기도의 과정에 대한 주님의 은총을 구하는 기도를 한 다음, 경건한 마음과 태도로 본문을 읽어 나간다. 성경 공부하는 자세가 아니라 묵상하는 태도로 음미하듯 읽는다. 비교적 긴 본문을 관상할 경우 영화의 scene을 넘기듯 주요 매듭들을 잘 숙지하도록 한다. 그러나 전체 구성을 잘 파악할 수 있을 정도까지 한두 번 이상 정독한 다음에는 더 이상 매이지 않도록 다시 들추어보거나 하지 않는다. 이후 기도 시간에는 성령께서 나에게 맞도록 스토리를 진행시켜 주시기 때문이다.

경당에서 자세를 갖추고 하게 되는 본기도 한 시간은 다시 준비기도와 본격적인 관상의 시간으로 나눌 수 있다. 먼저 주님의 현존에 대한 예배, 기도를 진행하려는 스토리의 구성, 장소의 구성, 그리고 기도를 통하여 얻고자 하는 은총을 구하는 등 약 10분에서 15분간 준비기도의 시간을 가진다. 이때 기도를 통하여 얻고자 하는 은총은 다른 무엇보다 예수 그리스도를 더 잘 알고, 열렬히 사랑하며, 친숙하게 따를 수 있는 자신이 되는 것을 지향하게 된다.

그리고 본격적인 관상의 기도 시간에는 우리가 흔히 성경을 읽으며 '묵상'하는 것과는 전혀 다른 방식으로 주님을 만나게 된다. 아주 단순화시켜서 말한다면 주연이 예수님인 영화에 함께 출연하여 영화를 찍어 나가는 것이다. 여기 책으로 묶은 관상여행은 바로 이 본격적인 관상의 시간에 일어난 일을 글로 묘사해 놓은 것이므로 어쩌면 여러분은 이 글을 영화를 보는 기분으로 읽어 나갈 수 있다. 물론 관상기도는 수동적 자세로 누리는 은총의 신비이기에 실제 관상 상황에서는 억지로 시나리오를 '주입'시키는 일은 없어야 한다.

묵상이 내 지성을 총동원하여 말씀을 '조직화'하는 것이라면, 관상은 현장 안에 들어가서 모든 상황을 '체험'하며 주님이 인도하시는 바대로 그냥 흘러가는 것이다. 관상기도 안에서는 의지적인 의미추구 행위가 없다. 복음 상황이 마냥 진행되는 가운데, 다시 말해서 주님과 함께 현장을 만들어 나가면서, 자신도 모르는 사이에 체화되는 성부께서 주시는 은총을 발견하는 것이다. 그러므로 묵상에서 얻는 은총의 선물과는 전혀 다른 차원의 영적 체험이 주어진다.

이냐시오 관상기도 시간에는 자신의 기억과 지성, 감성과 영적 감수성이 총동원된다. 그것은 결코 자신이 만들어 내는 허상이 아니라 하느님께서 허락하시는 선물이다. 혼자 앉아서 공상에 잠기는 것과, 복음 앞에서 엎드려 기도하고 주님께 기도의 과정 전체를 의탁하는 것은 엄청난 차이가 있다. 우리는 기도의 열매를 보면서 그것을 바로 확인할 수 있다. 이게 진짜인지 가짜인지…….

아무튼 이냐시오 관상기도 안에서는 우리가 막연하게 생각하는 것과는 본질적으로 다른 체험을 허락하시게 된다. 흔히 그것은 상황의 '바라봄'에서 시작되지만, 성경의 이야기가 진행되는 가운데 자기도 모르게 주요 등장인물로 변하기도 하고, 심지어 예수의 마음 안으로 들어가기도 한다. 이 모든 것은 결코 '의도된' 것이 아니다. 성령께서 인도하시는 것이다.

그래서 때로는 어떤 분위기 안에 한없이 잠기기도 하고, 향기에 취해 머물기도 하고, 상상도 하지 못한 촉감에 매료되기도 한다. 생각지도 않은 시와 노래가 등장하기도 하며, 끔찍한 독설과 만나기도 한다. 어떤 때는 등장인물과 한없는 대화의 시간을 가질 때도 있고, 등장인물의 연설이나 기도를 내가 주체적으로 진행할 때도 있다. 물론 이러한 일은 나의 온전한 의탁(나의 상상력마저도 주님께 그 자유의 주도권을 드리는)에 의해서만 가능해지는 일이다.

그리고 영적인 체험을 자각하는 각성의 시간은 기도 시간 안에서만 주어지는 것이 아니다. 물론 기도 안에서 강한 체험을 경험하는 것이 대부분이지만, 때로는 기도 성찰 시간에, 산책하는 시간에, 식사 시간에, 심지어 화장실에서 볼 일을 볼 때 관상 시간 동안에 있었던 체험의 열매를 주실 때도 있다. 어쩌면 이것이 나의 공상의 결과가 아니라는 증거일 수 있다.

무엇보다 중요한 점은 이 모든 것의 중심에는 예수가 있다는 사실이다. 관상기도는 결코 '삼천포로 빠지지' 않는다. 여하한 경우에서든 주연배우는 예수님이다. 영화의 관객들이 그렇게 되듯이, 우리는 관상기도를 통하여 종국에는 주인공 예수를 만난다. 결국 기도 전반을 통하여 그리스도와 더욱 가깝게 되는 것이 우리의 목표가 되는 것이다. 여러분은 바로 그런 마음으로 이 책을 읽기 시작해야 한다. 예수를 더 잘 알고, 더 잘 사랑하고, 더 깊이 따르기를 바라는 마음……

이 책에 수록된 이야기는 그야말로 너무나 개인적인 만남의 열매일 뿐이다. 여러분은 훨씬 더 다양한 방법으로 복음 안에서 주님을 만날 수 있다. 그러므로 여기에서 진행되는 이야기는 무수한 만남의 이야기 중 하나라는 사실을 잘 인지하시기 바란다. 꼭 이래야만 되는 것이 아니라는 말이다. 여러분은 여러분에게 맞는 방식으로 주님께서 은총의 선물을 주실 것이다. 그러니 관상기도의 열매를 얻고자 하시는 분이라면 스스로 해당 본문을 가지고 '수동적 의지'를 동원하여 관상의 세계로 들어가셔야 비로소 뜻을 이룰 수 있다.

그러므로 이 책은 그저 한 편의 에세이를 읽듯이 재미있게 읽어 나갈 수도 있다. 그러나 안셀모 개인의 체험이 재미있는 '환상적 이야기'로만 남게 된다면 이 책이 갖는 의미는 반감될 것이다. 비록 이 책이 '안셀모'가 관상기도를 통하여 만난 예수의 이야기이긴 하지만, 여러분은 적어도 이 책을 읽는 동안에는 또 다른 '안셀모'가 되어 안셀모가 만나는 예수를 '체험'할 수 있을 것이다.

그렇게 하려면, 먼저 성경 본문을 잘 정독하고 숙지해야 한다. 여기 수록된 기도 내용은 모두 성경의 충분한 정독과 깊은 숙지에서 출발된 것이다. 처음에는 책에 성경 본문을 수록하지 않으려 했지만 혹시 여러분이 성경봉독을 간과하지나 않을까 하는 노파심에서 모든 본문을 수록하였다. 꼭 읽으시라는 권유이다. 그 다음에는 하느님 앞에 앉아 있는 마음으로 이 책이 전개하는 이야기를 경청하시기 바란다. 그저 재미있는 이야기로만 듣지 말고, 가능하면 진짜 상황이라는 마음으로 이 기도여행의 이야기 속으로 들어가신다면 여행다운 여행, 깊은 영적 체험을 유발하는 뜻있는 여행이 될 것이다. 겉만 보지 말고 묘사된 이면의 세계로 들어가서 천천히 상황을 음미하는 것이 여행하는 이의 바른 자세 아니겠는가…….

그러나 덧붙일 것은 이 책의 내용이 거룩한 상상력을 이용한 관상기도의 것이라는 사실을 인정하셔야 한다는 점이다. 어쩔 때는 전혀 앞뒤가 맞지 않는 구성이 나올 때도 있다. 심지어 너무나 상식적인 것조차 깨뜨릴 때가 있을 수 있다. 더구나 일관된 화자가 등장하는 것이 아니라 이야기의 주체가 수시로 바뀌기도 한다. 이 정도는 현대소설의 기법을 어느 정도 맛보신 분들에게는 큰 어려움이 없으리라 본다.

여기 수록된 여행기는 예수님의 생애를 따라 주님의 태어나심에서부터 출발하여 승천까지를 담게 된다. 한마디로 예수님의 '수정란' 시절부터 여러분은 예수님과 동행하게 된다. 힘들게 머리를 써서 만나는 여행이 아니라 복음 상황 안에서 함께 살아가는 체험이니만큼 예수 그리스도와 격의 없이 친해질 수 있는 여행이다. 그러나 그 친교는 터무니없는 환상 속에서 이뤄지는 것이 아니다. 필자는 모태 신앙에다 체계적 커리큘럼에 따라 신학을 공부한 사람이다. 따라서 주님께서 활용하신 필자의 상상력에는 상당히 많은 신학적 지식이 전제되어 있지 않을 수 없다. 그러므로 여러분은 안셀모의 관상여행에 동행하면서 시나브로 성서신학적 열매와 교의신학적 열매를 취할 수가 있을 것이다. 생각건대 체계적으로 논술된 신학서적을 읽는 것보다 오히려 더 쉽고 확고하게 유익한 신앙체계를 다져 나갈 수 있으리라 믿는다.

네 복음서가 전하는 예수 이야기만 해도 상당히 많은 것이다. 따라서 여기에서는 지면 관계상 전형적인 것만 수록하였다. 필요시에는 두 개의 기도 체험을 하나의 이야기로 묶기도 했다. 그러나 수난 상황에서와 같이 여러 가지 체험을 허락하신 부분은 반복과 재반복 기도까지도 실었다. 각각의 기도 체험이 남다르게 소중했기 때문이다. 아울러 그것은 여러분도 참으로 다양한 기도 체험의 은총을 누릴 수 있다는 증거가 될 것이다. 여러분은 이 관상기도의 실재 사례를 통하여 더욱 풍요롭게 주님을 관상할 수 있을 것은 두말할 나위가 없다.

여기에 사용된 성서 본문은 「공동번역」을 사용하였고, 모든 외국어나 외래어는 「공동번역」이 적용한 원칙에 따라 표기법을 따랐다. 개신교회 신자들에게는 다소 생소한 표기법이겠지만 이는 이 책이 보다 보편적인 지평을 얻기 위한 필자의 의도적인 조치임을 미리 밝힌다. 교파 교단을 초월하여, 예수를 따르고자 하는 모든 이들에게 이 책이 선용되기를 바라는 마음이다.

관상 항목마다 거의 사족과 같은 '관상의 길'이 제시되었다. 이것은 '안셀모'가 관상할 때 어떤 방향으로 관상이 진행되었는지를 간단하게 표현한 것뿐이다. 필요하면 눈여겨보시고 그렇지 않으면 넘어가셔도 된다. 그러나 기도 이후에 성찰한 내용을 요약하거나 서술한 부분은 묵상하는 마음으로 읽어 주시면 고맙겠다.

자 - 이제 여행을 시작한다. 관상기도하는 이의 자세처럼 모든 선입견 내려놓고 오직 주연되시는 예수님께 주목하면서 여행을 시작하시기 바란다!

주 예수 그리스도여!

이 여행을 통하여,

당신을 더 잘 알기 원합니다.

이 여행을 통하여,

당신을 진정으로 사랑하기 원합니다.

이 여행을 통하여,

당신을 친밀히 따를 수 있기를 원합니다.

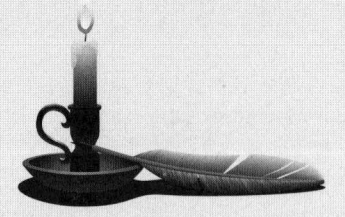

원리와 기초

　사람이 창조된 것은 우리 주 하느님을 찬미하고 경배하고 섬기며 또 이로써 자기 영혼을 완성하기 위함이다. 하느님은 당신 사랑의 충만한 결과로 인간을 창조하시고 그 사랑의 관계 안으로 끊임없이 초대하고 계신다.

　그리고 이 세상의 다른 사물들이 창조된 것은 이 창조된 목적을 추구하는 데 도움을 주기 위해서이다. 그러므로 그것들이 이 목적에 도움이 되면 그만큼 사용할 것이고, 이 목적에 방해가 되면 그만큼 버려야 한다.

　즉, 우리는 우리의 자유 의지에 맡겨져 있는 모든 피조물들에 대해 초연해지도록 힘써야 한다. 시간(나이), 자연생태계, 재주(능력), 재화, 먹고 마시고 입는 것 등 모든 피조물은 그 자체로는 가치중립일 뿐이다. 하느님과의 관계에 도움이 되는 측면에서 취할 것은 취하고 버릴 것은 지나가게 하면 된다.

　그리하여 질병보다 건강을, 가난보다 부를, 불명예보다 명예를, 단명보다 장수를 더 원하지 않을 수 있게 된다. 다른 모든 일에 있어서도 이와 마찬가지로 오직 창조된 목적으로 우리를 더욱 이끄는 것을 원하고 선택하도록 해야 한다.

　무릇 모든 죄는 이 원리와 기초를 벗어나려는 일체의 시도에서 시작되어 우리를 비참하게 만드는 것이다. 반대로 구원은 원리와 기초를 회복하는 것이다.

　　　－ 이냐시오 영신수련의 출발이자 마침인 첫 명제 －
　（필자의 깨달음에 따라 내용을 첨가하거나 자구를 수정한 것임）

제1부

육화
Incarnation

하느님이 약하디 약한 사람이 되셨다.

왜?

지리멸렬해 가는 '나'와 '나'들을

지옥행 열차에서 탈출시키기 위하여!

강생

• 성경 본문 : 루가복음 1 : 26~38

26 엘리사벳이 아기를 가진 지 여섯 달이 되었을 때에 하느님께서는 천사 가브리엘을 갈릴래아 지방 나자렛이라는 동네로 보내시어 27 다윗 가문의 요셉이라는 사람과 약혼한 처녀를 찾아가게 하셨다. 그 처녀의 이름은 마리아였다. 28 천사는 마리아의 집으로 들어가, "은총을 가득히 받은 이여, 기뻐하여라. 주께서 너와 함께 계신다." 하고 인사하였다. 29 마리아는 몹시 당황하며 도대체 그 인사말이 무슨 뜻일까 하고 곰곰이 생각하였다. 30 그러자 천사는 다시 "두려워하지 마라, 마리아. 너는 하느님의 은총을 받았다. 31 이제 아기를 가져 아들을 낳을 터이니 이름을 예수라 하여라. 32 그 아기는 위대한 분이 되어 지극히 높으신 하느님의 아들이라 불릴 것이다. 주 하느님께서 그에게 조상 다윗의 왕위를 주시어 33 야곱의 후손을 영원히 다스리는 왕이 되겠고 그의 나라는 끝이 없을 것이다." 하고 일러주었다. 34 이 말을 듣고 마리아가 "이 몸은 처녀입니다. 어떻게 그런 일이 있을 수 있겠습니까?" 하자 35 천사는 이렇게 대답하였다. "성령이 너에게 내려오시고 지극히 높으신 분의 힘이 감싸주실 것이다. 그러므로 태어나실 그 거룩한 아기를 하느님의 아들이라 부르게 될 것이다. 36 네 친척 엘리사벳을 보아라. 아기를 낳지 못하는 여자라고들 하였지만, 그 늙은 나이에도 아기를 가진 지가 벌써 여섯 달이나 되었다. 37 하느님께서 하시는 일은 안 되는 것이 없다." 38 이 말을 들은 마리아는 "이 몸은 주님의 종입니다. 지금 말씀대로 저에게 이루어지기를 바랍니다." 하고 대답하였다. 그러자 천사는 마리아에게서 떠나갔다.

관상의 길: 나(안셀모)의 현 모습으로 성경 현장에 들어가 상황을 동참함.

태초부터 함께하시는 성부·성자·성령 삼위께서 하늘 한복판에서 이 세상을 바라보고 계신다. 세 분의 얼굴빛이 그다지 밝지 못하시다. 말씀을 나누시는데 목소리가 떨리기까지 한다.

나는 세 분의 담소 장면을 보고는 있지만 그 사이에 끼어들지는 못한다. 그러나 귀로 들리는 세 분의 말씀에는 너무나 진한 안타까움이 배어 있음을 알 수 있다.

안드레이 루블레프作 이콘 《삼위일체》(1411년경)

강생 33

아 - 불쌍한 나의 피조물.

우리와 같은 형상으로 지어낸 인간들 아닌가. 그런데 왜 멸망의 구렁텅이로 끊임없이 달려가고 있는 것일까! 차마 바라볼 수가 없잖은가 말일세.

저기 저것 좀 보라구.

귀한 양식을 바다에 쏟아붓고 있어! 가격을 유지해야 한다는 일념 때문이야. 그 기세가 무섭기까지 하잖아. 이윤이 떨어지면 저들 목숨도 끝나는 것처럼 행동해. 돈이라는 괴물에게 옴짝달싹 못하고 끌려다니는 거야. 꼭 손동작에 맞춰 하염없이 흐느적거리는 꼭두각시 같아. 그러니 곡기 한 줌만 있어도 생명줄을 이을 수 있는 이들이 지천에 널려 있다는 사실 같은 건, 도무지 생각할 여지가 없는 게지.

아 - 저것 보라.

어린애 어른 할 것 없이 배고파 쓰러져 죽어 가고 있는 사람들! 애가 타서 속이 다 녹는 것 같아. 하지만 저런 현실은 도통 쳐다보려고 하질 않잖아. 아니, 뻔히 알면서도 기를 쓰고 무시하려는 거야! 나만 잘 먹고 잘 지내면 그만이라는 식이지. 지구별 식량은 모두 먹고도 남게 해주었잖아. 그런데도 식량이 모자란다고, 모자란 식량 때문에 전쟁이 날 수도 있다고, 자기 최면이라도 걸듯이 끊임없이 되뇌면서 살고 있어…….

아니, 저건 더하는군.

결국은 자기들을 겨눌 살상 무기 아닌가! 저들 모두를 죽이고야

말 흉측한 물건이건만, 그걸 사용하려고 어쩜 저렇게 안달일까? 스스로에게도 남에게도 거짓말을 서슴지 않으면서 열을 내고 있어. 저쪽이 먼저 자기를 치려했다는 둥, 대량 살상 무기를 숨겨 놓고 있네, 거룩한 전쟁이네 뭐네 하면서 호들갑을 떠니까 잘도 속아 넘어가고 있구만. 누군가를 죽여 없애야만, 어떤 나라를 깡그리 멸절시켜야만 세상에 평화가 임한다고 교묘히 착각시키는 거지. 전쟁이 얼마나 잔인한 폭력인지에 대해서는 생각할 틈도 주지 않으면서 말이야. 하지만 군수업체와 정치꾼들의 더러운 담합을 눈치 채지 못하는 건 너무 어이없는 일이잖냐구!

눈이 바로 박혀서 자원입대하는 이들 뿐만이 아니야. TV 앞에 앉은 사람들 보라구. 마냥 신이 나는 것 같잖아? 전쟁을 꾸미는 이나 거기에 속아 동조하는 이나 다 마찬가지야. 저토록 애처롭게 사람들이 죽어 가는데 저들에게는 한 편의 영화 같은가 봐. 전쟁을 마치 전자오락하듯 즐기고 있어! 자기 처자식이 저렇게 죽어 가면 차마 저런 짓을 할까? 그러면서 뭐라? 전쟁은 하느님께 속한 거라구? 참으로 어이가 없는 궤변이라니…….

아아, 저건 또 무엇인가!

지구별을 숨 쉬게 하는 허파를 난도질하고 있어! 그러면서도 눈썹 하나 까딱하지 않네 그려. 뿐인가. 숨도 제대로 못 쉬면서 배기가스들은 왜 저리 많이 만들어 내나……. 날씨가 전에 없이 요동치게 해서라도 생생한 신호를 보내 주건만, 전혀 아랑곳하질 않아. 말로는 지구가 큰일이네 뭐네 하며 떠들어 대지만 대통령들 하는 꼬락서니를 보라구. 국제협상도 다 허울 좋은 위선일 뿐이야. 자기 주머니에 돈 들어오는 일이면 그만인 게지. 돈이면 무슨 일이든 벌이는 판국이야!

저기 저쪽 조그만 나라에서는 강을 시멘트로 도배해서 죽이려 하고 있어. 말은 그럴싸하지. 뭐 강을 살린다고? 지나가던 강아지가 웃을 일 아닌가 말일세.

결국은 자기들 무덤을 만드는 꼴인지도 모르고…….

모두 저런 식이야. 나라든 민족이든 개인이든 공동체든 무덤 파는 일을 멈추려고 하질 않아. 지옥행 열차에 가속페달을 밟고 있어.

참으로 안타까우이.

무엇이 참된 행복인지 까마득하게 잊어버린 것 같아!

우리와 함께 사랑의 나눔 속에 사는 것이 천국이라는 진실은 이제 더 이상 통하지 않는 거야. 저들은 물신숭배와 적자생존의 경쟁논리에 단단히 사로잡혀 버렸어. 자기 혼자만 잘 살 수 있다는 환상에 넋을 팔아 치운 게지.

마치 낭떠러지를 향해 질주해 가는 돼지 떼 같잖은가! 이를 어쩌면 좋단 말인가…….

세 분의 한숨 섞인 대화는 잠시 비밀스러운 소곤거림으로 바뀌었다. 이윽고 천사를 불러 세상으로 심부름을 보내신다.

방 밖으로 나오는 천사를 만났다. 이름은 가브리엘이라고 한다. '하느님의 사람'이란 뜻이다. 내가 먼저 말을 걸었다.

"난 안셀모라고 하오. 당신이 가브리엘 천사인 줄 잘 알고 있소.

지금 지구별에 하느님의 전갈을 전하러 가는 모양인데 나도 동행할 수 있겠소?"

그는 기꺼이 함께 가자고 반색을 했다.

가브리엘은 지구별에 아주 특별한 하느님의 메시지를 전하곤 하는데, 지금은 자기가 그간 해왔던 일 중에서 가장 중요하고 소중한, 그래서 더욱 기쁜 그런 일을 하게 되었노라 자랑하듯 말했다.

도대체 어떤 일이냐 물었지만 지옥행 질주를 일삼고 있는 인간들에게 기사회생의 기회를 주는 복된 소식이라는 것까지만 알고 있으라 한다. 가 보면 알게 될 거라고 싱글벙글하면서…….

궁금증 때문에 마음이 더 답답해질 법도 하건만 가브리엘의 설레는 느낌을 공감했을까. 세 분의 대화를 들으며 무거워졌던 기분이 스르르 바뀌었다. 이렇게 천상에서 지상으로 내려오는 여행길은 천사의 임무에 대한 짐작만으로도 훨씬 가벼워진다.

그와의 우주여행은 푸른 별 지구를 보면서 절정에 달했다. 우주공간에서 바라본 지구별은 참으로 아름다웠다. 사진으로 보던 것과는 판이하게 다르다. 우주인들이 왜 한결같이 감격하는지 이제야 알 것 같다. 그런데 아 - 저토록 아름다운 곳이 지옥으로 변하고 있다니……. 신나는 우주여행의 끝은 다시 갑갑함으로 마무리되는 것 같다.

가브리엘이 가는 곳은 그다지 눈에 띄지 않는 곳이었다. 이스라엘이라는 자그마한 나라. 대부분 척박하기 짝이 없는 땅이지만 북쪽 갈릴래아 호수 주변은 하늘에서 보기에도 푸르고 싱싱하다.

강생 37

우리는 호수에서 조금 떨어진 산골짜기로 방향을 잡았다. 이런 촌동네로 가서 인류의 구원을 논할 거창한 일이 도모될 수 있을지 도무지 가늠이 되지 않는, 그런 곳이다.

산골마을엔 60여 호가 모여 사는 것 같다. 개중에서 어느 허름한 집 쪽으로 간다. 가브리엘은 참 지리도 밝다. 자기가 갈 길을 이처럼 한 번도 헤매지 않고 직행할 수 있다니 말이다. 이런 꿈같은 일에 놀라워하고 있는 사이 어느새 우리는 그 작은 집 마당에 들어서 있었다.

집 안에 여러 식구가 살고 있는 듯한데 다른 식구들은 보이지 않고 앳된 처녀 하나가 눈에 띈다. 캄캄한 곳에서 손을 모으고 있는 것을 보니 아마도 기도하고 있는 것 같다.

가브리엘이 집 안으로 들어서자 주변이 환해진다. 그러고 보니 가브리엘은 원래 빛 속에 있었다. 내가 눈치 채지 못했을 뿐······.

아무튼 갑작스러운 인기척에다 밝은 빛이 비치니 소녀가 놀란 것은 당연한 일이었다. 가브리엘은 소녀를 마리아라고 불렀다.

처음에 소녀에게 인사하는 것은 그러려니 했다. 은총을 가득히 받았으니 기뻐하라는 말이야 누구에게든 할 수 있잖은가! 그런데 대뜸 넌 하느님의 큰 은총을 받아 임신을 하게 될 것이다, 그것도 큰일을 행하실 하느님의 아들을 임신할 거라는, 내 귀가 의심스러울 정도의 말을 토해 내었다.

이건 미친 소리에 지나지 않는 것이었다. 아직도 앳된 기가 남아 있는 철부지 같은 소녀에게 해도 해도 너무하는 소리다 싶었다. 그런데 마리아라 하는 이 소녀는 너무나 진지했다.

가브리엘의 말을 짜증내지 않고 다소곳이 받아들이는 것은 물론이요, 자기가 할 말을 이 엄청난 상황에서 너무도 당당하게 차근차근 이야기하고 있는 것이었다.

한 열다섯이나 되었을까? 우리 교회 중등부 복실이와 비슷한 또래로 보이는 이 소녀는 아마 당시 문화에서는 결혼 적령기인가 보다. 자기는 이미 약혼을 했으며 곧 혼례를 치르게 되어 있노라 했다. 그런데 하느님의 일이라면서 어찌 그런 인륜을 거스르는 경우가 다 있느냐고 항변하는 것이었다!

가브리엘은 이 말을 듣고 잠시 주춤하는 기색이 없지 않았지만 곧 자세를 가다듬고 마리아를 설득하기 시작했다. 마리아는 말을 가로채거나 턱도 없는 소리라고 콧방귀를 뀌거나 하지는 않았다. 나 같았으면 충분히 그러고도 남을 상황이었지만 말이다.

소녀가 의심하는 것은, 자기가 남자를 알지 못하는 데 임신하게 된다는 예고 부분이 아니었다. 사랑이 충만하신 하느님이시라면 자기의 처지를 누구보다 잘 아실 터인데, 자기의 삶을 송두리째 파괴할 수 있는 그런 방향으로 일을 처리할 수 있으시느냐는 것이었다. 물론 그런 질문을 하는 그녀의 표정은 두렵고 진지하기만 하였다.

가브리엘이 하느님의 천상회의 소식을 비교적 소상하게 전하기 시작했다. 무엇보다도 하느님의 아픔에 대하여 너무나 감동적인 연설을 했다.

하느님이 결론적으로 택하신 구원의 계획은 하느님의 사랑을 온통 드러낼 당신의 아들을 세상에 파견하시는 것이고, 그것은 세상 사람들이 생각하는 권능의 화려함과는 전혀 다르게 되어야 할 수밖에 없다는 것. 그렇지 않으면 도무지 인간들을 구원의 길로 인도할 방법이 없다는 것. 바로 그 오묘한 사랑의 길에 가난한 마리아가 선택되었음을 이야기하였다.

내가 들어도 영혼을 흔들 만한 명연설이었다.

마리아는 짐짓 고민하던 얼굴로 잠시만 시간을 달라고 하였다. 홀로 기도할 수 있는 시간이 필요하다며 나와 가브리엘을 남겨둔 채 옆방으로 건너갔다. 소녀가 눈물로 기도하는 소리가 얼핏얼핏 들린다.

주님 저같이 천한 것에게 이게 무슨 일이란 말입니까.
주님 제가 이 엄청난 일을 받아들일 수 있겠습니까.
주님 진정 주님의 사랑을 실현하는 원대한 길이라면, 제발 제가 그 심오한 뜻을 밝히 깨닫게 하시고, 그 길을 기꺼이 받아들일 수 있도록 용기를 주십시오!

바람결에 흩어지듯 들려온 기도 소리였지만 나도 모르게 눈물이 나왔다.

마침내 마리아는 고백하는 것이었다.

주님. 당신의 뜻이 이루어지소서.
비록 제가 돌에 맞아 죽는다 하더라도, 정혼한 요셉에게 극도의 오해와 증오를 받게 되더라도, 부모님들로부터 피눈물 나는 아품을 보게 되더라도, 주님의 놀라우신 구원 계획을 위하는 길이라면, 그 길을 기꺼이 가겠습니다!

가브리엘과 나는 누구랄 것 없이 달려가 마리아를 끌어안았다. 아니 안았다기보다는 이 앳된 소녀 앞에 무릎을 꿇고 말았다.

기도를 마치고

　세상의 타락상과 그것을 바라보시는 성삼위의 마음이 잘 느껴졌다. 가브리엘 천사의 연설을 들으며 어린 마리아의 영혼이 주님께 선택받은 이유도 전에 없이 공감할 수 있었다.
　마리아의 고민과 기도 때에 나도 덩달아 그녀의 기도 속으로 들어가게 되었는데, 이 체험은 신비한 것이었다. 내가 마리아인지 마리아가 내 마음속으로 들어왔는지 구분되지 않는 오묘한 상태였다.
　마지막 마리아의 고백은 다름 아닌 하느님의 고뇌와 고통임을 깨달았다. 하느님의 아픔을 생각하며 주님과 대화하였다. 그리고 고백하듯 다소곳이 말씀드렸다.

　씨앗으로 오신 예수님.
　이제 한 알의 죽는 밀알로 심겨지시는 주님,
　제 영혼에 피어나소서.
　사랑의 꽃으로······.

탄생

• 성경 본문: 루가복음 2:1~7; 16~20

1 그 무렵에 로마 황제 아우구스토가 온 천하에 호구 조사령을 내렸다. 2 이 첫 번째 호구 조사를 하던 때 시리아에는 퀴리노라는 사람이 총독으로 있었다. 3 그래서 사람들은 등록을 하러 저마다 본고장을 찾아 길을 떠나게 되었다. 4 요셉도 갈릴래아 지방의 나자렛 동네를 떠나 유다 지방에 있는 베들레헴이라는 곳으로 갔다. 베들레헴은 다윗 왕이 난 고을이며 요셉은 다윗의 후손이었기 때문이다. 5 요셉은 자기와 약혼한 마리아와 함께 등록하러 갔는데 그때 마리아는 임신 중이었다. 6 그들이 베들레헴에 가 머물러 있는 동안 마리아는 달이 차서 7 드디어 첫아들을 낳았다. 여관에는 그들이 머무를 방이 없었기 때문에 아기는 포대기에 싸서 말구유에 눕혔다.

16 곧 달려가 보았더니 마리아와 요셉이 있었고 과연 그 아기는 구유에 누워 있었다. 17 아기를 본 목자들이 사람들에게 아기에 관하여 들은 말을 이야기하였더니 18 목자들의 말을 들은 사람들은 모두 그 일을 신기하게 생각하였다.

19 마리아는 이 모든 일을 마음속 깊이 새겨 오래 간직하였다. 20 목자들은 자기들이 듣고 보고 한 것이 천사들에게 들은 바와 같았기 때문에 하느님의 영광을 찬양하며 돌아갔다.

관상의 길: 상황을 주의 깊게 바라보며 시작하여 성령님의 인도하심에 따라 상황 속으로 동참함.

나자렛 마을회당에서 긴급회의가 소집되었다. 회당장은 로마 당국

이 전하는 전문을 읽어 주었다. 이스라엘 사람들은 한 사람도 빠짐없이 호구조사에 임하라는 것이었다. 그것도 모두 본적지로 이동하여 행하는 호구조사라서 여간 번거로운 일이 아니었다.

요셉은 벌떡 일어나 회당장에게 항의하듯 소리쳤다.

"아니, 왜 갑작스러운 호구조사랍니까? 이거 다 혈세를 더 걷겠다는 속셈 아니겠습니까! 우리가 왜 이놈들의 지시를 고분고분 따라야 하는지 모르겠소."

회당장이 어쩔 줄 몰라 하자 옆에 앉았던 원로 양반이 헛기침을 하면서 일어나 조근조근 이야기한다.

"젊은 사람들 마음은 다 이해하네만 이 일을 꼭 나쁜 뜻으로만 해석할 것은 아니라고 보네. 제국의 전체 인구가 얼마인지 파악하는 것은 어찌 보면 우리 궁금증도 해소할 수 있는 일 아니겠나……."

결국은 모든 사람들이 순순히 호구조사에 임하기로 하였다. 요셉은 걱정이 되었다. 마리아가 만삭이라 언제 출산을 할지 모를 상황인데 다윗 자손들은 베들레헴까지 가야 되니 말이다. 날씨도 좋지 않다. 우기인데다 근자엔 폭풍이 심하게 몰아치는 날이 많다. 그렇지만 어쩔 수 없는 노릇이다. 바로 떠나지 않으면 안 될 상황이다. 다행히 안셀모도 함께 가기로 해서 도움이 될 것 같다.

짐을 꾸리는데 요셉이 나(안셀모)더러 나귀에 수레를 좀 매어 주라고 한다. 한 번도 해보지 못한 일이라 사실 많이 당황스러웠지만 먼 길 여행에 도우미로 동행키로 한 사람이 이 정도도 못해서야 되겠는가 싶어 기를 쓰고 수레를 연결했다.

짐 정리가 끝나고 늦은 밤잠을 청하는데 요셉과 마리아가 나누는 대화가 잠깐 귀에 들어왔다.

"출산 날이 닥쳤는데 어찌하면 좋겠소. 당신 생각하면 딱히 호구조사에 응하고 싶은 생각이 없구만……."

"걱정 마세요. 당신과 함께 가는데 무슨 일이 있겠어요. 당신도 아시다시피 이 아기는 우리 아기가 아니라 하느님의 아기에요. 주님께서 모든 것을 책임지실 거예요!"

나이 많은 요셉의 걱정에 오히려 마리아가 안심을 시키고 있었다.

…….

아침 일찍 출발한다. 수레에 짐을 싣고 마리아를 앉힌 다음 나귀 양옆에 요셉과 내가 서서 길을 걷는다. 베들레헴은 예루살렘보다 더 아래로 내려가야 한다. 강을 따라 내려가다가 다시 산으로 오르는 길이 안전하긴 하지만 시간이 급해서 그냥 산길로 직선 코스를 타기로 했다.

나자렛을 떠난 지 얼마 되지 않아 비가 오기 시작한다. 준비한 거적때기를 덮어쓰니까 생각보다 비를 잘 막아 준다. 건들거리는 수레 위에서 마리아는 가끔씩 진통의 흔적을 나타냈다. 동행하고 있지만 난 아직 마리아와 깊은 얘기를 나눌 시간이 없었다.

비가 좀 잦아들 즈음 저녁때가 되었고 마침 야영하기 좋은 장소가 나왔다. 작은 움막을 짓고 불을 지펴 옷가지들을 말렸다. 마리아가 음식을 만들 여건이 되지 못해 요셉과 내가 간단한 저녁을 차린다. 처음으로 마리아와도 이런저런 신변잡기를 나눌 수 있었다.

그렇게 사흘 길을 걸었다.

베들레헴에 도착했을 무렵은 늦은 저녁이었다. 다시 세찬 비바람이 몰아친다.

마리아는 진통 주기가 빨라졌다. 빗속에서 요셉이 방을 구하느라 애를 태운다. 나도 이집저집 문을 두드려 하소연 해보지만 쉽지 않다. 몇 집을 돌았는지 모른다. 다리에 힘이 빠지고 머리가 하얗게 비어지는 느낌이다.

요셉과 다시 모여 얘기를 나눴지만 뾰족한 방법이 나오질 않는다. 거의 포기하다시피 한 상태에서 상당히 널찍한 집 한 곳을 발견했다. 하지만 그곳도 만원이긴 마찬가지였다. 주인이 도리어 미안해하면서 좀 외딴 곳이긴 하지만 빈 방이 있을 만한 곳을 알려준다.

마을 외곽 북쪽 산자락에 있는 작은 집이다.

남자 주인이 혼자 사는 곳.

그 집에도 마땅히 산모를 받을 만한 방은 없었지만 비는 세차게 오고 딱한 사정 탓에 주인은 일단 우리 일행을 집 안으로 들였다.

마구간과 붙은 부엌 쪽에 비좁으나마 공간이 좀 있다. 수레는 비를 맞힐 수밖에 없었지만 나귀는 건물 안으로 들여와 비를 피할 수 있었다.

마리아의 진통이 극에 달하고 있는 지경이라 이런저런 형편을 따질 계제가 못 되었다. 이제는 산파고 뭐고 부를 새도 없는 것 같다.

모두 허둥대고 있다. 요셉도 집주인도 나도…….

방법이 없었다. 요셉이 아기를 받기로 했다. 나더러 물을 좀 끓여 달라 한다. 물을 올려놓고 산모 쪽을 보니 예삿일이 아니다. 그냥 보고 있을 수만은 없는 지경이었다.

산모 가까이 가서 손을 잡았다. 엄청난 힘이 손가락 마디 사이로 전달된다. 마리아의 얼굴은 땀으로 흥건하고, 앙다문 입에서는 끊임없는 고통의 비명이 터져 나온다.

마리아가 닭똥 같은 눈물을 떨어뜨리며 진통을 겪을 때, 나도 같이 울지 않을 수 없었다. 너무나 긴 고통의 시간이었다. 땅바닥에 여물로 쓰려던 짚을 깔고 그 위에 겉옷을 대충 깔아 놓은 형편없는 분만실 환경 따위는 아무 문제도 되지 않았다.

출산의 고통은, 아프고 길었다.

마침내 천지가 찢어지는 듯한 비명을 뒤로 하고 아기가 나왔을 때, 잠시 멍해지며 넋이 나가는 기분이다. 요셉이 고함을 지르는 바람에 겨우 소리를 듣고는 탯줄을 자를 칼과 실을 가져다주었다.

출산 준비를 어느 정도 해왔기에 아기를 씻고 닦아 줄 수건과 포대기는 있었다. 요셉은 비교적 민첩하게 이 일을 해내고 있다.

땀에 흠뻑 젖은 마리아가 벽에 기대고 앉아 아기를 안아 보며 기쁨의 눈물을 흘린다. 미역국 생각이 간절했지만 별 수 없이 가져온 곡식 가루로 죽을 쑤었다. 마리아가 억지로라도 먹으려 하는 모습이 애처롭다.

아기를 눕힐 자리를 궁리하던 요셉에게 마리아가 구유를 가리킨다. 어쩌면 딱 안성맞춤인 것 같다며 맑은 웃음을 짓는다.

구유에 짚을 깔고 포대기를 얹어 아기를 눕혔다. 그러고 나자 언제 그랬냐는 듯 평화가 엄습해 온다.

모두 수고했다. 산모도 애기 아빠도 나도…….

탄생 47

안도의 숨을 가다듬고 있는데 밖이 웅성거린다.

문이 열리자 바깥 풍경이 한눈에 들어온다. 바깥은 언제 그랬냐는 듯 맑게 개어서 별이 초롱초롱하다.

별빛을 맑게 받고 있는 일단의 목동들이 안을 쳐다보며 소리 질렀다.

"야 맞다. 여기다! 구유에 아기가 누워 있어!"

그들은 상기된 얼굴로 안으로 들어와서는 자신들이 겪은 이야기를 두서없이 늘어놓았다.

"이 아기는 메시아가 된다 했어요!"

"천사가 그랬어요!"

"엄청 많은 천사들이 노래했어요!"

그제야 마리아는 처음 아기를 잉태했을 때의 기억이 되살아나고 요셉도 꿈에서 본 천사의 이야기가 생생하게 기억난다.

이 모든 것은 하늘의 일이다…….

모두 갔다.

적막한 가운데 곰곰이 생각에 잠긴다.

아, 하늘의 섭리는 이처럼 우리네 인생의 가장 섬세한 부분까지 모든 것을 다 포괄하는 신비이구나…….

요셉에게 다가가서 수고했다며 손을 잡았다. 요셉의 오묘한 심정이 교감된다. 요셉. 당신은 이 엄청난 하늘 사건의 들러리가 결코 아닙니다. 당신은 주연입니다. 세상 구원의 당찬 주연이십니다! 하는 말이 내 입에서 거침없이 나왔다.

잠시 후 마리아를 쳐다봤다. 씨익 웃음 짓는 그녀의 얼굴에서 하늘의 미소를 본다. 그녀의 마음을 읽으면서, 앞으로 그녀가 감당해야 될 삶의 무게를 생각하며 다시 울컥 하는 마음이 일었다.

오, 위대한 육화의 신비여!
하늘 아버지,
이제 이처럼 위태롭고 나약하게 우리 곁에 오셨습니다!
이 진한 가난과 나약함을 통해,
나 같은 죄인 곁에 살갑게 오셨습니다.
다름 아닌 바로 당신이 나와 가까워지시려고,
이처럼 격식 없이, 경황없이 스며 오셨습니다.
당신은 한없는 투박함으로 계시기에, 나의 진실한 마음 하나면 언제든 어디서든 당신을 만날 수 있도록 하셨습니다.
아 - 사랑의 연약함이여!
사랑의 위태로움이여, 찬미 받으소서!

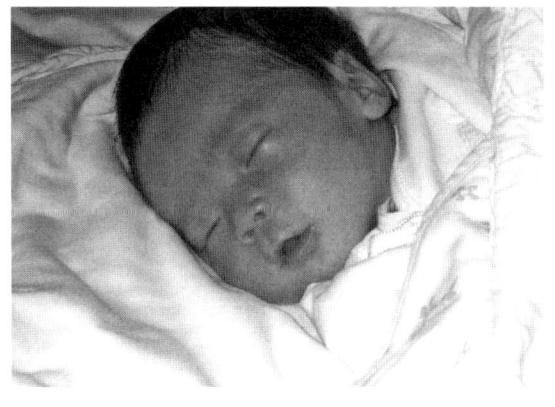

예수다. 그는 기꺼이 이렇게 오셨고 오시고 계신다.

봉헌

• 성경 본문: 루가복음 2:21~39

21 여드레째 되는 날은 아기에게 할례를 베푸는 날이었다. 그 날이 되자 아기가 잉태되기 전에 천사가 일러준 대로 그 이름을 예수라고 하였다. 22 그리고 모세가 정한 법대로 정결 예식을 치르는 날이 되자 부모는 아기를 데리고 예루살렘으로 올라갔다. 23 그것은 "누구든지 첫아들을 주님께 바쳐야 한다."는 주님의 율법에 따라 아기를 주님께 봉헌하려는 것이었고 24 또 주님의 율법대로 산비둘기 한 쌍이나 집비둘기 새끼 두 마리를 정결례의 제물로 바치려는 것이었다. 25 그런데 예루살렘에는 시므온이라는 사람이 살고 있었다. 이 사람은 의롭고 경건하게 살면서 이스라엘의 구원을 기다리고 있었다. 그에게는 성령이 머물러 계셨는데 26 성령은 그에게 주님께서 약속하신 그리스도를 죽기 전에 꼭 보게 되리라고 알려 주셨던 것이다. 27 마침내 시므온이 성령의 인도를 받아 성전에 들어갔더니 마침 예수의 부모가 첫아들에 대한 율법의 규정을 지키려고 어린 아기 예수를 성전에 데리고 왔다. 28 그래서 시므온은 그 아기를 두 팔에 받아 안고 하느님을 찬양하였다. 29 "주여, 이제는 말씀하신 대로 이 종은 평안히 눈감게 되었습니다. 30 주님의 구원을 제 눈으로 보았습니다. 31 만민에게 베푸신 구원을 보았습니다. 32 그 구원은 이방인들에게는 주의 길을 밝히는 빛이 되고 주의 백성 이스라엘에게는 영광이 됩니다." 33 아기의 부모는 아기를 두고 하는 이 말을 듣고 감격하였다. 34 시므온은 그들을 축복하고 나서 아기 어머니 마리아에게 이렇게 말하였다. "이 아기는 수많은 이스라엘 백성을 넘어뜨리기도 하고 일으키기도 할 분이십니다. 이 아기는 많은 사람들의 반대를 받는 표적이 되어 35 당신의 마음은 예리한 칼에 찔리듯 아플 것입니다. 그러나 그는 반대자들의 숨은 생각을 드러나게 할 것입니다." 36 또한 파누엘의 딸로서 아셀 지파의

혈통을 이어받은 안나라는 나이 많은 여자 예언자가 있었다. 그는 결혼하여 남편과 일곱 해를 같이 살다가 37 과부가 되어 여든네 살이 되도록 성전을 떠나지 않고 밤낮없이 단식과 기도로써 하느님을 섬겨 왔다. 38 이 여자는 예식이 진행되고 있을 때에 바로 그 자리에 왔다가 하느님께 감사를 드리고 예루살렘이 구원될 날을 기다리던 모든 사람에게 이 아기의 이야기를 하였다. 39 아기의 부모는 주님의 율법을 따라 모든 일을 다 마치고 자기 고향 갈릴래아 지방 나자렛으로 돌아갔다.

관상의 길: 전과 동일

유대 율법상 아기를 낳고 정결의 기간[1]에는 바깥출입을 할 수가 없다. 마리아는 어쩔 수 없이 베들레헴에서 모두 40일을 머물게 되었다. 주인의 배려로 마리아와 아기 예수는 마구간에서 방으로 거처를 옮겼다.

요셉은 고향에서 맡은 일을 마무리해야 되고 하니 친정어머니가 베들레헴으로 오셔야 되겠다는 결론을 내렸다. 하지만 아직 산모를 홀로 두고 요셉이 나서기가 어려워 마리아의 친정어머니를 모시고 오는 일은 내가 하기로 했다.

혼자 나자렛으로 가는 길은 마치 가브리엘과 천상에서 땅으로 내려올 때처럼 발걸음이 가벼웠다. 나자렛에 있는 마리아의 집에 가서 사위가 되는 양 대접을 잘 받고는 마리아의 어머니 안나를 모시고 베들레헴으로 돌아왔다.

---

1) 레위기 12:2~6. 할례받을 때까지 8일, 사내아이를 낳은 경우 이후 33일간이다.

아기가 태어난 지 팔일째 되는 날 할례를 베풀었다. 할례는 요셉이 직접 행했다. 아기 예수 울음소리가 엄청나서 귀청이 떨어질 지경이었지만 마리아는 마냥 기쁜 표정이다. 할례가 끝나자 껄떡거리며 울음을 삼키는 아기 예수를 받아 안고 마리아가 젖을 물린다.

소녀 어머니.

그러나 벌써 성숙한 덕이 풍겨 나는 모습이다. 예수는 많이 놀라고 피곤했는지 이내 마리아 품속에서 잠이 든다. 베들레헴에서 한 달 넘게 지내면서 마리아의 붓기도 거의 빠지고 요셉도 일상의 리듬을 찾은 모습이다.

마침내 정결의 기간이 끝나고 예루살렘으로 아기를 봉헌하기 위해 떠나는 날, 집주인과 아쉬운 작별을 나눴다. 주인은 넉넉한 웃음을 지으며 우리 일행을 격려한다. 내게도 '수고했네'하며 대견스러운 표정을 지어 보였다. 고마운 사람이다. 폭우 속에서 아기를 낳던 날의 기억이 생생하게 되살아나 감사함이 더했다.

예루살렘으로 가는 길. 모두 설레는 표정이다.

요셉이 내게 예루살렘은 몇 번째냐고 묻는다. 두 번째이지만 사실 별로 아는 게 없어 무척 기대된다고 말했다.

드디어 예루살렘. 높은 바위산 위에 지은 웅장한 성이다. 우리 일행은 남쪽 문으로 들어갔다.

북적대는 거리.

두리번거리는 나에게 요셉이 조심하라고 주의를 준다. 잘못하면 서로 놓칠 수도 있다고.

마리아는 아기 예수를 안고 수레에 앉아 연신 웃으며 이곳저곳을 바라본다.

성전 가까이 다가가서 제물을 준비하려고 수레를 세웠다. 혼자 있게 된 마리아가 마음에 좀 걸렸지만 본인이 걱정 말라는 손짓을 계속해서 보내는 바람에 나도 요셉과 함께 북적대는 성전 상인들 구역으로 갔다.

여기저기 정신이 없다.

"맏배용 제물은 여기요! 자자- 흠 없는 염소가 여기 있소! ……."

넋이 빠져 큰 황소가 있는 자리를 쳐다보고 있는데 요셉이 옆구리를 쿡 찌른다. 언제 샀는지 집비둘기 두 마리를 손에 들고 있다.

"자네가 좀 들게나!" 한다.

마리아가 기다리던 곳으로 와서 수레를 맡기고 모두 성전 안으로 올라갔다. 제법 많은 이들이 제물 봉헌을 위해 기다리고 있다.

사제 한 사람이 나와서 첫 아들 봉헌자들은 손을 들라 한다.

요셉을 포함하여 세 사람이다.

사제가 한 사람씩 다가와 정결례 기간을 채웠는지 확인해 본 다음 제물을 받아 간다.

잠시 성전 안 뜰에서 기다리고 있을 때였다.

조금 늙어 보이는 사제 한 사람이 흥분한 표정으로 다가온다. 그는 '시므온'이라는 이인데 요셉도 알고 있는 분 같았다. 시므온은 떨리는 걸음으로 곧장 마리아가 안고 있는 아기 예수께로 온다.

그는 감동 어린 표정으로 아기를 건네받았다. 그리곤 성전 안뜰에 있는 모든 사람들에게 들릴 만큼 큰 소리로 기도하기 시작했다.

"오, 주님 이제야 이 종이 눈을 감게 되었나이다! 이 눈으로 구원을 보았습니다!"

'구원을 보았다'는 이야기에 가슴이 뭉클해졌다.

시므온은 계속해서 이 아기가 세상의 빛이며 이스라엘의 영광이라고 고백하였다.

나는 물론이요 요셉과 마리아의 표정은 놀라움과 기쁨이 섞여 어쩔 줄을 모르는 상태가 되었다.

나도 모르게 요셉의 손을 꽉 붙잡았다. 그리고 둘만이 알아들을 수 있는 무언의 언어로 교감하며 서로 고개를 끄덕였다.

'그래. 이 아이는 보통 아이가 아니지. 그럼!'

요셉은 사실 아직도 가끔씩 마리아를 오해하는 생각이 스치곤 한다는 고백을 내게 털어놓은 적이 있었던 것이다. 그런데 출산하는 날 목동들이 들이닥쳐서 한 이야기에 이어 이제 성전에서 노사제의 입을 통하여 이런 말을 들으니, 모든 것이 확연해졌다는 안도와 해방의 기쁨이 발생할 수밖에 없었다.

그런데 이어서 시므온은 다소 굳은 정색을 하며 마리아에게 말하기 시작했다.

"잘 들으시오. 이 아기는 세상 사람들을 일으키기도 하고 넘어뜨리기도 할 것이오. 그리고 당신의 마음은 칼에 찔리듯 아플 것이오. 그러나 이로써 사람들의 속내를 드러내게 될 것이오."

뭔지는 모르지만 예사롭지 않은 미래를 짐작하며 조신하게 그 말을 새겼다.

잠시 후 여자 예언자 안나가 나타난다. 이 늙었지만 영험한 기운

이 느껴지는 여인도 다시 한 번 시므온의 말을 확인해 주었다.

이 아기는 하느님의 구원과 관련된 아이라고!

우리 일행은 벅찬 감격에 잠겼다.

아기 예수를 새삼스러운 마음으로 바라보았다.

천연덕스럽기만 한 아기의 모습이지만, 이 아기에게 하느님의 놀라운 사랑의 계획이 온전히 담겨 있다!

아기 예수를 오랫동안 응시하였다.

이 아기가,

이 사랑스러운 아기가 나의 구원과 내 생명의 근원이시다!

요셉과 마리아가 고향 나자렛으로 떠날 때 나는 헤어졌다. 다시 만날 약속을 하며…….

고향 사람들은 아기 아빠와 엄마가 되어 돌아온 이들을 경이롭게 환영할 것이며 아기 예수를 자기 자식처럼 사랑할 것이다.

기도 말미에 주님께서 놀라운 음성을 들려주신다.

네가 나의 이 모습을 사랑하는 느낌을 그려 보아라.

바로

그런 사랑으로 나를 사랑해다오.

머리로 쥐어짜 내는 사랑이 아닌

아기인 나를 사랑하듯 하는 진실한 사랑으로…….

피난

• 성경 본문: 마태오복음 2:13~23

13 박사들이 물러간 뒤에 주의 천사가 요셉의 꿈에 나타나서 "헤로데가 아기를 찾아 죽이려 하니 어서 일어나 아기와 아기 어머니를 데리고 이집트로 피신하여 내가 알려줄 때까지 거기에 있어라." 하고 일러주었다. 14 요셉은 일어나 그 밤으로 아기와 아기 어머니를 데리고 이집트로 가서 15 헤로데가 죽을 때까지 거기에서 살았다. 이리하여 주께서 예언자를 시켜 "내가 내 아들을 이집트에서 불러내었다." 하신 말씀이 이루어졌다. 16 헤로데는 박사들에게 속은 것을 알고 몹시 노하였다. 그래서 사람을 보내어 박사들에게 알아본 때를 대중하여 베들레헴과 그 일대에 사는 두 살 이하의 사내아이를 모조리 죽여 버렸다. 17 이리하여 예언자 예레미야를 시켜, 18 "라마에서 들려오는 소리, 울부짖고 애통하는 소리, 자식 잃고 우는 라헬, 위로마저 마다는구나!" 하신 말씀이 이루어졌다. 19 헤로데가 죽은 뒤에 주의 천사가 이집트에 있는 요셉의 꿈에 나타나서 20 "아기의 목숨을 노리던 자들이 이미 죽었으니 일어나 아기와 아기 어머니를 데리고 이스라엘 땅으로 돌아가라." 하고 일러주었디. 21 요셉은 일어나서 아기와 아기 어머니를 데리고 이스라엘 땅으로 돌아왔다. 22 그러나 아르켈라오가 자기 아버지 헤로데를 이어 유다 왕이 되었다는 말을 듣고 그리로 가기를 두려워하였다. 그러다가 그는 다시 꿈에 지시를 받고 갈릴래아 지방으로 가서 23 나자렛이라는 동네에서 살았다. 이리하여 예언자를 시켜 "그를 나자렛 사람이라 부르리라." 하신 말씀이 이루어졌다.

관상의 길: 전과 동일

성전 봉헌례를 마치고 일행은 짐을 맡겨 놓은 베들레헴 여관으로 향했다. 나는 전편에서 작별인사를 했지만 다시 합류했다. 가는 길은 즐거움 그 자체였다. 성전에서 있었던 명쾌한 하느님 체험 때문에 고무된 탓도 있지만 아기 예수가 예쁜 짓을 자주 해서 아기를 어르며 파안대소하는 시간이 많았기 때문이다.

저녁 무렵 베들레헴에 도착했다. 여관 주인은 마치 오랜만에 만난 연인을 대하듯 기쁘게 우리를 맞았다. 주인은 '예수도 잘 다녀왔니' 하면서 아기를 어루만진다. 내게도 예루살렘 여행이 어땠냐고 소감을 물어 성전에서 있었던 일을 주섬주섬 얘기해 주었다.

저녁상이 준비되는 동안 따뜻한 물로 씻으니 상쾌하다. 식사를 마치고 노곤해진 몸을 쉬게 하였다. 요셉·마리아 부부와 아기 예수는 안채 쪽 방을, 나는 행랑채를 쓴다. 방에 들어와 누우니 관상세계인지 실재인지 구분이 안 갈 정도로 졸음이 온다.

막 잠이 깊어지려고 하는 때였다. 요셉이 급히 깨웠다.

"안셀모 형제, 자오?"

사실 달콤하게 잠들려는 찰나였기에 좀 성가신 마음이 없지 않았지만 괜찮다며 몸을 일으킨다.

요셉은 꿈에 본 천사 이야기를 다급하게 하며 지금 속히 여기를 떠나자고 한다. 이게 뭔 소린가 하면서도 요셉의 태도가 하도 진지하기에 벌떡 일어나 옷을 입었다.

마리아와 아기 예수는 벌써 채비를 한 상태다.

웅성거리는 소리를 들었는지 주인도 나와 본다. 주인은 우리 일행에게 유독 이해심이 많았던 터라 꼬치꼬치 캐묻지 않고 우리를 도와주었다.

짐이 꽤 많다. 수레에 잔뜩 실으니 마리아와 아기 예수가 앉을 자리가 겨우 나온다. 40여일을 살림한 짐이니 그럴 만도 하다. 서둘러 주인과 작별인사를 나누고 출발한다.

예루살렘에서 베들레헴으로 올 때의 그 신나던 모습이 갑자기 바뀌었다.

밤길은 힘들었다. 걸으며 졸기도 한다.

해가 뜨자 간단하지만 아침 식사를 하고 나니 좀 쉬었으면 했는데 요셉은 아니라며 길을 재촉한다.

이제야 우리가 정확히 어디로 가는지 얼마나 거기에서 머물러야 되는지 걱정 섞인 질문이 나온다.

요셉은 국경을 넘어 이집트로 갈 것이라며 아마도 긴 시간 거기에서 머물게 될 테니 마음에 각오를 단단히 하라고 당부한다. 무엇보다 이집트 땅으로 부지런히 가는 것이 중요하고 국경을 넘어서야 안심할 수 있을 것이라며 다시 일행을 독려하는 것이었다.

한 낮이다. 작렬하는 태양 때문에 도저히 더 이상 행군을 지속하기 어려울 때였다. 그야말로 신기루 같은 오아시스가 나타났다. 좀 쉬기로 했다.

기저귀도 더 이상 갈 것이 없었다. 어쩌면 기저귀 빨래가 제일 시급한 일이었다.

오아시스에서 잠시 쉬는 동안 나는 기저귀 빨래를, 요셉은 수레 덮개 만드는 일을, 마리아는 아기 예수를 보며 틈틈이 여행길에 먹을 음식을 준비한다. 똥 기저귀를 빨면서도 그다지 지저분하다는 생각이 들지 않는다. 녀석이 입을 비틀면서 웃는 웃음 생각만 하면 저절로 내 입가에도 미소가 배어 나왔다.

기저귀를 다 빨고 햇볕이 좋은 곳에 널고 있을 때 말을 타고 오는 나그네가 있었다. 그는 목을 축이며 위쪽 소식을 전해 주었다.

"헤로데가 또다시 광기를 부린다는군. 아 글쎄 베들레헴 일대 어린애들은 다잡아 죽인다잖아!"

헤로데가 왜 아이들을 살해하는지 이야기하자 마리아와 요셉의 얼굴이 정색이 되었다. 급히 떠나지 않았으면 어찌 되었을까 나도 갑자기 등골이 오싹해지는 느낌이다. 아기 예수만 천진난만하게 웃고 있다.

피난 59

소리를 듣고 걸음을 재촉했다. 다시 남으로 남으로 내려가는 광야길. 언뜻 마리아의 눈가에 비친 눈물을 보았다. 예수 때문에 수많은 아기들이 죽었다는 사실을 슬퍼하는 것이리라.

그녀의 연민과 상처가 전달되어 내 가슴도 뭉클하다.

마침내 국경을 넘었다. 우리는 조상들이 거주했던 나일 삼각주 안의 고센 지방 한 마을에 정착하기로 했다.

낯선 땅, 낯선 문화가 눈앞에 펼쳐진다.

요셉은 그래도 공용어인 헬라 말을 곧잘 해서 어느 정도 의사소통을 하지만 메소포타미아 쪽 공용어인 아람어만 할 줄 아는 마리아나 나나 말이 통하지 않는 고통이 심했다.

아무튼 이집트 생활이 시작되었다.

마리아는 고향의 어머니와 가족들에게 아무 언질 없이 이곳까지 온 것이 걱정스럽다. 요셉이 그런 낌새를 알아차리고 마리아를 달랬다.

"걱정 마시오. 아마 장모님도 궁금하셔서 여관까지 와 보셨을 테고 친절한 여관 주인 통해 우리가 무사히 그곳을 벗어났다는 사실을 확인하셨을 게요……"

어느 해질녘 요셉의 등 뒤에서 요셉을 바라보며 그의 마음을 읽는다. 서늘한 바람 한 줄기가 가슴 한복판을 스치고 있는 마음. 사나이의 마음. 식솔을 거느린 가장의 마음.

모험의 땅에서 오직 하늘만 의지하며 살아가야 하는 가장의 무거운 책임과 두려움이 엄습해 오는 것이었다.

이는 그리스도를 살아가는 모든 시대의 사내들 마음일까…….

한편 마리아는 어떤가?

이집트로 오면서 보았던 그녀의 눈물이 말해 주듯 그녀의 심장에는 이미 칼 흔적이 남았다. 하지만 이 모든 것을 하느님의 놀라운 사랑의 섭리로 알고 가슴 깊이 새기는 마리아이다.

예수는?

일견 이제 여기저기를 기어다니는 철부지 귀염둥이에 불과하지만, 그의 일생을 꿰뚫고 지나가는 거대한 무게의 슬픔이 전달되는 것이다.

이집트에서의 낯선 생활은 두 해를 채우지는 않았다. 하느님의 사람 요셉은 또 어느 날 현몽한 천사를 통하여 하느님의 음성을 들었다.

요셉이 꿈 이야기를 하며 이제 고향으로 돌아가도 된다는 말을 하였을 때, 불현듯 내게는 요셉과 마리아의 일상이 각인된다.

철저히 기도하는 사람들.

언제나 깨어 하늘을 바라보는 사람들.

그런 믿음의 사람들이기에, 하늘의 음성을 저토록 선명하게 듣고 분명하게 행동한다!

기도를 마치고

주님을 조금씩 깊이 알아 가며 그분의 온 생애를 이토록 가까이에서 동행할 수 있게 하시는 하느님의 은총이 너무나 감사했다. 아기 예수를 이처럼 살갑게 오랫동안 만나 보는 것은 색다른 체험이다.

어린 시절

• 성경 본문: 루가복음 2:39~40

39 아기의 부모는 주님의 율법을 따라 모든 일을 다 마치고 자기 고향 갈릴래아 지방 나자렛으로 돌아갔다. 40 아기는 날로 튼튼하게 자라면서 지혜가 풍부해지고 하느님의 은총을 받고 있었다.

관상의 길: 나(안셀모)도 예수와 같은 또래가 되어 어린 시절을 함께 보냄. 모든 선입견을 내려놓은 상태에서 기억과 지력이 총동원되었다.

　걸음마를 시작한 예수를 데리고 돌아와 요셉과 마리아는 이제 안정적인 고향 생활을 시작했다.
　고향 나자렛에는 삼백여 명의 주민이 함께 산다.
　대부분 가축을 기르며 농사를 짓는 이웃들이다. 밀과 보리 경작을 필두로 감자나 오이당근 같은 야채류와 포도·무화과나 석류 같은 과실수를 조금씩 가지고 있기도 하다.
　가까운 마을 가나는 포도를 많이 경작해서 포도주 특산품이 호반도시 티베리아 등으로 팔려 나가기도 하는 곳이다. 동쪽으로 반나절쯤 가면 티베리아 호수가 있다. 호수변 북쪽에 있는 가파르나움은 장이 서는 곳이라 종종 올라가곤 하는데, 더분에 바다(호수)아도 꽤나 친근한 생활을 누린다고 볼 수 있다.
　요셉은 이곳에서 목수 일을 하고 있다. 간단한 가구를 만드는 일에서부터 집을 짓거나 배나 다리를 놓는 일까지 못하는 일이 없다.

덕분에 예수네 집안 살림은 부족하지 않았다.
 이들의 일상은 마치 수도원 같다.
 가정마다 규칙적인 기도와 노동이 있고, 안식일이면 회당에 모여 전체 주민들이 함께 예배드리며 종교생활 공동체를 이루는, 그런 곳에서 살고 있는 것이다.

 여덟 살쯤인가 보다. 새벽마다 일어나서 하루 첫 기도를 하는 시간은 그래도 점점 잠이 달아나는 때라 견딜 만했는데, 저녁때 하는 마지막 기도 시간은 우리 또래에겐 그야말로 고문이었다. 하루 종일 이곳저곳 돌아다니며 놀다가 들어와서 저녁을 먹었으니 졸음이 한꺼번에 몰려오는 것은 당연했다.
 하지만 어른들은 기도 시간에 조는 것은 마귀의 장난이라며 심하게 꾸중을 하곤 하셨다.
 어느 날 저녁이었다. 예수가 울면서 동네 밖으로 뛰어나가는 것이 보였다. 아니, 이 시간에 쟤가 웬일이지? 급히 따라 갔다. 동구 밖 정자나무 곁에서 털썩 주저앉더니 징징거리며 운다. 사실 오늘 낮에 동네 형들이랑 멀리 가나에까지 가서 포도서리를 했었다. 그것이 들켰나? 아깐 아무에게도 들키지 않았던 것 같았는데⋯⋯.
 하지만 그게 아니었다.
 이 녀석 엄청 피곤했던지 저녁 이른 시간에 그냥 쓰러져 잤던 모양이다. 그런데 저녁 기도 시간이 되자 아빠 요셉은 여느 때처럼 예수를 깨웠다. 하지만 오늘은 정말이지 하늘이 두 쪽이 난들 일어나기가 싫었던 것이다. 요셉은 한두 번 주의를 주다가 도무지 말을 들지 않자 회초리를 들고 말았고, 예수는 잠결에 갑자기 무서운 생각이 들어 밖으로 도망쳐 나온 것이었다.

야, 예수야. 난 낮에 포도 서리한 거 들킨 줄 알고 엄청 놀랬다야. 임마 나도 네 심정 잘 안다. 지금은 마침 부모님이 예루살렘에 가시고 안 계셔서 그렇지 어휴 어쩔 땐 기도 시간이 꼭 지옥 같을 때가 있어!

예수를 달래고 있는데 예수 이모가 나오셨다.

아이구 예수야. 너 여기까지 나와 있구나. 빨리 집으로 가자. 그래 어쩔 땐 이유 없이 짜증이 날 때가 있지. 이모가 네 마음 잘 안다. 자자 이제 돌아가자. 엄마 아빠가 걱정하고 계신단다…….

이런 예수지만 사실은 나보다 훨씬 기도도 열심히 하고 회당에서 랍비한테 공부하는 일도 나보다는 백배는 더 열심이다.

열 살 때쯤에는 냇가에 가서 멱 감고 바위 위에 누워 몸을 말리면서 내게 성경 이야기를 곧잘 해주곤 했다. 녀석은 총기가 있어서 그런지 지네 부모님들한테서 들은 이야기를 어쩌면 그렇게 재치 있고 재미있게 이야기해주는지! 나나 우리 또래 아이들은 모두 이야기꾼 예수에게서 오늘은 무슨 이야기가 나오나 기대하곤 하는 지경이었다. 언젠가 들었던 삼손 이야기는 정말 한 편의 영화를 보는 것 같았다.

나도 한 장난 하는 아이라 예수와는 죽이 잘 맞았다. 재미있는 일을 잘 꾸미곤 하니까 애기꾼 예수도 날 무척 좋아했다. 우리는 걸핏하면 둘이 짝꿍이 되어서 멀리 가파르나움까지 갔다 오곤 했다. 좀 짓궂은 일은 사실 다 내가 꾸며서 시작된 것들이다.

어느 날 나는 부모님들과 항구도시 티베리아로 나들이를 다녀온 적이 있는데 거기에서 도시 아이들이 하는 재미있는 놀이 하나를 배워 왔다.

이른바 똥침!

그래서 그걸 처음 써먹은 대상이 예수였다.

어느 안식일 날 회당 공부가 시작될 무렵이었다. 나는 미리 준비한 나무 꼬챙이를 예수가 앉을 자리에 슬쩍 꽂아 놓고는 서 있던 예수에게 앉으라고 했다.

"예수야 선생님 오신다. 앉자."

예수는 아무 생각 없이 털썩 앉았다.

순간 얼굴빛이 하얗게 변한 예수.

나는 이렇게 심하게 내리꽂듯이 앉을 줄은 몰랐는데, 젓가락 만하게 세워 놓은 나무 꼬챙이가 홀라당 다 예수 똥꼬로 들어가 버린 것이다!

나도 함께 놀랐지만 다행히 예수가 반사적으로 일어나면서 꼬챙이는 저절로 빠졌다.

내 소행인 줄 안 예수가 주먹을 휘두르며 따라온다.

"안셀모 너 이 쉐끼! 너 죽었어~"

얼래리 꼴래리 하면서 도망을 가는데 어이쿠! 회당 문턱에 그만 발이 걸리고 말았다.

손을 쓸 새도 없이 공중으로 붕 떴다가 냅다 꽂히듯 넘어져 버렸다. 머리도 땅에 부딪히고 무르팍도 까지고 하늘이 노래지면서 힘이 쫙 빠졌다.

금방 날 죽일 듯이 달려오던 예수가 걱정스러운 얼굴이 되어 다가왔다.

"야, 괜찮냐? 괜찮어? 이런! 피가 나오네. 엄청 아프겠다!"

예수는 손으로 내 상처에 묻은 흙을 털어 내며 까진 부위에다 연신 입으로 호호거렸다.

녀석. 좋은 친구다.

언젠가 요셉 아저씨가 가파르나움으로 일 나가실 때 사흘간을 따라갔던 적이 있다.

예수와 나는 배도 타보고 가까운 산등성이로 올라가서 바닷바람을 맞으면서 킬킬거리며 재 저질렀던 일들을 이야기 나누곤 했다. 그날 저녁 요셉 아저씨가 우리들을 데리고 바닷가 배 들어오는 곳을 구경시켜 주셨다. 금방 잡힌 큰 물고기들이 펄떡거리는 게 마냥 신기하다.

요셉 아저씨가 몇 마리 사서 저녁 식사로 해변에서 구워 먹자고 해서 우리는 엄청 신이 났다. 바닷가에서 모닥불 피워 놓고 고기도 먹고 쥐불놀이도 하고…….

예수 얼굴이 눈에 확 들어왔다.

함박꽃처럼 얼굴 가득 번져 있는 예수의 미소.

(이때쯤 뭔가 영적인 것을 캐내어야 하겠다는 마음이 들어 어른처럼 예수를 주시하자 예수가 정색을 하고 말린다.)

예수의 이야기다.

안셀모. 오늘은 그냥 이처럼 함께 노는 거야. 아이들이 함께 놀 때 뭘 분석하거나 의미를 찾고 그러냐? 내가 바라는 너와의 우정은 바로 이 천진난만한 아이들의 우정 같은 것이야. 아무런 이해타산, 사전 포석 없는 진솔한 우정이란다. 안셀모야.

예수와의 친교는 이렇게 쌓여 가는 것이다.

성장기

• 성경 본문: 루가복음 2:41~52

41 해마다 과월절이 되면 예수의 부모는 명절을 지내러 예루살렘으로 가곤 하였는데 42 예수가 열두 살이 되던 해에도 예년과 마찬가지로 예루살렘으로 올라갔다. 43 그런데 명절의 기간이 다 끝나 집으로 돌아올 때에 어린 예수는 예루살렘에 그대로 남아 있었다. 그런 줄도 모르고 그의 부모는 44 아들이 일행 중에 끼여 있으려니 하고 하룻길을 갔다. 그제야 생각이 나서 친척들과 친지들 가운데서 찾아보았으나 45 보이지 않으므로 줄곧 찾아 헤매면서 예루살렘까지 되돌아갔다. 46 사흘 만에 성전에서 그를 찾아냈는데 거기서 예수는 학자들과 한자리에 앉아 그들의 말을 듣기도 하고 그들에게 묻기도 하는 중이었다. 47 그리고 듣고 있던 사람들은 모두 그의 지능과 대답하는 품에 경탄하고 있었다. 48 그의 부모는 그를 보고 깜짝 놀랐다. 어머니는 예수를 보고 "얘야, 왜 이렇게 우리를 애태우느냐? 너를 찾느라고 아버지와 내가 얼마나 고생했는지 모른다." 하고 말하였다. 49 그러자 예수는 "왜, 나를 찾으셨습니까? 내가 내 아버지의 집에 있어야 할 줄을 모르셨습니까?" 하고 대답하였다. 50 그러나 부모는 아들이 한 말이 무슨 뜻인지 알아듣지 못하였다. 51 예수는 부모를 따라 나자렛으로 돌아와 부모에게 순종하며 살았다. 그 어머니는 이 모든 일을 마음속에 간직하였다. 52 예수는 몸과 지혜가 날로 자라면서 하느님과 사람의 총애를 더욱 많이 받게 되었다.[2]

관상의 길: 나(안셀모)도 예수와 같은 또래가 되어 함께 성장한다. 예수의 청년기는 온통 **상상력** 속에서 함께한다. 하지만 이 모든 것은 주님의 주도

---

[2] 실제 관상기도는 51~52절 부분을 따로 하였으나 여기에서는 종합한다.

로 진행된다. 가령 12살 때라면 내가 12살로 가는 것이 아니라 주님이 나의 12살로 오셔서 함께 하시게 된다.

마을 전체가 파스카 축제 준비로 부산하다. 해마다 하는 일이지만 열두 살 이상의 사람들이 모두 함께 예루살렘으로 가서 파스카 축제를 지내고, 적게는 열흘 많게는 보름 만에 돌아오는 대규모 행사이기에 할 일들이 많다.

예루살렘 길은 사흘 길이다. 가며 오며 길 위에서만 한 주간을 보내야 한다. 그래서 야영 도구나 길 위에서 먹을 양식과 마실 물과 포도주 등 미리 준비해야 되는 것이 한두 가지가 아니다. 물론 파스카 축제에 쓸 어린 양이나 쓴 나물도 있어야 하고 누룩이 들지 않은 맡짜(무교병)도 미리 만들어야 한다.

금년은 예수가 처음으로 파스카 축제에 따라가는 해이다. 해마다 어른들이 파스카 축제로 떠날 즈음이면 언제쯤 함께 가보나 하며 손꼽아 기다렸던 바로 그 해가 온 것이다!

언제나 그랬듯이 나와 예수는 단짝이 되어 설레는 마음으로 하루 전날부터 예수네 집에서 함께 잤다. 다음 날 대행진이 시작되자 아이들은 아이들끼리 함께 가도록 편을 짰다. 우리 어릴 때 포도서리나 고무줄 끊기 등을 주도했던 형이 이제는 청년이 다 되어서 우리를 인솔했다.

예루살렘으로 내려가는 길은 여러 갈래가 있지만 일행은 물을 구하기 쉬운 요르단 강줄기를 따르기로 했다. 티베리아 호수 쪽으로 넘어가서 줄곧 남으로 강을 따라가다가 예리고 근처에서 방향을 바꿔 베다니아를 거쳐 산 위의 마을인 예루살렘으로 올라가는 길을 택한 것이다.

요르단 강변에서 첫 야영의 밤.

부산함 속에서도 백여 명에 이르는 일행은 천막 치는 것과 식사하는 일을 질서 정연하게 진행해 내었다. 이것은 하루 이틀 만에 생긴 내공이 아니었다. 수십 수백 년을 이어온 장엄한 관습이었다.

예수는 첫 야영의 밤에 예의 이야기꾼 재주를 우리 모두에게 펼쳐 보였다. 이집트에서의 열 가지 재앙, 마지막 재앙인 맏배들의 죽임과 어린양 피로 구원받은 이스라엘 백성 이야기. 그리고 마침내 도무지 건너가지 못할 것 같았던 장벽 홍해 바다를 가르고 걸어서 건너는 이야기…….

예수는 이제 성경을 어른처럼 꿰고 있는 것 같았다. 그리고 하느님에 대해 이야기할 때면 무엇엔가 사로잡힌 사람처럼 감동에 젖어서 그분이야말로 우리의 참된 아버지라고 들뜬 목소리로 이야기하곤 한다.

아무튼 예루살렘으로 가는 사흘 길은 밤이나 낮이나 재미있고 신나는 여행이었다. 드디어 예루살렘 성에 도착해서 키드론 골짜기 건너편 즈음에 일행의 자리를 잡았을 때, 한눈으로 들어오는 예루살렘 성의 위용과 성전의 아름다움 때문에 처음 온 우리는 감탄사를 연발하지 않을 수 없었다. 어른들의 주도로 우리는 조상들과 하느님께 감사하며 익숙한 시편으로 찬미의 노래를 불렀다.

파스카 준비일인 다음 날 가족 중에서 잔치에 쓸 어린 양을 잡을 사람들이 낮에 성 안으로 들어갈 때 우리도 따라나서서 처음으로 성전 구경을 했다. 하느님의 장막이 있는 곳이라 내심 두려움과 떨림이 격하게 일었지만 신기한 것을 보는 호기심 때문에 그 두려움은 잊힌 두려움일 뿐이었다.

그런데 성전 바깥뜰은 예상을 뒤엎는 광경 일색이어서 좀 실망이 되었다. 거룩한 장소인 성전이라고 보기엔 그곳은 너무 시장 통 같았다. 제물로 쓸 각종 동물들 때문에 도대체 시끄러워서 사람들 말소리도 제대로 들리지 않았고, 상인들은 왜 그렇게 목소리를 키워서 외쳐 대는지 정신이 하나도 없다. 환전상들의 표정은 꼭 성경 창세기에 나오는 뱀같이 교활한 얼굴이다.

어쨌든 성전 안뜰도 구경하고 우리 모두는 신명나게 돌아와서 파스카 잔치를 했다. 성전 안뜰에서 일제히 잡은 어린 양은 잘 삶겨져서 저녁 축제 의식 때 우리의 양식이 되었다. 가족 별로 혹은 몇 가정이 모여서 진행된 저녁 파스카 예식은 거룩해 보였다. 우리는 요셉 아저씨 주례로 예수네 천막에서 예식을 함께했다. 찬송으로 마친 파스카 축제 예식은 우리 조상들에게 행하신 하느님의 놀라운 구원사역을 어린 우리에게도 잘 심어준 것 같다.

무교절이 시작되고 우리는 매일 성전으로 가서 권위 있는 랍비들의 강의를 들을 수 있었다. 성전 곳곳에서 이런 소규모 강좌가 열렸다. 사람들은 그동안 궁금했던 교리들을 묻고 랍비들로부터 명쾌한 대답을 들으며 기뻐했다.

예수는 궁금한 게 많았다. 우리 일행이 어디 있는지 뭘 하는지는 전혀 안중에 없이 랍비들에게 이것저것 질문하느라 정신이 없었다. 덩달아 나도 예수와 함께 한 곳에서 자리를 뜨지 못했다. 예수는 밤이 맞도록 얘기를 나누다가 잠잘 시간이 되면 아예 내일 다시 이리로 나올 시간이 아깝다며 성전 회랑 한편에서 외투를 덮고 눈을 붙이곤 했다.

나는 사실 좀 걱정이 되었다. 어른들이 찾으실 텐데……

하지만 예수는 전혀 걱정이 없었다. 오직 랍비들과 나눌 이야기 생각에 내가 하는 우스갯소리도 듣는 둥 마는 둥 하였다. 두 밤을 그렇게 성전에서 보냈다.

사흘째 되는 날이었다.

어김없이 예수는 어젯밤 궁금했던 이야기보따리를 들고 유명한 랍비들이 있는 강좌 자리로 갔다. 랍비들은 예수를 기특하게 생각했다. 어린 녀석이 태도가 되었다며 칭찬을 아끼지 않았다.

그런데 어느 순간 저 멀리 예수 부모님 모습이 내 눈에 들어왔다. 열심히 예수를 찾으시는 게 틀림없어 보였다. 내가 먼저 뛰어가서 안녕하셨냐며 인사를 드리고 예수가 저기 있노라 말씀드렸다.

두 분은 반색하시며 나와 예수를 번갈아 보셨지만 다소 화가 나 계셨고 몹시 지쳐 보였다. 어머니 마리아는 눈이 퀭하신 것이 많이 우셨던 것 같다.

드디어 예수를 만났다.

"아니 이 녀석아. 여기 있으면서 사람 애를 그렇게도 태웠냐 그래!"

요셉이 말하는 사이 마리아가 예수를 끌어안았다.

"예수. 내 새끼. 널 잃어버린 줄 알고 얼마나 애를 태웠는지 아냐. 사흘 밤낮을 예루살렘 사방을 헤매고 다녔어! 아이구 이놈아!"

예수는 의외로 태연했다. 여기가 아버지 집인데 내가 어디로 가겠냐며 엉뚱한 소리를 해댔다.

꿀밤이 한 대 들어갈 소리였다. 하지만 마리아는 연신 그래, 그래 그러면서 예수를 쓰다듬을 뿐이었다. 예수도 잠시 생각하다가 미안한 생각이 들었는지 말투가 바뀌었다.

"저 때문에 사흘이나 헤매셨다구요? 이제 걱정 마세요. 이런 일은 다시는 없을 거예요."

요 며칠간 눈이 바로 박힌 듯 보였던 예수 모습과는 사뭇 다른 태도였다. 뭔가 큰 깨우침을 받은 것 같다고나 할까…….

그렇게 예수 일행과 돌아오면서 나는 혼잣말이 절로 나왔다.

'그래 예수. 역시 넌 나와는 다른 것 같애. 특별한 태생부터 말이야.'

그런 생각을 알아차리고 예수가 진지하게 이야기한다.

아니야. 너도 똑같아. 너의 탄생도 특별한 것이었어. 하느님이 창조하시는 모든 사람은 다 특별해. 그런 이상한 생각으로 나를 경원시할 생각일랑 아예 말어! 안셀모. 넌 내 사랑하는 친구야.

이후로 예수는 정말 어른이 된 것처럼 보였다. 부모님께 너무나 잘 해드리고 집안일도 스스로 알아서 해나가곤 했다. 아버지에게서는 본격적으로 목수 일을 배우기 시작했고 어머니를 도와 농사일과 부엌일도 척척 해냈다.

물론 부모님들처럼 그야말로 성실한 일과를 통하여 늘 기도하는 모습을 잃지 않은 것은 두말할 나위가 없다.

그는 규칙적인 생활 속에서 남다른 지혜가 쌓여 가는 것 같았다. 비록 성전에서 어른들 속을 썩이긴 했지만 그가 품은 진리에의 열정은 여전했고 성경을 공부하는 일과 그것을 일상 안에 적용하는 일을 꾸준히 해나갔다.

그리고 그날 랍비들에게 칭찬을 받은 바와 같이 성경말씀도 문자적으로 보기보다는 행간을 읽으며 그 본뜻을 깨닫는데 남다른 총명함을 보였다. 가끔 예수와 이야기하다 보면 내가 예사로이 보는 일들을 그는 하느님의 입장에서 너무도 놀라운 시각을 통하여 해석해 내곤 했다. 모든 것을 예사롭게 보지 않고 타산지석으로 삼으며 양심과 지혜를 키워 나갔다고나 할까…….

친구들과의 교제에서 얻는 지혜도 우리와는 판이하게 달랐다. 예수는 모든 일들을 하느님의 사랑이라는 주제 안으로 수렴해서 재해석해내는 탁월한 능력이 있었다. 그리고 실제 그의 삶은 '예'와 '아니요'가 분명해지고 가난한 사람들이 정당하지 못한 대우를 받는 것을 그냥 지나치지 않았다.

나아가 벗을 위해서는 자기가 대신 곤욕을 치르더라도 아무 대가를 바라지 않고 수모를 겪어 주기도 했다. 이런 일도 있었다.

동네에 유명한 랍비가 와서 머물며 가르침을 베풀고 있을 때였다. 뒷집 마르코가 이듬해에 장가가기로 된 해이니까 우리는 아마 열일

곱 여덟쯤 되었을 것이다.

우리는 아직도 어린 티를 벗지 못하고 모이면 심한 장난을 치곤했다. 물론 예수는 어른처럼 앉아서 공부할 내용을 정리하고 있는 그런 녀석으로 변해 있었다. 그날도 랍비가 오시기 직전까지 몇몇 친구들과 정신없이 레슬링을 하며 놀다가 랍비와 거의 동시에 회당으로 뛰어들어 왔다. 그런데 그만 문을 너무 세게 닫는 바람에 사람들이 깜짝 놀랄 만한 큰 소리가 나고 말았다.

랍비는 그러지 않아도 매일 어수선한 수업 분위기 때문에 골이 나 있었던 차에 이번은 그냥 못 넘어가겠다는 듯이 호통을 쳤다.

"누구야! 누가 앞문을 그렇게 큰 소리를 내며 닫았어?!"

함께 장난을 쳤던 녀석들과 나는 갑자기 '앞문'이라고 하는 바람에 뒷문으로 들어왔던 우리는 이 질문에서 면제된다고 생각해 버렸다.

물론 랍비는 앞문 뒷문을 따지지 않고 우당탕거리며 들어온 녀석들을 찾고 있었지만 말이다.

우리가 자수하지 않자 랍비는 단체 체벌을 하려고 했다. 몇몇 아이들이 내 쪽을 보면서 뭐라 뭐라 속으로 시부렁거렸지만 나와 그 일당들은 마냥 시치미를 떼고 있었다.

이제 회당에 모인 아이들 전체가 회초리 세례를 받게 될 판이었다.

그때였다.

한 놈이 벌떡 일어나면서 "제가 했습니다!" 하는 것이 아닌가! 랍비는 눈치상으로도 그 아이 짓이 아님을 알면서도 불러내어 네가 모든 죄를 인정하고 벌을 받겠느냐 다그쳤다.

녀석은 그렇다고 덤덤하게 대답했고 랍비의 매질은 엄격했다. 그 녀석은 묵묵히 매를 맞고 아무 일 없었다는 듯이 자리로 돌아와서 공부에 임했다. 수업이 끝난 이후에도 우리에게 뭐라 한마디 하지 않았다. 그리고 아예 이 사건을 마음에 두지도 않는 눈치였다.

바로 이 친구가 예수다.

내 친구 예수는 그런 놈이었다.

나는 그 사건 이후로 예수에게 엄청 빚을 진 느낌이어서 몇 날 동안 말도 제대로 못 붙였다. 그런 내게 먼저 다가와서 말을 건 것이 예수다. 예수는 내가 다른 날에 친구들에게 보였던 희생들을 떠오르게 하면서(사실 내가 보인 희생이라는 것은 아무도 닦지 않는 칠판을 지운다거나 한 미미하기 짝이 없는 것이지만) 나를 위로하는 것이 아닌가!

대단한 녀석이다. 친구지만 정말 존경할 만한 놈이다.

(이후 예수의 청년기에 겪었을 여러 사건들이 교감될 때마다 가슴 한쪽에서 물결이 일었다. 예수도 나와 똑같은 성장의 시기, 청춘의 시기를 통과하였음을 온몸으로 느낄 수 있었다.)

예수 말씀.

그렇단다. 너도 나 예수처럼 성장했다. 너와 나는 거울이다. 어쩌면 너는 내 분신이다. 힘을 내라. 너는 작은 예수다!

내가 네게 바라는 것은 한 가지뿐이다.

네 가슴을 울렁이게 하는 그 '타산지석'의 안목이 열릴 때마다 사랑이신 하느님을 바라보는 일을 게을리하지 말기를······.

성장기 종합 성찰

　예수의 유년기와 성장기를 통하여 그야말로 예수와 '불알 친구'가 된 기분이다. 위의 기도는 한 번으로 끝난 것이 아니라 수차례 반복해서 진행되었던 것이다. 여기에 다 수록하지 못한 이야기도 무수히 많다.
　참으로 체험적인 교제를 쌓은 기분이다. 이제는 예수를 격의 없는 고향 친구로 대할 수 있게 되었다!
　물론 예수가 그렇게 나를 편안하게 만나 주신 일이다.

제2부

공생애
Compassion

하느님이 우리 삶 한복판에서 활동하신다.

왜?

내 눈이 멀었고, 내 귀가 먹었고,

내 사랑의 감각이 둔해져 있기 때문이다.

두 깃발

　세상은 선한 영과 악한 영의 힘에 의해 끊임없이 추동된다. 그것은 마치 진지를 구축하고, 본진에 깃발을 펄럭이고 있는 두 개의 진용으로 상상해 볼 수 있다.
　한 진영은 타락한 천사, 곧 사탄의 진영이다. 사탄의 우두머리는 루치펠이라는 이름을 가지고 있다. 얼핏 보기에 이 진지는 튼튼하고 위세가 하늘을 찌르는 것 같다. 세상을 다 삼키고도 남을 기세다.
　다른 한 진영은 예수의 진영이다. 얼핏 보기에 이 진지는 초라해 보인다. 그러나 그 안에는 진실의 힘이 한없이 솟아나오고 있어서 마침내 루치펠의 전략을 모두 무력화시킬 수 있는 능력이 있는 진영이다.
　루치펠은 세상 속에서 세 가지 전술을 구사하며 인간들을 '원리와 기초'에서 멀어지게 한다. 곧 '부'와 '명예'와 '교만'이 그것이다. '부'란 나의 것이 있는 것처럼 착각하게 만드는 것이다. 집, 돈, 아내, 아이들, 지식, 덕망, 마침내 교회까지도 나의 것으로 착각하게 만든다. '명예'는 이 착각에서 출발하여 내가 더 많이 가졌다고 과시하려는 것이요 '교만'은 마침내 내가 최고가 된 것으로 착각하여 하느님과 절연된 상태를 일컫는다.
　반대로 예수의 전술은 '가난'과 '겸손'과 '일치'이다. '가난'은 하느님 앞에서 나의 것이 없음을 고백하는 전적 의탁이요 '겸손'은 나의 상황을 인정하고 다른 이들과의 우열 비교가 없는 상태요 '일치'는 하느님의 사랑 안에 거하는 것을 인생 최고의 목표로 삼는 행위이다.
　이 두 진영의 깃발은 인생 모든 영역에서 식별 기준이 된다.

세례

• 성경 본문: 마태오복음 3:13~17

13 그즈음에 예수께서 세례를 받으시려고 갈릴래아를 떠나 요르단 강으로 요한을 찾아오셨다. 14 그러나 요한은 "제가 선생님께 세례를 받아야 할 터인데 어떻게 선생님께서 제게 오십니까?" 하며 굳이 사양하였다. 15 예수께서 요한에게 "지금은 내가 하자는 대로 하여라. 우리가 이렇게 해야 하느님께서 원하시는 모든 일이 이루어진다." 하고 대답하셨다. 그제야 요한은 예수께서 하자 하시는 대로 하였다. 16 예수께서 세례를 받으시고 물에서 올라오시자 홀연히 하늘이 열리고 하느님의 성령이 비둘기 모양으로 당신 위에 내려오시는 것이 보였다. 17 그때 하늘에서 이런 소리가 들려왔다. "이는 내 사랑하는 아들, 내 마음에 드는 아들이다."

관상의 길: 나(안셀모)는 예수와 절친한 친구로 그의 여러 행보에 함께하며 상황에 개입한다.

나자렛에서 일상을 충실하게 살고 있는 성숙한 예수.
삼십 대 초반이지만 지혜가 남다르고 많은 이들이 사랑한다.
나는 그의 오랜 친구다.

육촌 형 요한이 바깥세상에 나가 훌륭한 일을 하고 있다며 집안 어른들이 칭찬할 때, 예수는 자기의 때가 이르렀음을 직감했다.
이제 이 소박한 일상의 틀을 깨고 무엇인가 세상을 위해 나서야 될 때가 온 것이다……

그의 고민은 오래 가지 않았다. 이미 마음속에 품고 있던 일이라 어디에 첫 발을 내딛느냐 하는 것만 기다리던 참이었을 수도 있었기 때문이다.

아버지 요셉은 예수가 스무 살이 채 되기 전에 돌아가셨다. 홀어머니를 공양하며 지낸 지난 십여 년은 예수가 깨달아 가고 있던 세상의 도를 깊이 심화한 시기였던 것이다.

어머니께 작별인사를 드렸다.

"어머니. 일단 요한 형에게 가보려고 합니다.

요한 형이 하는 운동이 정당하다고 판단되면 그의 세례운동에 온전히 동참할 것입니다."

어머니 마리아는 예수에 대한 생각을 한 번도 바꿔 본 적이 없었다. '이 아이는 내 아이가 아니라 주님의 아들이다. 언젠가는 큰 일을 할 인물이다……'

그런 그녀에게 예수의 급작스러운 것 같은 출가 선언은 낯설지가 않았다.

"여기 생활 걱정은 말고 열심히 하거라."

집을 떠나는 아들을 오히려 격려한다.

예수는 나를 '안셀모야'라고 부르고 나는 그를 '예수야' 하고 부르는 사이다. 그러나 삼십 줄에 가까워지면서 그의 남다른 지혜 때문에 나는 그의 '시다바리'가 되다시피 하였다. 그의 말과 행동은 언제나 나를 자극했다. 한마디로 그는 내 인생의 우상이었다.

그런 그가 어느 날 내게 묻는 것이었다.

"안셀모. 나는 이제 큰 세상으로 나아가려 하네. 요한 형이 하는 운동은 내게 엄청난 도전을 주는 것이네. 우선 요한 형이 하고 있는 세례운동을 현장에서 경험해 보고 싶네. 자네도 내가 가려는 길을 따라갈 텐가?"

내겐 고민하거나 주저할 이유가 없었다.

그가 하는 일이라면 지옥까지도 따라갈 만큼 나는 그를 신뢰하고 있었다. 예수가 홀어머니께 작별인사를 할 때 나도 가족들에게 작별인사를 하고 왔다. 가족들은 세상으로 나가는 나를 생각하며 슬퍼할 줄 알았는데 오히려 기뻐하는 눈치다.

예수의 어머니 마리아도 인사드리는 나에게 '가서 큰일을 도모하라'며 웃는 얼굴로 격려하셨다.

그렇게 예수와 나는 고향 나자렛을 떠났다. 출가 아닌 출가의 길을 시작한 것이다. 그러나 풍운의 꿈을 품은 젊은이 같은 기분이 들지는 않았다.

요한이 세례를 주는 장소는 나자렛에서 그렇게 많이 떨어진 곳은 아니었다. 우리는 아침 일찍 출발해서 해가 아직 한참 남았을 때 현장에 도착했다.

마침 요한의 연설이 있는 시각인 모양이다. 요르단 강(사실 강이라고 부르기 뭣할 정도로 작은 시내다)가 바위 위에 서서 요한이 쩌렁쩌렁한 목소리로 연설을 하고 있다.

상당히 많은 사람들이 모여 있다.

대부분 요한에게 세례를 받으러 온 듯했지만 개중에는 대체 요한

이 어떤 인물인가 탐지하러 온 지도자급 인사들도 보인다.

요한은 세례를 받으러 온 사람들보다도 이들 정탐자들을 대상으로 연설하는 것 같다. 가만히 들어보니 이건 연설이라기보다는 독설에 가깝다. 대놓고 귀하신 분들에게 '독사의 새끼들'이라고 욕을 퍼부었다.

그런데 세례를 받으러 모인 사람들 가슴은 상상도 하지 못했던 통쾌함으로 시원해졌다. 나도 마치 집회 시에 연사가 쥐새끼 운운하며 현 정부의 졸렬한 행동을 통렬하게 야단칠 때 받은 느낌 같은 시원함을 느꼈다.

세례 의식은 의외로 간단했다. 세례 받을 사람들로 하여금 겉옷을 벗고 물속으로 들어오게 한 다음 이렇게 말한다.

"당신의 지난 모든 죄가 이 물속에 잠겨 죽어 버린다고 생각하시오!"

그러고는 세례자의 어깨를 잡고 물에 넣어 2초 정도 잠기게 했다가 일으켜 세웠다.

세례 받는 이가 얼굴에 묻은 물을 훔쳐내면 그를 똑바로 바라보며 "이제 회개의 열매를 삶 안에서 잘 맺으시오." 하고 말하면서 보내는 것으로 한 사람의 세례는 끝났다.

세례 받으러 온 사람들이 워낙 많았으므로 길게 줄을 서야 했다.

나보다 앞서 예수가 세례를 받는다.

예수가 물속으로 들어가면서 외투를 건넸다. 그의 외투를 받아 안자 예수의 땀 냄새가 흠뻑 묻어났다. 역한 냄새가 아니라 친근감

이 가는 그런 냄새다.

예수가 요한 앞에 서자 약간의 실랑이가 벌어진다.

아마도 요한이 예수에게 세례를 주지 않으려 하는 것 같다. 요한 형은 예수의 사람 됨됨이를 누구보다 잘 알고 있는 사람이다. 사촌지간인 어머니들끼리의 교제 안에서도 예수에 대한 칭찬이 마를 날이 없었고, 예수가 성장하면서 보여준 비범함을 일찍부터 알고 있었다. 더구나 청년이 되고 나서는 예수를 만나면 진실한 신앙에서 나오는 영적 카리스마에 스스로 짓눌리는 듯한 느낌마저 받곤 했었던 것이다.

그런데 예수는 물러서지 않았다.

"요한 형, 그대로 세례를 베풀어 주시오. 그것이 주님 보시기에 좋으실 거요!"

이윽고 예수에게도 동일한 의식이 진행되었다.

"당신의 모든 죄가 이 물속에 잠겨 죽는다고 생각하시오!"

예수가 물속으로 들어간다. 웬일인지 내 마음이 울컥해진다. 마치 그가 죽는 것 같은 느낌을 받았다고나 할까……

예수가 일어나자 요한도 예수도 감동한 표정이다.

저들은 무엇 때문에 저토록 감동하는 것일까 생각하고 있는데 예수가 엄청 밝은 표정으로 내게서 옷을 낚아채듯 가져가며 말했다.

"안셀모, 네 차례다!"

겉옷을 벗어 예수에게 맡겼다.

물속으로 들어갔다. 요한의 손이 어깨에 닿으며 내리누르는 힘이 느껴진다. 스르르 물속에 잠겼다. 전혀 주파수가 다른 소리들이 나를 채운다. 세례란 이처럼 전혀 다른 소리에 귀가 열리는 과정일까?

내가 나오자 예수는 상기된 표정으로 내게 말했다.
"안셀모, 어떤가? 영적인 체험이 있었지? 난 세례 받을 때 나에게 하느님의 영이 내리는 것을 강하게 느꼈어! 하늘의 음성도 똑똑히 들었지. '너는 내 사랑하는 아들, 마음에 드는 아들'이라는 음성을!"
예수의 얼굴을 경이롭게 바라보았다.
그러자 예수가 말한다.
"안셀모, 너도 아마 이 소리를 들었을 거야. 누구에게나 들리는 음성이지. 네가 세례 받기 위하여 네 스스로를 죽일 때, 다시 말해 하느님 앞에서 무한히 가난해질 때, 넌 비로소 그분의 아들이라는 신원을 확인하게 되는 거야!"

기도를 마무리하면서 기도 시간에 어떤 일이 있었는지 되돌아보았다. 내 이성은 예수가 세례 받음으로써 나와 완전히 같은 길을 취했다는 것을 '깨달아' 낸다.
예수가 이제 내 바로 앞에서 나의 길—내가 온전히 본받을 수 있는 길을 선도해 나간다는 것, 그리고 죄인들이나 받아야 할 세례까지 받는 한없는 부서짐으로 나에게 가까이 다가왔다는 것, 마침내 나를 구원의 길로 인도할 것이라는 명제가 정리된다.
바로 그 순간이었다.
예수의 음성이 너무나 또렷하게 들렸다.
"안셀모, 너도 나와 같은 세례를 받을 수 있느냐?"

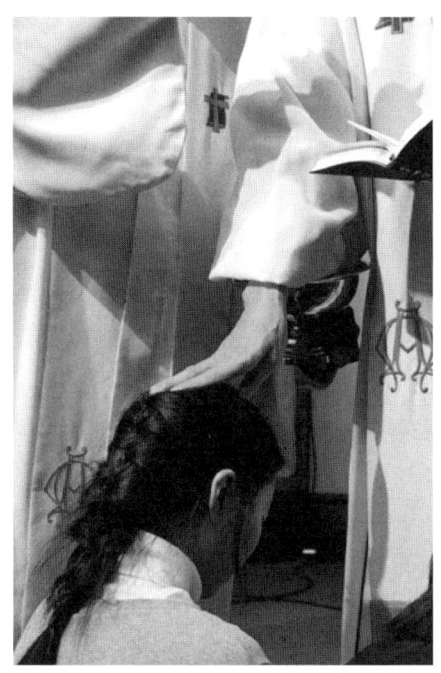

세례는 모든 것을 받아들이는 기쁜 응답이다.

어쩌면 대수롭지 않게 들릴 수도 있는 말씀이지만 이 순간은 너무도 큰 도전을 주는 말씀이다.

나의 과거에는, 특별히 이삼십 대 때에는 이런 유의 생각이 큰 저항 없이 몸에 배어 있었다. 주님의 고난의 길을 걷는 것이 크리스천의 당연한 도리라는 생각.

그런데 이제 새삼 이 말씀이 가슴에 와 박히는 것은 무엇 때문이겠는가. 내가 나도 모르게 무사안일과 소시민적 사고방식에 물들어 있다는 증거에 다름 아니다.

루치펠의 거짓 속임수에 나도 시나브로 속아 넘어가서 진정한 행복의 길을 외면하고 있었음이 분명하다. 당장의 물적 필요와 노후의 안락과 같은 비본질적인 것에 노예처럼 끌려 다니고 있었던 것이다!

이제야 예수와 동고동락한다는 것이 어떤 것인지 깨끗하게 그려진다. 지금 이 순간 내게 필요한 은총은 바로 이것이었다.

광야 수련

• 성경 본문: 마태오복음 4:1~11

1 그 뒤에 예수께서 성령의 인도로 광야에 나가 악마에게 유혹을 받으셨다. 2 사십 주야를 단식하시고 나서 몹시 시장하셨을 때에 3 유혹하는 자가 와서 "당신이 하느님의 아들이거든 이 돌더러 빵이 되라고 해보시오." 하고 말하였다. 4 예수께서는 "성서에 '사람이 빵으로만 사는 것이 아니라 하느님의 입에서 나오는 모든 말씀으로 살리라.' 하지 않았느냐?" 하고 대답하셨다. 5 그러자 악마는 예수를 거룩한 도시로 데리고 가서 성전 꼭대기에 세우고 6 "당신이 하느님의 아들이거든 뛰어내려 보시오. 성서에, '하느님이 천사들을 시켜 너를 시중들게 하시리니 그들이 손으로 너를 받들어 너의 발이 돌에 부딪히지 않게 하시리라.' 하지 않았소?" 하고 말하였다. 7 예수께서는 "'주님이신 너의 하느님을 떠보지 말라.'는 말씀도 성서에 있다." 하고 대답하셨다. 8 악마는 다시 아주 높은 산으로 예수를 데리고 가서 세상의 모든 나라와 그 화려한 모습을 보여주며 9 "당신이 내 앞에 절하면 이 모든 것을 당신에게 주겠소." 하고 말하였다. 10 그러자 예수께서는 "사탄아, 물러가라! 성서에 '주님이신 너희 하느님을 경배하고 그분만을 섬겨라.' 하시지 않았느냐?" 하고 대답하셨다. 11 마침내 악마는 물러가고 천사들이 와서 예수께 시중들었다.

관상의 길: 나(안셀모)는 예수와 절친한 친구로서 그와 함께 광야로 나갈 만큼 가깝게 지낸다.

예수는 세례 때의 체험이 워낙 강력했나 보다. 이제는 무엇을 해야 할지 분명하게 깨달은 이의 표정으로 나를 보며 말했다.

"안셀모. 지금의 이 체험을 완전히 내 것으로 만드는 과정이 필요하다는 마음이 드네. 나는 광야로 나가 수행하려고 하네만, 자네도 동참했으면 하네. 자네가 내 진정한 친구라면 이 광야 수행에도 함께 하리라 믿네. 내가 자네 인생의 동반자이듯 자네도 내가 가는 길의 든든한 동반자인 걸세."

광야는 거칠고 삭막하다.

우리 마음을 죽처럼 갈아 뭉개 버릴 수 있도록 황폐한 풍경으로 다가온다. 그것은 오직 하느님만 바라볼 수 있는 도우미가 될 수도 있고, 완전히 그 반대로 갈 수도 있는 단순화의 열쇠다.

우리가 자리 잡은 곳은 야트막한 언덕배기 뒤쪽에 있는 작은 동굴이다. 예수는 아예 사십일 동안 아무것도 먹지 않고 기도에 전념

하려 했기 때문에 거추장스러운 준비 과정은 필요하지 않았다. 묵상에 필요한 성경과 찬송집만 놓여 있다.

하루 일과를 어떻게 보낼 것인가 하는 것만 잘 정하고 그대로 수행하는 일만 남았다. 우리는 각자 편안히 기도할 수 있는 자리를 정하고 해가 질 때까지는 서로에게 간섭하지 않기로 했다. 다만 잠자리에 들기 전 함께 찬양(시편)하고 하루와 인생 전반에 대한 성찰을 통한 감사의 기도 시간을 갖기로 했다.

낮 시간 나는 완전히 마음을 모아 하느님께 드리는 무념적 관상 기도에 몰입하기로 작정하였다.

십 일이 지났다. 배고픔은 잊은 지 오래다. 한낮의 더위도 밤중의 추위도 익숙해졌다. 그야말로 용맹 정진이다.

마음에서 일어나는 온갖 상념들을 털어 내면서 하느님의 사랑 안에만 머물려고 하는 무념적 관상 시간이 누적되면서, 내 영혼에 어느 정도 변화의 바람이 일기 시작하는 것 같다. 이 느낌은 나의 것인지 예수의 것인지 분간이 되지 않는다.

이십 일, 삼십 일, 시간이 시나브로 지나간다. 동굴 벽에 바를 정(正)자로 새겨 나간 날짜가 어느덧 목표치인 사십 일을 눈앞에 두게 되었다.

어느 날 저녁 예수가 낮에 있었던 환상적 체험에 대하여 이야기한다. 루치펠이 다가와서 한 유혹에 대한 이야기다. 처음에 나는 예수가 루치펠을 당당히 물리쳤다는 사실 하나만 생각하며 함께 기뻐해 주었다.

그런데 예수가 말하기를 이제 내 차례라는 것이다. 나도 이 과정을 거쳐야만 자기와 함께 길을 걸을 수 있게 될 것이라는 말이다. 생각지도 못했던 이야기라 잠시 당황스러웠지만, 멋지게 이겨낸 예수처럼 잘 해낼 것 같은 기분이 들었다.

날이 밝고 늘 기도하던 곳으로 가서 좌정했다.
루치펠이 다가왔다.
그는 아주 핸섬하고 예의바르게 생겼다.
더구나 말하는 품새가 아주 해박한 지식의 소유자들이 풍기는 그런 분위기를 연출하는 것이었다.
살짝 긴장하지 않을 수 없었다.
정답은 알고 있지만 루치펠의 고난도 전술에 속아 넘어갈까 봐 걱정된다.

그가 질문을 시작한다.
지금 당장 내 궁핍을 채우는 데 하느님을 이용할 수 있지 않은가? 하느님이 사랑이시라면 너를 굶기거나 빚에 허덕이게 놔두지는 않으실 터. 하느님의 능력으로 그 불편함들을 해소해 보라는 것이다.
필요적 경비와 소유욕을 절묘하게 섞어서 유혹하는 수법이다.
조목조목 하느님의 말씀으로 유혹을 혁파했다는 예수처럼 나도 시원한 대답을 내놓고 싶지만 잘 되질 않았다. 결국은 예수를 흘끔흘끔 쳐다보며 도움을 청할 수밖에 없었다.
예수는 참된 종교와 거짓 종교의 차이를 상기시켜 주었다.

거짓 종교는 인생의 고비 앞에서 만나는 여러 시련들이 믿음을 통하여 제거된다고 가르치지만, 참 종교는 그런 장애를 제거하는 데 초점을 두지 않고 이것을 바라보는 시각을 바꿔 주며 마침내 하느님을 더욱 신뢰하는 디딤돌로 삼게 한다는 말.

루치펠이 질문을 이어간다.

좋다. 네 것은 아무것도 없다고 했는데 그렇다면 지금 굶어 죽어가고 있는 이들에 대한 사회적 책임은 누가 져야 되는가? 네 것이 아무것도 없는 데 어떻게 저들을 도울 수 있겠는가?

사회적 책임과 비소유를 혼란케 하는 전술이다.

여기에는 답이 바로 나왔다. 사랑의 나눔은 우리의 계산법을 초월하게 된다는 체험적 답이었다.

그러자 그가 아주 예민한 부분을 건드린다.

지금 사회를 꼼짝 못하게 얽어 놓고 있는 구조적 모순들을 보라. 군수산업과 전쟁의 함수관계는 뻔한 악인 줄 알면서도 도무지 해소시킬 수 없다는 무능력한 사실 하나만으로도 하느님 나라는 허상에 불과하다는 증거가 된다. 심지어 하느님 나라를 가장한 교세 확장을 추구하는 교회까지 보고 있지 않은가?

자네들이 하려는 그 모든 계획들과 기대는 종국에 패하고야 말 것 투성이란 말이지. 세상 말로 그건 이상주의에 불과하고, 현실을 잘 모르는 철없는 짓일 뿐이야!

질문이 교묘하다.

갑자기 지금 세상 돌아가는 것이 확 마음에 들어오면서 심한 패배 의식에 잠겨 버린다. 대답은커녕 풀이 죽고 말았다.

그런데 마음속에 몽골 텐트의 깃발 하나가 선명하게 떠오른다.

바로 예수님의 깃발!

아 - 이 혼탁함 속에서도 엄연히 존재하는 예수님의 깃발!

이 생명의 기지는 꺼질 듯 가물거리지만 참으로 강하고 견고하지 않은가!

바로 저 예수의 깃발 아래에 진정한 자유와 참된 행복이 보장되는 것이다! 순간 마음속에서 뚜렷한 외침이 솟아났다.

패배 의식아 썩 물러가랏!

마침내 승리하고야 말 예수님의 진영을 떠올리며 불끈 힘이 솟고 감격이 넘쳐 나는 것이었다.

루치펠은 내 곁을 떠나갔다. 다른 기회를 잡아 다시 오겠다는 말을 남기고……

예수가 다가왔다.

내 손을 굳게 잡으며 "잘했네!" 격려해 준다.

예수는 내 어깨에 팔을 감으며 말을 이어갔다.

"앞으로도 걱정 말게. 자네 인생의 든든한 동반자인 내가 있네. 비록 루치펠이 집요하게 자네를 공격해 오겠지만 그때마다 든든한 기지를 두고 자네와 동반하는 내가 있음을 상기하기 바라네!"

'동반자'

이 얼마나 감사한 말씀인가!

기도 말미 삼중 담화[1] 시에 예수의 동반자 됨에 대한 믿음을 더욱 깊게 해주셔서 떨리는 감동으로 감사드렸다.

---

[1] 성모, 성자, 성부께 단계적으로 기도 은총을 심화할 수 있도록 도움을 요청하는 방법.

공생애의 시작

• 성경 본문: 루가복음 4:14~30

14 예수께서는 성령의 능력을 가득히 받고 갈릴래아로 돌아가셨다. 예수의 소문은 그곳 모든 지방에 두루 퍼졌다. 15 예수께서는 여러 회당에서 가르치시며 모든 사람에게 칭찬을 받으셨다. 16 예수께서는 자기가 자라난 나자렛에 가셔서 안식일이 되자 늘 하시던 대로 회당에 들어가셨다. 그리고 성서를 읽으시려고 일어서서 17 이사야 예언서의 두루마리를 받아 들고 이러한 말씀이 적혀 있는 대목을 펴서 읽으셨다. 18 "주님의 성령이 나에게 내리셨다. 주께서 나에게 기름을 부으시어 가난한 이들에게 복음을 전하게 하셨다. 주께서 나를 보내시어 묶인 사람들에게는 해방을 알려 주고 눈먼 사람들은 보게 하고, 억눌린 사람들에게는 자유를 주며 19 주님의 은총의 해를 선포하게 하셨다." 20 예수께서 두루마리를 말아서 시중들던 사람에게 되돌려 주고 자리에 앉으시자 회당에 모였던 사람들의 눈이 모두 예수에게 쏠렸다. 21 예수께서는 "이 성서의 말씀이 오늘 너희가 들은 이 자리에서 이루어졌다." 하고 말씀하셨다. 22 사람들은 모두 예수를 칭찬하였고 그가 하시는 은총의 말씀에 탄복하며 "저 사람은 요셉의 아들이 아닌가?" 하고 수군거렸다. 23 예수께서는 "너희는 필경 '의사여, 네 병이나 고쳐라.' 하는 속담을 들어 나더러 가파르나움에서 했다는 일을 네 고장인 여기에서도 해보라고 하고 싶을 것이다." 하시고는 24 또 이렇게 말씀하셨다. "사실 어떤 예언자도 자기 고향에서는 환영을 받지 못한다. 25 잘 들어라. 엘리야 시대에 삼 년 반 동안이나 하늘이 닫혀 비가 내리지 않고 온 나라에 심한 기근이 들었을 때 이스라엘에는 과부가 많았지만 26 하느님께서는 엘리야를 그들 가운데 아무에게도 보내시지 않고 다만 시돈 지방 사렙다 마을에 사는 어떤 과부에게만 보내 주셨다. 27 또 예언자 엘리사 시대에 이스라엘에는 많은 나병 환자가 살고 있었지만 그들은 단 한 사람도 고쳐 주시

지 않고 시리아 사람인 나아만만을 깨끗하게 고쳐 주셨다." 28 회당에 모였던 사람들은 이 말씀을 듣고는 모두 화가 나서 29 들고일어나 예수를 동네 밖으로 끌어냈다. 그 동네는 산 위에 있었는데 그들은 예수를 산벼랑까지 끌고 가서 밀어 떨어뜨리려 하였다. 30 그러나 예수께서는 그들의 한가운데를 지나서 자기의 갈 길을 가셨다.

관상의 길: 나(안셀모)는 예수와 절친한 친구로서 그의 여러 행보에 함께 한다.

광야에서 은총을 충만히 받은 예수는 확연히 달라진 모습이다.
비록 나의 예수에 대한 우정에는 변함이 없었지만 이제는 예수야 하고 부르기가 좀 뭣하다. 대화할 때면 '주님' 소리가 자꾸만 튀어나온다.
하지만 예수는 내게 그대로 친구처럼 대해 주길 원한다. 내 마음의 동요도 인정했지만 나 또한 주님의 영을 충만히 받은 하느님의 아들임을 상기시키면서 친구하는 데 조금도 꿀릴 것이 없노라 격려를 아끼시 않았다. 가파르나움으로 갈 때는 내가 있어 얼마나 든든한지 모르겠다고도 했다.

갈릴래아 호숫가다.
예수와 나는 해변에서 그물 손질을 하고 있던 이들에게 접근했다.
일을 좀 도와줄 테니 저녁식사와 잠자리를 제공해 줄 수 있겠냐고 물었다. 시몬과 안드레아 형제는 흔쾌히 우리 부탁을 들어주었다.
그물에서 수초나 나뭇가지 따위를 제거하고 찢어진 곳을 발견하여 그들에게 알려 주면 되는 일이었다. 주변에 많은 어부들이 비슷한 일들을 하고 있다.

마침내 일이 끝났다. 시몬 형제네로 가서 물고기 구운 것과 포도주를 음미하면서 먹었다. 시몬의 장모가 밑반찬을 내 주어 풍성한 식탁이 되었다.

다음 날은 안식일이었다.

가파르나움 회당으로 가게 되었는데, 아마 시몬의 동생 안드레아가 어젯밤 예수가 하는 얘기를 듣고는 회당장에게 훌륭한 랍비가 오셨다고 말했나 보다. 회당장은 성경 봉독과 설교를 부탁했다.

예수의 설교는 간결하면서도 뜻이 확연히 전달되는 훌륭한 것이었다. 나도 예수가 회당에서 설교하는 것은 처음 보았는데 그야말로 영적 카리스마가 압도적인 것이었다.

회중들은 모두 기쁜 마음으로 감사해하였다. 그것은 유명한 부흥 강사의 그것과는 본질적으로 다른, '진실을 꿰뚫는 진리'를 대한 이들의 자연스러운 반응이었다.

예배 순서를 마치고 회당장은 예수와 나를 자기 집으로 초대했다. 풍성한 과일들과 양고기를 곁들인 성찬을 대접받았다.

나자렛으로 올라왔다.

출가를 선언하고 집을 나선 지 어언 두 달이다. 모친은 활짝 웃으며 우리를 반기신다. 오늘 저녁은 예수네 집에서 먹기로 했다. 우리 (나의) 식구들도 불렀다.

닭고기와 포도주를 곁들인 푸짐한 만찬상이다.

공생애의 시작

예수가 식사기도를 했다. 하느님을 찬미하고 감사하는 베레카 축복이었다.

나의 아내와 두 딸은 연신 싱글벙글한다.

무슨 말이 오고갔는지는 잘 기억나지 않지만 성모님의 온화한 기쁨이 분위기를 돋우는, 그런 밤이었다고 할 수 있다.

나자렛에서는 이미 예수에게서 뭔가 특별한 일을 기대하고 있었다. 그다지 오랜 시간은 아니었지만 호숫가에서 행한 설교와 치유 행위들에 대한 소문이 고향에 벌써 퍼져 있었던 것이다.

나자렛 회당에 마을 사람들을 미리 모아 놓고 촌장이 예수를 불렀다. 촌장은 사람들에게 우리 동네 청년 예수가 이렇게 훌륭한 랍비가 되어 돌아왔다며 사람들에게 소개한다. 촌장의 시작 기도에서는 오늘 이 시간 예수를 통하여 주님의 은총을 풍성하게 받을 수 있도록 해달라는 청원이 담겨 있다.

이윽고 예수의 차례이다.

이사야 예언서의 한 부분을 봉독한다.

희년 선포다.

모든 억압의 굴레가 벗겨지는 하느님의 은총의 날에 대한 복음이다. 예수는 이 말씀으로 자기가 하는 사역의 중심을 밝혔다고 나중에 내게 말했다. 예수는 매우 인상적인 설교를 했다.

이 말씀이 오늘 이 자리에서 성취되었다고!

예배가 은혜롭게 끝나는가 했는데 상황이 이상하게 꼬여 나갔다. 마을 사람들의 진짜 관심은 예수의 가르침이 아니었다. 예수가 뭔가 마술적인 기적을 행사해서 사람이 완전히 달라졌음을 보여주길 기대했던 것이다.

그런데 예수는 고향 사람들의 그런 기대에 찬물을 끼얹었다.

예언자는 고향서 존경을 받지 못한다고 했을 때 촌장의 어색한 웃음을 보았다면, 예수가 그 다음 말을 이어나갔을까 싶다.

하지만 분위기에 아랑곳하지 않고 예수는 거침없이 말을 이어나갔다. 엘리야가 이방인 사렙다 과부에게 행한 일과 엘리사가 시리아 장군의 나병을 고친 것을 보라는 것이다. 하느님의 은총을 자기 잇속을 챙기는 데 이용하지 말라, 오히려 은총은 팔이 안으로 굽는 세상 이치와는 정반대의 통로로 내려오신다고, 선언하듯 말하는 것이 아닌가! 한마디로 고향 사람들의 기대는 하느님 보시기에 엄청 잘못되었다는 꾸지람이었던 것이다.

마을 사람들이 술렁이기 시작했다.

"아니 쟨 죽은 목수 요셉의 아들 아닌가."

"저 자식이 어디에서 본 데 없이 저따위 말을 하는 거야!"

"요 몇 달간 어디서 뭘 좀 배우긴 배운 모양이다만 아주 시건방지기 짝이 없어져서 돌아왔구만!"

여기저기서 이런 말들이 쏟아져 나오자 군중심리가 작동되기 시작한다. 전혀 예기치 못한 상황이다.

하지만 예수는 좀처럼 당황하는 기색이 없다. 군중들이 마치 린치라도 가할 듯이 예수를 쏘아보고 있었지만 눈썹하나 까딱하지 않고 그들을 쳐다보며 밖으로 나갔다. 나도 얼떨결에 따라 나오긴 했지만 아무래도 고향에 오래 머물기는 어려울 것 같았다.

예수는 내 손을 붙들고 말했다.

안셀모. 넌 내 친구야. 내가 하려고 하는 일의 동역자야.
오늘 잘 보았을 거야.
세상은 내가 하는 일을 이처럼 잘 받아들이지 못해.
하지만 하느님께서 세상을 이 족쇄에서 해방시키시기를 얼마나 원하고 계신지는 자네도 잘 알 거야.
아까 회당에서 읽은 성경 말씀이 바로 자네와 내가 선포하고 실천해야 될 사역의 근간이야.
어둠에 묶여 있는 세상에 빛을 비추는 것.
죄의 사슬에 억눌린 이들에게 해방의 기쁨을 전달하는 것.
하느님은 우리를 사랑하시되 끝까지 사랑하고 계심을 깨닫고, 오직 하느님만을 신뢰하는 자유를 누리도록 하는 것.

안셀모. 이젠 우리가 이 일을 하나하나 해나갈 걸세.
기대하시게!

부르심: 어부들

• 성경 본문: 루가복음 5:1~11

1 하루는 많은 사람들이 겐네사렛 호숫가에 서 계시는 예수를 에워싸고 하느님의 말씀을 듣고 있었다. 2 그때 예수께서는 호숫가에 대어 둔 배 두 척을 보셨다. 어부들은 배에서 나와 그물을 씻고 있었다. 3 그 중 하나는 시몬의 배였는데 예수께서는 그 배에 올라 시몬에게 배를 땅에서 조금 떼어놓게 하신 다음 배에 앉아 군중을 가르치셨다. 4 예수께서는 말씀을 마치시고 시몬에게 "깊은 데로 가서 그물을 쳐 고기를 잡아라." 하셨다. 5 시몬은 "선생님, 저희가 밤새도록 애썼지만 한 마리도 못 잡았습니다. 그러나 선생님께서 말씀하시니 그물을 치겠습니다." 하고 대답한 뒤 6 그대로 하였더니 과연 엄청나게 많은 고기가 걸려들어 그물이 찢어질 지경이 되었다. 7 그들은 다른 배에 있는 동료들에게 손짓하여 와서 도와 달라고 하였다. 동료들이 와서 같이 고기를 끌어올려 배가 가라앉을 정도로 두 배에 가득히 채웠다. 8 이것을 본 시몬 베드로는 예수의 발 앞에 엎드려 "주님, 저는 죄인입니다. 저에게서 떠나 주십시오." 하고 말하였다. 9 베드로는 너무나 많은 고기가 잡힌 것을 보고 겁을 집어먹었던 것이다. 그의 동료들과 10 제베대오의 두 아들 야고보와 요한도 똑같이 놀랐는데 그들은 다 시몬의 동업자였다. 그러나 예수께서 시몬에게 "두려워하지 마라. 너는 이제부터 사람들을 낚을 것이다." 하고 말씀하시자 11 그들은 배를 끌어다 호숫가에 대어 놓은 다음 모든 것을 버리고 예수를 따라갔다.

관상의 길: 나(안셀모)는 예수의 분신처럼 그의 곁에 바싹 붙어 다닌다. 그의 마음 안으로도 들어가고 그의 연설에 동화되기도 한다.

자네 앞에서 자꾸만 작아지는 걸 어쩌면 좋은가 하고 내가 말했을 때 예수는 빙긋이 웃으며 내 어깨를 툭툭 친다. 이젠 말로 할 필요도 없다는 투다. 넌 내 친구 자리에서 이탈할 수 없어 하고 말하는 것 같다.

비교적 이른 아침이다.
호숫가에 식후 산책을 나왔다.
예수를 알아본 어떤 이가 다가와서 이것저것 질문을 한다.
예수가 친절하게 답해 주고 있는데 주변에 사람들이 조금씩 늘어난다.

물가에서 그물을 씻고 있는 시몬 일행이 보인다. 시몬의 거친 말소리가 쟁쟁하게 귀에 들어왔다.
"이런 니밀헐! 내 평생 오늘처럼 좆같이 재수 없는 날은 처음이네 그려. 에이 씨발꺼……."
그물을 찢을 듯이 흔들면서 눈은 괜스레 사방을 쏘아보며 욕을 해댄다. 아마 밤새 허탕을 친 모양이다.

예수는 나더러 이런 시몬에게 배를 빌려 달라고 청하라는데 나서기가 좀 그렇다.
예수가 눈짓으로 독촉하는 바람에 어쩔 수 없이 시몬에게 다가갔다. 조금은 떨리는 목소리로 예수께서 배를 잠깐 쓸 수 있겠냐 했다. 그토록 거친 상소리를 내뱉고 있던 터라 바로 욕이 튀어나올 줄 알았는데 의외로 쉽게 배를 내준다. 그물 손질은 동생에게 마무리하라 하고는 배로 올라가서 예수를 태웠다.

뭍에서 조금 떨어진 지점에 닻을 내렸다. 예수는 뱃머리에 앉아 정식으로 랍비들이 하는 형식의 설교를 시작했다. 베드로와 나는 예수의 뒤편에 앉아서 예수와 군중들 모습을 동시에 잘 쳐다보게 되었다.

예수의 설교가 술술 나온다.

(이심전심이랄까. 짓눌린 민중들의 가슴을 트이게 하는 하느님의 속성과 하느님 나라에 대한 이야기가 기승전결, 논리적으로 터져 나왔다. 예수의 설교에 내가 몰입한 것인지 나의 설교에 예수가 들어온 것인지 분간하기 어려웠다. 상당히 길어 보이는 설교가 조금의 흐트러짐 없이 진행되었다.)

설교가 끝나고 시몬에게 친근히 다가가서 밤새 고기를 잡지 못한 것을 위로하는 예수.

상대방의 기분이 상하지 않게 하면서도 자기 말을 따르도록 하는 절묘한 기술이 있다.

예수는 시몬더러 저쪽 깊은 곳으로 가서 그물질을 해보라 했다. 아까 보였던 시몬의 성깔이라면 분명 한바탕 일이 벌어질 것 같은 요구였지만 베드로는 순순히 예수의 말을 따랐다. 닻을 올리고 안드레아를 배에 태워서 호수 안쪽으로 들어갔다.

가면서 시몬이 퉁명스럽게 말했다.

"내 이 생활 사십 년이오. 고깃길을 아는 데는 아마 이 동네에서 나만한 사람이 없을 거요. 하지만 아까 선생이 설교하는 소리를 가만히 들으면서 선생은 다른 랍비들과는 너무도 다른 구석이 있다는 느낌을 받았소. 말에 진실한 힘이 있었다는 거지. 내 속는 셈 치고 당신 말을 들어보는 거요. 하지만 고기가 잡힐 리는 만무하오. 시간도 이미 고기가 물 바닥으로 들어갔을 때이고. 기분도 그런데 바람이나 쐰다고 생각하는 거요……."

예수가 씩 웃었다.

한참을 들어간 후에 예수는 배를 세웠다.

그리고 오른쪽을 가리키며 그물을 던져 보라 한다.

안드레아는 못마땅하다는 표정이지만 형이 하도 진지하게 예수의 말을 따르니까 마지못해 일을 도우고 있다.

민첩한 솜씨로 그물이 던져졌다.

그런데 기분이 이상하다.

시몬은 얼굴이 굳어졌다. 그물을 좀 당기니까 고기들이 그물 안쪽 위로 튀기 시작했다. 엄청난 양이다.

안드레아가 함께 힘을 썼다.

나도 힘을 합해서야 겨우 배 위로 그물을 올렸다.

산더미 같은 고기떼가 배 위에 쌓였다.

시몬은 덜컥 겁이 나는 모양이다. 직감적으로 느낌이 온다.

이분은 보통 사람이 아니다! 이건, 이건 하느님의 사람만이 할 수 있는 일이다!

시몬은 예수 앞에 코를 박고 엎드렸다.

자기는 죄인이라며, 당신 같은 훌륭하신 분 앞에 감히 서 있을 수도 없는 죄인이라며……

고기를 잔뜩 싣고 돌아오는 길이다.

예수가 시몬 일행에게 방금 고기가 잡힐 때 얼마나 신나고 신기했느냐고 물었다.

"두려운 생각까지 들었지만 기분은 그만이었지요!"

안드레아가 말했다.

예수는 이보다 더 신나는 일이 있는데 같이 해보겠냐 한다.

하느님 나라(하느님의 왕국)를 세우는 일. 그것은 고기를 잡듯이 사람들의 마음을 사로잡는, 정말 신명나는 일이라고 덧붙였다.

시몬과 안드레아는 입을 다물지 못하고 좋아한다.

우리 같은 시골 촌뜨기들이 메시아 왕국을 건설한다구? 야, 그거 상상만 해도 기가 막히는 걸!

이들은 뭍에 도착하자마자 실제로 자신들의 평생 동반자였던 배와 그물을 버렸다!

저들이 어구의 뒤처리를 해변에 있던 사람들에게 부탁하고 있는 사이 내가 예수에게 말을 건넸다.

"아니, 예수. 지금 자네 '제자'를 뽑은 겐가? 저 사람들은 좀 그렇지 않은가! 시몬이라는 사람 평상시에 하는 행동을 보기나 하고 그런 결정을 했는지 모르겠네 그려."

부르심: 어부들

예수는 내 말이 머쓱해지게 만들었다. 다정스러운 눈웃음을 지으며 내게 말했다.

"하느님 나라는 자네 생각처럼 머리 좋고 능력 있어 보이는 이들이 만드는 게 아니라네. 하느님을 온전히 사랑할 수 있는 사람. 하느님 사랑을 진실하게 느끼고 받아들일 수 있는 사람들이 세워 나가는 것일세. 그 사람의 인품마저도 이 기준의 다음으로 내려가는 사소한 문제가 될 수 있다네!"

부끄러웠다.

내가 꿈꾸던 '영향력 있는 교회'는 얼마나 허구인가!

능력 있는 이들로 구성된 교회 말이다.

그것은 교회가 아니라 기구일 뿐이다.

공동체(community) 아닌 조직(organization)인 게다!

부르심 : 마태오

• 성경 본문: 마태오복음 9:9~13

9 예수께서 그곳을 떠나 길을 가시다가 마태오라는 사람이 세관에 앉아 있는 것을 보시고 "나를 따라오너라." 하고 부르셨다. 그러자 그는 일어나서 예수를 따라나섰다. 10 예수께서 마태오의 집에서 음식을 잡수실 때에 세리와 죄인들도 많이 와서 예수와 그 제자들과 함께 음식을 먹게 되었다. 11 이것을 본 바리사이파 사람들은 예수의 제자들에게 "어찌하여 당신네 선생은 세리와 죄인들과 어울려 음식을 나누는 것이오?" 하고 물었다. 12 예수께서 이 말을 들으시고 "성한 사람에게는 의사가 필요하지 않으나 병자에게는 필요하다. 13 너희는 가서 '내가 바라는 것은 동물을 잡아 나에게 바치는 제사가 아니라 이웃에게 베푸는 자선이다.' 하신 말씀이 무슨 뜻인가를 배워라. 나는 선한 사람을 부르러 온 것이 아니라 죄인을 부르러 왔다." 하고 말씀하셨다.

관상의 길: 나(안셀모)는 예수와 절친한 친구이자 제자로 함께하고 있다.

 이제 우리는 몇 명의 제자단을 형성했다. 그분의 소문은 삽시간에 퍼져 나갔나 보다. 우리가 거리를 지날 때면 남녀노소 할 것 없이 모두 쳐다보며 존경의 수군거림을 보인다. 괜히 내가 우쭐해지는 느낌이다. 우리의 거들먹거림을 예수는 별로 개의치 않는 눈치다.
 우리는 그분의 행선지를 미리 알지 못한다. 그분이 앞장서 가시는 곳을 늘 따라갈 뿐이다. 오늘도 어디로 가는지 몰랐다. 길을 가시다가 갑자기 세관 앞에서 멈추셨다. 안쪽을 기웃거리시더니 잠깐 기다리라 하며 들어가신다.

마태오는 일전에 예수가 유명해지기 전에 만난 적이 있다. 그는 자신의 신세를 몹시 고민했던 사람이다. 그러나 선뜻 자신을 옥죄고 있는 삶의 굴레에서 벗어날 길을 찾지 못했던 인물이다.

그런 그에게 예수가 다가가서 때가 되었다며 그를 초대한 것이다. 이제 이 지긋지긋한 구조적 모순의 현장을 박차고 나오라고!

마땅히 구실을 찾지 못해 지옥 같은 생활을 하던 그가 이제야 해방의 날을 맞게 되었다. 예수의 초대는 꺼져 있던 영혼의 심지에 불을 댕긴 격이었다.

마태오가 마지막 업무를 정리하는 동안 예수께서 밖으로 나와 우리들에게 물으셨다.

"세리 마태오가 우리의 일원이 되기로 했는데 당신들은 어찌 생각하오?"

야고보가 짐짓 나서며 "나는 그와 어릴 적에 한동네에 살았어요. 그를 잘 알지요." 한다.

예수께서 말씀을 이어가셨다.

"그렇소. 그는 여러분과 똑같은 사람이오. 어쩌면 여러분보다 더한 맺힌 삶을 산 불쌍한 이요. 그러니 하느님은 그를 더 불쌍히 여기실 것이라고 생각할 수 있겠소?"

하느님의 시각으로 사람을 바라보라는 말씀이셨다. 사실 우리는 내세울 것이 별로 없는 사람들이었지만 남을 바라볼 때 나도 도달

하지 못하는 '완전'이라는 기준을 놓고 그들을 평가하거나, 한술 더 떠서 정죄하기도 하는 것이었다. 우리 중 누구도 이 말씀에 토를 달지 못했다. 마음 한구석에 세리가 우리의 일원이 된다는 것을 받아들이기 어려운 점이 없지 않아 있긴 했지만 말이다.

예수께서 이런 생각의 단초마저 잘라 버리듯 말씀하셨다.

"여러분과 마태오는 훌륭한 하느님 나라 일꾼이요 동지가 될 것이오!"

우리 아지트에서 환영 만찬을 하기로 했다. 예수께서는 나와 야고보와 요한더러 어제 길거리 설교할 때 먼발치에서 동동거리며 좋아 날뛰었던 절름발이 일행을 찾아가 초대하라고 하신다. 야고보는 그들이 누구인지 알고 있었기에 쉽게 찾아냈다. 잔치에 초대받았다는 말을 듣고 그들은 처음에 굉장히 의아해하였지만 이내 기쁨으로 받아들이며 따라나섰다.

여느 때처럼 베드로 장모가 주방장을 맡고 베드로 처, 야고보 처, 내(안셀모) 아내가 일손을 도왔다. 양 새끼 한 마리를 잡고 가나산 좋은 포도주가 준비되었다. 상차림에 드는 비용은 각자 얼마씩 내어 추렴했다. 나는 지갑에 든 3만 원을 털었다.

만찬 시간이다. 예수께서 감사의 축복기도를 드리신 다음 큰 방을 가득 메운 사람들에게 마태오를 소개했다. 모두 박수로 환영하며 예수님 제의로 첫 건배를 했다. 언제나 그렇지만 예수님이 주도하는 술자리는 기분이 한결 '업' 되는 느낌이다.

마태오가 소감을 이야기한다.

부르심: 마태오 109

"저는 여러분에게 죄인일 뿐만 아니라 스스로에게도 죄인인 사람입니다. 먹고 할 짓이 없어 동족들의 피를 빨아먹는 세리 노릇을 하느냐고 손가락질 받을 땐 이미 염치를 내던진 철면피 인간이 되어 버렸었지요……."

그는 자기 때문에 고생했던 동네 사람들 한 사람 한 사람 이야기를 늘어놓으며 울먹이기 시작했다. 나는 이런 놈이라며, 나는 죽어 마땅한 죄인이라며 통곡하고야 말았을 땐 나도 같이 울었다. 분위기를 바꾸시려고 예수께서 재차 건배를 제의하신다.

자자, 하느님은 이런 우리를 얼마나 기쁘게 바라보시는지 모를 일이오. 오늘은 기쁜 날이오. 그러니 지금 이 울음이 너무 기뻐 나오는 눈물인 줄 믿소. 자, 우리의 행복을 위하여 건배!

이때 바깥쪽에서 안쪽을 기웃거리고 있는 이가 보인다. 이 동네에서 존경받는 바리사이다. 그는 이해할 수 없다는 표정으로 우리 일행을 바라보았다. 예수께서는 그의 마음을 읽으셨다. 그리곤 내뱉듯 일갈하셨다.

"환자가 스스로 아프다는 인식을 하게 되면 의사를 찾는 법. 하느님의 긍휼을 죽은 제사로 화석화시키는 인간들 같으니라구!"

바리사이는 그 소리가 무슨 소리인지 알아들은 모양이다. 얼굴을 붉히며 떠나갔다.

술이 몇 순배 돌고 여기저기서 지방 방송이 시작되었다. 나는 마태오 곁으로 다가갔다. 그리고 조금은 취기가 도는 말투로 넋두리 같은 푸념을 늘어놓기 시작했다. 나도 당신 같은, 아니 당신보다 훨씬 더한 죄인이었소. 아예 하느님이 안 계신 듯 일을 저지르곤 했던 사람이란 말이오…….

같이 붙잡고 울었다. 마태오는 내 심정을 잘 이해하는 것 같다.

그런 나를 물끄러미 보고 있던 예수가 나를 불렀다. 사랑하는 내 친구 예수 가슴팍에 파묻히자, 이미 시작된 눈물보가 더욱 거세게 터져 나왔다. 아예 꺼억꺼억 하면서 예수의 가슴팍을 치기까지 했다. 예수는 그런 나를 가만히 받아 주었다.

이윽고 예수가 일어났다. 예수의 몸에서 힘찬 고동소리가 울려 나오는 것 같다. 예수는 회중들에게 이 좋은 날 어찌 춤추지 않을 수 있겠소 하며 춤판을 몰아가기 시작했다. 추임새를 직접 넣어 가며 분위기를 띄운다. 춤을 참 잘 춘다. 맵시 있는 춤 솜씨다. 예수가 언제 저런 춤사위를 배웠지?

마태오도 눈물을 머금은 채 고개를 주억거리며 춤판에 끼어들었고, 예수의 꾸밈없는 춤사위를 바라보던 나도 일어서서 춤춘다.

해방의 춤.

눈물이 진득하게 배어 있는 해방의 춤이다.
울며불며 춤을 춘다. 춤판의 흥은 끝이 없다.
죄인도 절름발이도 아무 부끄럼 없이 함께 춤을 춘다.
눈물도 날리고 우리의 온갖 거추장스러운 것들도 날아간다.

(실제 관상 시간의 상당 부분이 춤으로 진행되었다. 물론 실제로 일어나서 춤을 추었다는 말은 아니다. 아무튼 탈춤사위와 비슷한

꺾어짐이 있는 '해방춤'은 나의 모든 죄의식을 말끔히 날려 보내는 것 같았다. 징과 꽹과리, 장구소리가 연신 손과 발을 흔들게 만들었다. 예수와 세리였던 마태오, 그리고 동료 제자들과 함께 한 춤판은 생각만 해도 감동의 눈물이 솟구친다. 이 해방의 춤판은 아마 죽는 날까지 잊히지 않을 강한 체험일 것이다.)

제자단

• 성경 본문: 마르코복음 3:13~19

13 예수께서 산에 올라가 마음에 두셨던 사람들을 부르셨다. 그들이 예수께 가까이 왔을 때에 14 예수께서는 열둘을 뽑아 사도로 삼으시고 당신 곁에 있게 하셨다. 이것은 그들을 보내어 말씀을 전하게 하시고, 15 마귀를 쫓아내는 권한을 주시려는 것이었다. 16 이렇게 뽑으신 열두 사도는 베드로라는 이름을 붙여주신 시몬과 17 천둥의 아들이라는 뜻으로 둘 다 보아네르게스라고 이름을 붙여 주신 제베대오의 아들 야고보와 그의 동생 요한, 18 그리고 안드레아, 필립보, 바르톨로메오, 마태오, 토마, 알패오의 아들 야고보, 타대오, 혁명당원 시몬, 19 그리고 예수를 팔아넘긴 가리옷 사람 유다이다.

관상의 길: 나(안셀모)는 예수의 절친한 친구이자 제자단에 속한 제자처럼 함께 행동한다. 필요할 때는 제자들과 떨어져 제자들에 대하여 환담을 나눌 정도의 사이다.

   예수는 유명세를 타 버렸다. 이제는 눈코 뜰 새 없이 밀어닥치는 사람들 때문에 정신이 없을 지경이다. 가까이에서 당신을 수발하려는 이들도 꽤 많다. 처음 불림을 받았던 사람들도 갈피를 잡기 어려울 때가 종종 발생한다. 내가 예수의 측근 맞나 하는 의구심이 들 정도로 예수의 주변이 북적서렸기 때문이다.
   우리 제자단 사이에서도 이거 뭔가 질서를 잡아야 될 것 같다는 마음이 들었다. 그렇게 일이 시작되었다.

늦은 오후.

예수께서 주변에 있던 모든 사람들을 데리고 산으로 가신다.

조금 높은 둔덕에 이르자 나를 포함하여 열셋을 따로 불러 당신 곁에 세우신 다음, 모두를 향하여 말씀하셨다.

"나는 지금 내 곁에 열두 제자를 따로 세웠소. 여러분들도 잘 아시다시피 나의 하느님 나라 운동은 이제 큰 반향을 일으키고 동참자들이 이처럼 많이 불어나게 되었소. 우리에게도 조직이 필요한 때가 된 것이오. 나는 사도라는 이름으로 이스라엘을 대표할 열두 사람을 선정했소. 하느님 나라는 온 세상을 보듬는 것이니 이들은 세상 모든 민족을 일컫는 열두 지파의 수장 격이라고 볼 수 있겠소. 이제 이 열둘은 나와 완전히 의식주를 함께하는 동고동락의 식구가 될 것이오. 사도란 말 그대로 파견을 받은 자이오. 내가 하고자 하는 하느님 나라의 선포 사명을 받고 세상 속으로 들어갈 사람들이오. 이들은 내가 했듯 사람들의 생명을 짓누르고 있는 온갖 악의 실체를 들추어내고, 그것들을 물리치는 능력을 행사하게 될 것이오. 여러분들이 열둘에 뽑히지 않았다고 실망하거나 서운해할 필요는 하나도 없소. 우리 모두 하느님 나라를 세워 나가는 동등한 일꾼이오. 이 열둘은 단지 직능상 따로 세운 것일 뿐이라는 말이지요."

이어 한 사람 한 사람 불러 사람들 앞에 세우고 새롭게 인사를 시켰다. 안드레아는 처음에 좀 당황했나 보다. 순서상 베드로 다음에 자기를 부를 줄 알았는데 요한을 부를 때까지 자신을 부르지 않으셨기 때문이었다.

열둘을 다 소개하신 다음에 예수는 나와 따로 시간을 내어 한 사람 한 사람에 대하여 얘기를 나누었다.

왜 시몬 같은 이에게 '반석'이라는 이름을 주게 되었는지, 어쩌면 저들 중 당신이 가장 크게 칭찬했던 적이 있는 신실한 나타나엘에게 그런 이름을 주는 것이 옳지 않겠느냐는 나의 질문에 예수는 자상하게 설명해 준다.

하느님 나라 사역에 필요한 덕목은 깨끗한 믿음 하나만이 아니다. 인간이 가지고 있는 성품과 역량과 지향 모두를 종합한다. 하느님이 보시는 안목은 인간의 상상을 훨씬 뛰어넘는 것이고, 우리 인간은 그것을 일의 열매가 맺어진 연후에야 알아차릴 수 있을 뿐이라는 설명을 덧붙인다.

야고보와 요한 형제에게 붙여 준 보아네르게스(우레의 아들)라는 별명 부분에서 나와 예수가 함께 웃음을 짓는다. 그렇다. 예수의 조직 방식은 사무적이지 않고 인간적이다. 친근하다.

한 사람 한 사람 부름 받을 때의 일을 회상하며 담화를 이어갔다. 혁명 당원 시몬이 제자가 된 배경도 설명 들었다. 거친 환경 속에 있던 불꽃 같은 사나이가 저토록 유순하게 된 이유는 예수와의 하룻밤이 전부였다. 토마나 가리옷 유다 같은 이들도 제자들 중 처음으로 예수를 만났던 안드레아처럼 모두 예수와 같이 하룻밤을 지새우는 것으로 인생행로를 바꾼 사람들이다.

마지막으로 가리옷 유다를 설명하는 시각이다. 박식한 장사꾼인 그에 대해 예수가 말해 줄 때 내 머릿속엔 미래와 현재가 섞인다.

그런 눈치를 파악한 예수가 말했다.

"지금은 유다나 다른 이들이나 다를 것이 하나도 없는 상태야. 저들에게는 오직 메시아 왕국으로 세상이 뒤집어지는 것에 대한 열망밖에 없어. 한결같이 불완전하고 나약한 사람들이지. 그러나 그 나중은 안셀모도 잘 아는 바야."
예수의 복잡한 마음이 조금은 이해가 되는 듯했다.

(나를 부르실 때의 마음도 그러하셨으리! 그리고 지금 이 연약한 내 모습도 지긋이 지켜보고 계실 테지!)

이날 밤 열두 사도들과 발족 회식이 있었다. 여느 때와는 달리 다른 사람들을 부르지 않고 상차림도 남자들이 직접 했다.
어부 출신 베드로와 야고보가 물고기를 준비해 와서, 구운 생선과 진한 포도주로 열두 사도의 출범 잔치가 시작되었다. 마음은 다소 복잡했지만 경축의 밤인 것이 분명하다. 나는 다른 경축 행사 때보다는 상당히 진중하게 밤을 보냈다.

첫 행적: 혼인 잔치

• 성경 본문: 요한복음 2:1~12

1 이런 일이 있은 지 사흘째 되던 날 갈릴래아 지방 가나에 혼인 잔치가 있었다. 그 자리에는 예수의 어머니도 계셨고 2 예수도 그의 제자들과 함께 초대를 받고 와 계셨다. 3 그런데 잔치 도중에 포도주가 다 떨어지자 예수의 어머니는 예수께 포도주가 떨어졌다고 알렸다. 4 예수께서는 어머니를 보시고 "어머니, 그것이 저에게 무슨 상관이 있다고 그러십니까? 아직 제 때가 오지 않았습니다." 하고 말씀하셨다. 5 그러자 예수의 어머니는 하인들에게 "무엇이든지 그가 시키는 대로 하여라." 하고 일렀다. 6 유다인들에게는 정결 예식을 행하는 관습이 있었는데 거기에는 그 예식에 쓰이는 두세 동이들이 돌항아리 여섯 개가 놓여 있었다. 7 예수께서 하인들에게 "그 항아리마다 모두 물을 가득히 부어라." 하고 이르셨다. 그들이 여섯 항아리에 물을 가득 채우자 8 예수께서 "이제는 퍼서 잔치 맡은 이에게 갖다 주어라." 하셨다. 하인들이 잔치 맡은 이에게 갖다 주었더니 9 물은 어느새 포도주로 변해 있었다. 물을 떠간 그 하인들은 그 술이 어디에서 났는지 알고 있었지만 잔치 맡은 이는 아무것도 모른 채 술맛을 보고 나서 신랑을 불러 10 "누구든지 좋은 포도주는 먼저 내놓고 손님들이 취한 다음에 덜 좋은 것을 내놓는 법인데 이 좋은 포도주가 아직까지 있으니 웬일이오!" 하고 감탄하였다. 11 이렇게 예수께서는 첫 번째 기적을 갈릴래아 지방 가나에서 행하시어 당신의 영광을 드러내셨다. 그리하여 제자들은 예수를 믿게 되었다. 12 이 일이 있은 뒤에 예수께서는 어머니와 형제들과 제자들과 함께 가파르나움에 내려가셨으나 거기에 여러 날 머물러 계시지는 않았다.

관상의 길: 친구이자 제자인 '나'로 상황에 동참한다.

우리 일행은 가나에서 복음을 선포 중이다. 예수는 가나 마을 회당에서 설교를 한 적이 있다. 고향 나자렛과는 다르게 이곳에서는 환대를 받았다. 회당장이 초대한 만찬상에도 함께한 적이 있고, 만나는 사람들마다 우리에게 뭔가를 해주려고 안달이다. 고향에서 가까운 곳이기에 예수의 어머니 마리아가 우리 일행의 수발을 들고 계셨다.

어느 날 동네에 혼인 잔치가 벌어졌다. 신랑은 우리 일행도 특별히 초대하였는데, 예수의 어머니도 손님 자격으로 초대하였다. 여자를 도우미가 아닌 손님으로 초대한 것은 이례적인 일이었다.

초대받아 간 곳은 이층으로 된 상당히 넓은 집이다.

일행은 이층으로 안내를 받고 자리를 잡았다.

주인이 오늘은 어머니도 맘껏 드시고 즐기시라며 자리를 지정해 주며 앉힌다. 모친은 애써 태연한 척하지만 왠지 쑥스러운 표정이시다. 아마 주방으로 가서 도와야 될 텐데 하는 마음이 가득하신 것 같다.

밥상에는 기본 반찬이 이미 깔려 있었다. 오늘의 주 메뉴인 요구르트에 삶은 양고기가 나오기 전에 건배 제의를 한다. 예수다. 오늘도 마태오를 부른 날처럼 흥겹게 자리를 주도하는 예수. 아무튼 예수와 함께 있으면 나도 모르게 신바람이 난다.

예수는 의도적으로 축제의 자리를 곧잘 마련하곤 한다. 그런데 저토록 흔쾌하게 술을 마셔 대도 왜 모든 이가 뒷말 없이 '깨끗이' 그를 좋아하는 것일까?

혼자 골똘히 생각하는데 예수가 툭 치면서 말했다.

"이봐, 안셀모. 복잡하게 생각할 것 없어!

'원리와 기초' 알잖은가. 술이 피조물인 이상 그것 자체는 가치중립인 것이야. 술 자체가 좋다 나쁘다가 아닌 게지.

문제는 그것을 하느님과의 관계에 유익하도록 선용하느냐 않느냐 하는 것일세. 이 점만 분명히 한다면 안셀모 자네도 어느 누구에게도 꿀릴 것 없이 술판을 벌일 수 있다네!

자네는 이미 천주교 신자들이나 사회 친구들과는 이런 태도를 견지하면서도 왜 개신교 사회에서는 주눅이 드는지 모르겠네.

이젠 확실하게 하세! 목사들의 모임에서는 물론이요, 성도들과 함께 하는 자리라도 말일세."

한참 흥이 돋워지는데 술이 올라오질 않는다. 모친이 내려가셨다. 취기가 돈 베드로는 연신 눈치 없이 '아 이거 왜 술이 떨어졌어!' 하며 고함을 지르고 있다.

이층 계단 쪽에서 모친이 예수를 불렀다. 뭔 일이 난 모양이다. 예수가 내려가기에 나와 몇몇이 동행해서 내려가 보았다.

이런. 술이 떨어져 버렸군 그래.

잔치에 초대해 놓고 이웃에게 포도주를 꾼다는 것은 있을 수 없는 일이었다. 그렇다고 먼 동네까지 가서 술을 구해 올 수도 없는 노릇이다.

모친은 이 사태를 예수는 해결할 수 있다고 믿는 듯 했다. 일꾼들에게 무조건 예수가 시키는 대로만 하면 된다고 말한다.

예수가 일꾼들에게 돌항아리에 물을 부으라 했을 때 나는 웃었다. 에이 - 자네 남은 술에 물을 타려는 모양이군! 그건 사기야 사기! 취객들을 호도하는 사기라구!

내 주정 같은 말에 대꾸도 하지 않고 예수는 계속 지시한다. 일꾼들은 그의 말에서 권위가 느껴졌는지 고분고분 시키는 대로 하였다. 물이 다 채워졌다. 항아리는 밑이 잘 안 보이니 우리는 무슨 일이 있는지 알지 못했다.

그런데 예수는 갑자기 일꾼들에게 그걸 떠서 가져다주라 한다!
아니, 이건 너무하지 않은가!
일꾼들이 긴가민가하며 항아리에서 물(!)을 퍼 올렸다.
순간 화들짝 놀라는 것이었다. 이게 뭔가?
나도 베드로도 달려가 표주박으로 퍼 올려 보았다.
향긋하게 퍼지는 냄새. 맑은 자줏빛.
한 모금 마실 때 입 안에 퍼지는 절묘한 맛!
영락없는 고급 포도주였다.
나를 비롯한 제자들 모두 그 자리에서 엎드렸다. 스승님!

(예수는 우리에게 기쁨을 안겨 주기 위해 애쓰는 분이다. 하느님 나라 잔치에 필요한 일이라면 우리의 절망과 낙담을 일거에 부수시는 일도 감행하신다.)

예수는 분명 변함없는 친구다. 그러나 그가 우리네와 다른 이라는 사실도 분명해진다. 오늘 가나에서 나는 그것이 우리의 우정에 나쁜 영향을 주는 것이 아니라, 자랑스러움으로 연결되길 바랐다. 예수는 이런 나의 마음을 잘 읽고 있다.

물이 제 주인을 만나자 얼굴이 붉어졌다. - 바이런

가르침

• 성경 본문: 마태오복음 5:1~48(12절까지만 수록)

1 예수께서 무리를 보시고 산에 올라가 앉으시자 제자들이 곁으로 다가왔다. 2 예수께서는 비로소 입을 열어 이렇게 가르치셨다. 3 "마음이 가난한 사람은 행복하다. 하늘나라가 그들의 것이다. 4 슬퍼하는 사람은 행복하다. 그들은 위로를 받을 것이다. 5 온유한 사람은 행복하다. 그들은 땅을 차지할 것이다. 6 옳은 일에 주리고 목마른 사람은 행복하다. 그들은 만족할 것이다. 7 자비를 베푸는 사람은 행복하다. 그들은 자비를 입을 것이다. 8 마음이 깨끗한 사람은 행복하다. 그들은 하느님을 뵙게 될 것이다. 9 평화를 위하여 일하는 사람은 행복하다. 그들은 하느님의 아들이 될 것이다. 10 옳은 일을 하다가 박해를 받는 사람은 행복하다. 하늘나라가 그들의 것이다. 11 나 때문에 모욕을 당하고 박해를 받으며 터무니없는 말로 갖은 비난을 다 받게 되면 너희는 행복하다. 12 기뻐하고 즐거워하여라. 너희가 받을 큰 상이 하늘에 마련되어 있다. 옛 예언자들도 너희에 앞서 같은 박해를 받았다."

관상의 길: 나(안셀모)는 예수와 절친한 친구이지만 이미 그의 깊고 낮은 자리에 있는 제자가 되어 있다. 그런 마음으로 그와 담화의 자리에 들어선다.

가파르나움이다.
이제는 스승이며 주님이신 나의 벗에게 청할 것이 생겼다.
내가 예수께 나서서 말했다.

"광야 수행 이후에 참으로 많은 것을 깨닫고 경이로운 발견들을 해왔네. 그런데 그 가르침을 좍 꿰어주는 뭔가가 있으면 좋겠다는 생각이네. 지난 번 제자단을 '조직'한 것처럼 자네의 가르침도 한 번쯤 집대성해서 들을 수 있으면 좋겠네만……."

시간과 장소를 정했다.

마침 뙤약볕 대신 구름이 적당히 끼어 있는 날씨라 점심 직후에 모여도 괜찮을 것 같다. 소풍하듯 즐길 수 있는 장소를 택했다. 갈릴래아 호수가 바로 내려다보이는 언덕. 큰 정자나무가 한 그루 있고 온통 잔디밭이다.

그가 앉고 다른 제자들이 적당히 자리 잡자 나는 예수 바로 옆에 앉았다. 나는 누구보다 예수의 가르침에 갈급해하고 있었다.

팔복선언으로 시작했다.

"여러분은 세상의 부귀영화가 진정한 행복인 줄 알고 있소. 그러나 아니요. 참된 행복은 어쩌면 여러분 생각의 반대편에 있소. 오 - 복되어라 영으로 가난한 사람들 ……."

한 마디 한 마디가 가슴에 꽂힌다.

달달달 외는 말씀이지만 이제 이 자리에서 직접 들으니 전혀 새로운 느낌이다.

팔복선언이 끝나자 내가 나섰다.

스승님, 방금 말씀을 좀 더 풀어서 이야기해 주시면 좋겠습니다.

예수가 웃으면서(내가 '스승님'이라고 불러서 그런 것일까?) 이야기를 시작했다.

담화식으로 진행된 뜻풀이(해석이라기보다는 적용이 되겠다)는 너무나 명쾌하고 신나는 것이었다.

하도 해석이 분명하고 내 상황과 잘 연결되는지라 빠짐없이 기록해 놓고 싶다 했더니 그럴 필요 없다 하신다.

지금 마음판에 잘 새기는 것으로 만족하게.

'원리와 기초'에 근거한 풀이가 진행되면서 눈물이 났다.

갑자기 내가 지금 어쩌면 이토록 타락해 있는지가 부각된다.

적어도 머리로는 이 선언을 놓친 적이 없었던 것 같은데, 지금 이 말씀을 들으니 나는 완전히 루치펠의 속임수에 넘어가서 도무지 참된 행복이란 염두에 두고 있지 않은, 거짓의 노예가 되어 있는 느낌이다!

사실 나는 지금

부(富)에 대하여 넘어져 있고

스스로에게 정직함(온유)에서 멀어져 있고

의에의 갈급함은 수박 겉핥기에 불과하며

자비와 긍휼은 고사하고 비교·정죄함으로 깨끗함을 잃었다.

그러니 의를 위한, 하느님의 질서를 위한, 원리와 기초를 회복하기 위한 '희생'은 엄두도 내지 못하고 있다.

울었다.

내가 이 지경에 이르게 된 것을 통탄하였다. 수도자들과 지금 박해받고 있는 이 땅의 많은 의인들이 불현듯 생각났다.

성모님께 도움을 청하고 내 친구 예수께 부끄러운 고백과 부탁을 드렸다. 이제 다시는 거짓의 노예가 되지 않도록 날 인도해 달라고······.

예수 말씀이다.

안셀모, 힘을 내라.
나는 언제나 항구하게 네 동반자로 있다.
네가 깨어서 내가 너와 함께 걷고 있는 것을 확인할 수만 있다면 된다. 일전에 말했듯이 너의 지금 낭패감은 실전에서는 결코 되풀이 되지 않을 것이다. 너는 든든한 나의 동반자다.
얼마 전 죽은 네 친한 친구가 네 가슴속에 남아 있듯, 그보다 훨씬 더 진하게 친구 예수가 네 속에 살아 있을 것이다.
그러니 아무 걱정하지 마라.
너는 팔복의 그 행복한 사람이다!

그리스도의 감각: 해방

• 성경 본문: 마르코복음 3:1~6

1 안식일이 되어 예수께서 다시 회당에 들어가셨는데 마침 거기에 한쪽 손이 오그라든 사람이 있었다. 2 그리고 예수께서 안식일에 그 사람을 고쳐주시기만 하면 고발하려고 지켜보고 있는 사람들도 있었다. 3 예수께서 손이 오그라든 사람에게는 "일어나서 이 앞으로 나오너라." 하시고 4 사람들을 향하여는 "안식일에 착한 일을 하는 것이 옳으냐? 악한 일을 하는 것이 옳으냐? 사람을 살리는 것이 옳으냐? 죽이는 것이 옳으냐?" 하고 물으셨다. 그들은 말문이 막혔다. 5 예수께서는 그들의 마음이 완고한 것을 탄식하시며 노기 띤 얼굴로 그들을 둘러보시고 나서 손이 오그라든 사람에게 "손을 펴라." 하고 말씀하셨다. 그가 손을 펴자 그 손은 이전처럼 성하게 되었다. 6 그러나 바리사이파 사람들은 나가서 즉시 헤로데 당원들과 만나 예수를 없애 버릴 방도를 모의하였다.

관상의 길: 예수께 치유 받은 환자의 처지로 들어가며 시작.

손 오그라든 이의 처지를 느끼려고 내가 어느 날 갑자기 손이 조금씩 마비되는 것을 상상했다. 그런데 어느 순간 세수는커녕 대변 뒤처리도 할 수 없게 되어 버렸다! 실제로 말이다!(관상세계 안에서의 실제)

글 쓰고 타이프 치고 하는 일을 못하는 것은 두말할 나위가 없다. 처음 마비가 시작되었을 때, 아내는 정성을 다해 날 주물렀다. 가끔 눈물을 떨어뜨리며 밤을 새다시피 했던 기억이 생생하다.

이후로 용하다는 침술원이나 병원을 온통 쫓아다녔지만 손이 오그라드는 정도는 점점 더 심해져만 갔다. 가슴이 답답해졌다. 이러다가 정말로 평생을 손이 굳어진 채로 살아가야 하는 것인가…….

하지만 엄연한 현실이었다.

나는 아무 일도 할 수가 없다. 빚은 늘고 비전은 사라졌다.

아이들도 나만 보면 운다.

그렇게 망가져서 교회에서도 외면당한 채 벌써 삼년이 넘었다. 한숨과 절망의 날들이다.

그러던 차에 예수라는 권위 있는 치유자가 나타났다는 소리를 듣는다. 주일에 교회에 나온다고 한다.

날 외면한 교회이지만 부끄러움을 무릅쓰고 그를 만나기 위해 나갔다. 오직 낫기를, 손이 다시 움직이기를 바라며…….

그런데 예수가 내 인생에서 바라는 바는 무엇인가?

내가 애타는 마음으로 주님을 만났을 때 그것을 확연히 깨닫게 되었다.

기를 펴지 못하고 있는 내 모습을 안타깝게 바라보시는 주님.

하느님이 내게 원하시는 바가 무엇인지 일깨워 주시며 나를 '펴' 주신다.

안셀모야.

네가 꿈꾸던 것 - 그것 송두리째 나쁜 것만은 아니다.

네게 있는 재주. 그걸 하느님이 못 펼치게 하기를 원하시겠는가?

하느님은 네 인생에 어둠을 주기 원하지 않으셔.

언제나 밝은 것, 열린 것을 바라고 계시지.

나는 사실 영신수련 초기에 내가 품었던 계획[2]이 애시 당초 방향 설정이 잘못되었다며 그 모든 것을 '정죄'한 상태였다.

내가 꿈꾸는 교회 개척은 겉보기엔 주님의 일을 제대로 하려는 선한 계획 같지만, 실상 나의 욕심 외에 다름이 아니라는 깨달음이 있었다. 그래서 그 '모든' 것을 내려놓았다. 그 모든 것 가운데는 하느님의 선하심을 드러내고자 하는 '좋은' 것들도 포함되어 있다는 사실조차 완전히 무시한 채로……

그런데 그것은 시나브로 내 손을, 내 가슴을 오그라들게 만들었던 것이다.

내가 전혀 눈치 채지 못했던 바이다.

이 시간 관상을 통하여 나는 그것을 선명하게 발견하고 치유 받은 것이었다!

폭포수 같은 눈물이 쏟아졌다. 마침 새벽기도 시간이었고 컴컴한 기도실 안에 아무도 없어서 소리 내어 울었다.

---

[2] 늦은 나이에 신학을 하게 된 나는 다일교회를 통하여 목회자의 길을 밟을 수 있었다. 최일도 목사님을 비롯한 많은 분들의 배려하심에 힘입어 오십이 넘은 나이에 부목사로 있다가, 교회에 2대 담임목사가 취임하는 등 새로운 길을 모색해야 되는 시점에 이르러 30일 피정에 임하게 되었던 것이다. 당시 나는 도심 복판에 작지만 영향력 있는 교회(일상적 섬김사역 현장을 가지며 사회 정의를 위해 울림 있는 목소리를 내는, 그러면서도 수도공동체에 버금가는 예배예전과 관상적 기도 생활이 살아 있는 교회)를 세워보려는 꿈을 품고 있었다. 물론 아무런 물적 토대가 없어 다일교회의 지교회 형태로 다일의 명성을 등에 업고자 했고 주변 인물에 기대는 바가 컸던 계획이었다.

아 - 이처럼 은혜를 새롭게 하시는 주님. 감사하고 감사합니다!
당신이 명심하라 하신, 저 꽉 막힌 종교지도자들을 안타깝게 바라보시며 제게 당부하신 말씀, 잊지 않을 것입니다.

하느님의 뜻을 분별해서, 껍데기는 버리고 알맹이를 취하는(去皮取此) 태도를 잃지 말라.
사람들을 옥죄는 목사가 아니라 하느님이 진정 바라시는 기쁨과 해방의 잔치로 인도하는 목자가 되라.
하신 말씀!

그리스도의 감각: 해방

그리스도의 감각: 끈질김, 맹렬함

• 성경 본문: 마르코복음 5:1~20

1 그들은 호수 건너편 게라사 지방에 이르렀다. 2 예수께서 배에서 내리셨을 때에 더러운 악령 들린 사람 하나가 무덤 사이에서 나오다가 예수를 만나게 되었다. 3 그는 무덤에서 살았는데 이제는 아무도 그를 매어둘 수가 없었다. 쇠사슬도 소용이 없었다. 4 여러 번 쇠고랑을 채우고 쇠사슬로 묶어 두었지만 그는 번번이 쇠사슬을 끊고 쇠고랑도 부수어 버려 아무도 그를 휘어잡지 못하였다. 5 그리고 그는 밤이나 낮이나 항상 묘지와 산을 돌아다니면서 소리를 지르고 돌로 제 몸을 짓찧곤 하였다. 6 그는 멀찍이서 예수를 보자 곧 달려가 그 앞에 엎드려 7 "지극히 높으신 하느님의 아들 예수님, 왜 저를 간섭하십니까? 제발 저를 괴롭히지 마십시오." 하고 큰소리로 외쳤다. 8 그것은 예수께서 악령을 보시기만 하면 "더러운 악령아, 그 사람에게서 나오너라." 하고 명령하시기 때문이었다. 9 예수께서 "네 이름이 무엇이냐?" 하고 물으시자 그는 "군대라고 합니다. 수효가 많아서 그렇습니다." 하고 대답하였다. 10 그리고 자기들을 그 지방에서 쫓아내지 말아 달라고 애걸하였다. 11 마침 그곳 산기슭에는 놓아기르는 돼지떼가 우글거리고 있었는데 12 악령들은 예수께 "저희를 저 돼지들에게 보내어 그 속에 들어가게 해주십시오." 하고 간청하였다. 13 예수께서 허락하시자 더러운 악령들은 그 사람에게서 나와 돼지들 속으로 들어갔다. 그러자 거의 이천 마리나 되는 돼지떼가 바다를 향하여 비탈을 내리달려 물속에 빠져 죽고 말았다. 14 돼지 치던 사람들은 읍내와 촌락으로 달려가서 이 일을 알렸다. 동네 사람들은 무슨 일이 일어났는지 보러 나왔다가 15 예수께서 계신 곳에 이르러 군대라는 마귀가 들렸던 사람이 옷을 바로 입고 멀쩡한 정신으로 앉아 있는 것을 보고는 그만 겁이 났다. 16 이 일을 지켜본 사람들이 마귀 들렸던 사람이 어떻게 해서 나았으며 돼지떼가 어떻게 되었는가를 동네 사람들에게 들려주자 17

그들은 예수께 그 지방을 떠나 달라고 간청하였다. 18 예수께서 배에 오르실 때에 마귀 들렸던 사람이 예수를 따라다니게 해달라고 애원하였지만 19 예수께서는 허락하지 않으시고 "주께서 자비를 베풀어 너에게 얼마나 큰일을 해주셨는지 집에 가서 가족에게 알려라." 하고 이르셨다. 20 그는 물러가서 예수께서 자기에게 해주신 일을 데카폴리스 지방에 두루 알렸다. 이 말을 듣는 사람마다 모두 놀랐다.

관상의 길: 귀신들린 이의 처지가 되었다가 현장 안으로 들어가서 성령이 이끄시는 대로 진행.

모든 사람이 포기하고 스스로도 포기했던 인생이다. 되는 일이라곤 하나도 없었다. 좋은 사업을 시작했다고 생각했던 일들도 언제나 결말은 사기를 친 꼴이 되고 말았다. 이제는 마약에 의지하지 않으면 살아갈 수가 없다. 가끔, 아주 가끔 정신이 좀 들 때면 칼로 나를 찔러 죽어 버리려고도 한다. 하지만 그 정신은 칼질을 하면서 다시 어디론가 사라져 버리곤 하는 것이다. 생명이 붙어 있다는 자체가 잔인한 형벌이다. 제발 누군가 나를 죽여다오!

동네 사람들은 처음에 그가 하는 행동을 제어할 수 있으리라 믿었다. 약간 심한 체벌이면 정신을 차릴 줄 알았다. 하지만 그는 점점 더 난폭해져 갔다. 급기야 쇠사슬로 그를 묶어 보기도 했지만 소용이 없었다. 다행히 동네 주민들을 해코지 하지는 않아 아예 그가 하는 대로 내버려 두었다. 그는 마을에서 떨어진 무덤가에 거주하며 그 안에서만 발작을 일으키곤 한다. 이제는 세월이 흘러 그에게 관심을 가지는 이조차 없다. 다만 무덤가를 지날 일이 있을 때면 잔뜩 경계하는 것이 고작이다.

하느님 보시기엔 그도 다른 이들과 하등 다르지 않다. 예수는 결코 그를 포기하지 않았다. 한 번의 치유로 귀신들이 나가지 않았지만 끈질기게 다가가셨다. 마침내 다른 피조물의 손실을 감수하고서라도 그를 살려낸 것이다.

수많은 돼지떼가 가파른 언덕을 내려갔다. 지축을 흔드는 소리와 저들끼리 부딪히며 뒹구는 소리로 일대는 삽시간에 공포의 도가니가 되었다. 돼지들은 내려가던 속도로, 아니면 멈추려다가 떠밀려서, 끊임없이 물속으로 빠져들어 갔다.

얼마 후 숙은 돼지의 시체더미가 호숫가로 밀려 왔다. 호수가 온통 검은 털가죽으로 뒤덮인 것처럼 보이며 또 한 번 소름이 끼쳐지는 것이었다.

나와 베드로 필립보가 그를 씻기고 새옷을 입히자 그는 몰라보게 달라졌다. 완전히 멀쩡한 사람이 되어 있었다.

소식을 듣고 그의 어머니가 올라왔다.

'상규야!'[3)]

너무나 기가 막힌 상봉이었다.

아들을 끌어안고 몇 번이나 몇 번이나 얼굴을 확인하는 어머니.

---

3) 갑자기 이 이름이 등장한 이유는 한참 후에 깨달아졌다. 우리 교회에 잠깐 왔다가 큰 사고를 치고 잠적한 청년의 이름이다.

그들의 상봉 장면은 이산 가족들이 재회하는 것보다 훨씬 더 격한 감동을 불러일으켰다.

순간 내 젊은 날의 방황들이 되살아나고 그때 나 때문에 고생하셨던 형님과 형수님 생각이 났다. 보통 사람들과는 조금 다른 방향의 사고뭉치였던 내가[4] 상식적 사고(ordinary people)를 회복했을 때, 형의 기쁨이 어떠했을지 새롭게 각인이 되었다.

감사하며 형과 형수를 위해 화살기도 하였다.

관상 말미에 예수께서 말씀하신다.

안셀모, 보았는가.

세상 모든 이가 포기하더라도 하느님은 포기하는 인생이 없다는 것을 명심하게나. 특별히 자네는 잘 알 걸세. 자네야말로 그런 삶에서 건져진 경험이 있는 사람이니까…….

오늘 만난 상규가 이후 어떤 마음으로 하느님을 전파하며 살았는지 언제나 잊지 말게나.

---

[4] 나는 고3 때부터 결혼할 때까지 작은 형님 밑에서 보냈는데 어지간히도 속을 썩였다. 사춘기 시절에는 퇴폐적 낭만주의에 물들어 자살기도를 밥 먹듯 했고 철이 좀 든 유신말기에는 데모로 1년 넘게 징역을 살았다. 나 때문에 형님 집은 형사들이 불시에 쳐들어오는 곳이 되었고 옥바라지는 첫 아이를 출산한 지 얼마 되지 않은 형님 내외가 조카를 등에 업은 채 해주셨다. 출감한 이후에 교회 주일학교 교사를 맡는 등 좀 평범한 길을 가는가 했지만 중증 폐결핵으로 장기 요양소에 입원하는 신세가 되어 형님 마음을 슬프게 했다. 결혼하여 분가한 후에도 이전과는 성격이 좀 다르긴 했지만 농민운동 한답시고 깝죽거리기도 했고 제도교회를 비판하며 반냉담에 빠지기도 했었다.

그리스도의 감각: 궁극적 지향

• 성경 본문: 루가복음 19:1~10

1 예수께서 예리고에 이르러 거리를 지나가고 계셨다. 2 거기에 자캐오라는 돈 많은 세관장이 있었는데 3 예수가 어떤 분인지 보려고 애썼으나 키가 작아서 군중에 가려 볼 수가 없었다. 4 그래서 예수께서 지나가시는 길을 앞질러 달려가서 길가에 있는 돌무화과나무 위에 올라갔다. 5 예수께서 그곳을 지나시다가 그를 쳐다보시며 "자캐오야, 어서 내려오너라. 오늘은 내가 네 집에 머물러야 하겠다." 하고 말씀하셨다. 6 자캐오는 이 말씀을 듣고 얼른 나무에서 내려와 기쁜 마음으로 예수를 자기 집에 모셨다. 7 이것을 보고 사람들은 모두 "저 사람이 죄인의 집에 들어가 묵는구나!" 하며 못마땅해하였다. 8 그러나 자캐오는 일어서서 "주님, 저는 제 재산의 반을 가난한 사람들에게 나누어 주렵니다. 그리고 제가 남을 속여 먹은 것이 있다면 그 네 곱절은 갚아 주겠습니다." 하고 말씀드렸다. 9 예수께서 자캐오를 보시며 "오늘 이 집은 구원을 얻었다. 이 사람도 아브라함의 자손이다. 10 사람의 아들은 잃은 사람들을 찾아 구원하러 온 것이다." 하고 말씀하셨다.

관상의 길: 자캐오의 처지에 깊이 동참한 다음 예수의 마음을 읽음.

 어릴 적의 가난에 대한 기억은 정말 떠올리기조차 싫다. 돈 때문에 가슴에 한을 품고 돌아가신 부모님 이야기는 너무 어릴 적이라 오히려 별다른 상처로 남아 있지 않다. 문제는 그 이후다.
 돈이 없어 길거리에 떨어진 음식 부스러기를 주워 먹으며 보냈던 겨울, 배가 너무나 고파서 빵 하나를 훔치다 들키고는 이틀 밤낮을 컴컴한 창고 속에 갇혔던 일, 어린 나를 지독하게 부려 먹고도 약속한 임금은커녕 먹고 재워 준 것만 해도 어디냐며 나를 내쳤던 가게 주인에게서 받았던 충격은, 지금도 주먹을 쥐게 만드는 내 영혼의 깊은 상처다. 그렇게 비참했던 내 인생의 진로를 바꾸는 데 결정적인 영향을 준 사람은 돈이면 권력도 사고 여자도 산다는 것을 보여 준 우리 동네 양아치 출신 형(지금은 의원이 되어서 거들먹거리고 있는)이다.

그래. 내가 받은 이 모든 상처를 치유할 수 있는 길은 돈뿐이다. 돈만 있으면 모든 것을 복수할 수 있고, 돈만 있으면 모든 것을 누릴 수 있는 세상이다. 다른 것 쳐다보지 말자. 오직 돈만 바라보면 된다!

이렇게 돈 버는 일만 향하여 모든 것을 희생하며 살아온 인생이다. 친구도, 이웃도, 민족도 필요 없다며 모든 자존심 내려놓고 살아온 인생이다. 처음 세관의 말단 직원으로 들어갔을 때, 다른 사람들은 최소한의 양심이라며 금기시하는 일들이 있었지만 난 달랐다. 돈이 되는 일이면 악착같이 덤벼들어 해내고 말았다. 로마 사람들의 눈에 드는 것은 시간 문제였다. 나는 세금, 아니 돈을 모아들이는 기계 같은 사람이 되었다. 결국 승승장구. 지금처럼 세관장의 자리에 앉아 예리고에서 가장 넓은 저택에서 살게 되었고 마누라도 천하에 둘도 없는 미색으로 얻었다.

이제 더 이상 올라갈 곳이 없을 정도에 이른 것 같다.

하지만 말이다. 이처럼 돈방석에 앉아 있는 데도 말이다.

여전히 내 마음속에는 채워지지 않는 게 남아 있는 것은 무슨 변고일까?

뒤돌아보면 정말 고생 많이 했다고 스스로 칭찬하고 쓰다듬으며 행복해할 것 같은데 전혀 그렇질 못하단 말이다.

세상에 부와 권세 말고도 다른 무엇인가가 필요한 것일까?

요즘에 들어서는 주변에서 나를 향해 하는 말들이 꽂히듯 들리기 시작한다. 수전노. 매국노. 돈밖에 모르는 개 같은 놈…….

이런 소리들은 그간에는 내게 아무런 영향력이 없었지만 이제는 나를 더욱 허전하게 만드는 무기처럼 보인다.

이제야 무엇이 나를 이토록 허전하게 하는지 몸서리치게 궁금해하게 된 것이다.

내게 진정으로 채워져야 할 것은 분명 돈이 아닌 것 같다.

그것. 그것이 무엇인지는 모르지만 모든 것을 희생하고 외길 돈만 추구하며 살아온 지금에 이르니 그것에 대한 갈급함이 더욱 사무친다. 요즘은 그 고민 때문에 도무지 밥맛도 없고 모든 기력이 다 빠져나간 것 같다. 상사병에 걸리면 이렇게 될까…….

요즘 사람들은 혜성처럼 나타난 어떤 랍비 이야기로 정신이 없다. 그는 하늘의 모든 신비한 능력을 지녔다고 한다. 가르침도 남다르고 못 고치는 병도 없다 한다. 사람을 차별 대우하지 않고 오히려 죄인들과 더 잘 어울린다는 풍문도 있다. 그런 사람이라면 나의 이 상사병 같은 병도 고칠 수 있지 않을까?

오늘 그 랍비가 이 동네를 지나간단다. 꼭 만나고 싶다. 꼭.

한 무리의 사람들이 골목을 가득 채운 채 움직이고 있다. 분명히 예수라는 그 랍비 일행이렷다.

아 - 그런데 이를 어찌하면 좋은가.

천금을 주고도 고치지 못한 나의 키!

다른 사람 가슴께밖에 닿지 않는 내 키로서는 그가 도대체 어디에 있는지조차 알 수가 없다.

그를 만나 내 병 이야기를 꺼내기는커녕 얼굴도 마주치지 못하게 생겼다. 사람들을 비집고 들어갈 수도 없는 노릇이었다.

이런. 상사병이 더 도지는 것 같네.

아아, 안 된다. 반드시 그를 만나야 한다. 무슨 수를 써서라도 만나야 한다…….

갑자기 지나가던 새가 똥을 싸서 내 발 앞에 떨어뜨리는 바람에 하늘을 쳐다보았다.

그래! 이건 계시야 계시!

위로 올라가면 되는 것이다. 하늘로! 우리 집 앞에 서 있는 돌무화과나무 정도면 그를 충분히 볼 수 있다. 임을 봐야 뽕을 딴다고 했잖은가! 높은 곳에서 그를 똑바로 바라볼 수만 있다면 무슨 계기가 생겨도 생기겠지. 암!

청설모처럼 민첩하게 나무에 올랐다. 저기 예수 일행이 오는 것이 한눈에 들어온다. 손을 이마에 대고 시선을 집중하니 예수가 보인다. 분명 저이가 예수일 것이다.

예수는 나타나엘이 멀리 나무 아래 있는 것만 보고도 그의 됨됨이를 알 수 있었던 사람이다. 일행이 골목길을 돌아 나올 때, 길 끄트머리에 서 있는 큰 나무 위로 누군가 올라가서 자기를 보고 있음을 알아차렸다.

그리고 그의 표정과 태도가 눈에 들어오자 그가 얼마나 갈급한 사람인지를 단번에 눈치 챘다. 진리에의 갈급함. 사랑에의 갈급함. 하느님의 품에 대한 갈급함이 절절이 묻어나는 사람.

더불어 그가 입고 있는 옷만 봐도 그에게 무엇이 문제인지를 알 수 있을 것 같다. 옆에 있던 나에게 저기 나무 위까지 올라가서 당신을 보고 있는 사람이 누구냐고 물었다. 내가 우물쭈물하고 있을 때 곁에 있던 마태오가 불쑥 대답했다.

"자캐오라는 세관장입니다. 근방에서 아주 악명 높은 인물이지요. 흡혈귀처럼 돈을 거둬서 착복하는 인간입니다."

예수는 고개를 끄덕였다.

이윽고 일행이 그 나무 가까이에 다다랐다.

예수는 갑자기 걸음을 멈추고 나무 위를 바라보았다. 그리고 자캐오를 불렀다.

자캐오는 숨이 멎는 것 같았다.

아 - 거봐. 눈만 마주치면 무슨 일이든 일어난다고 했지!

그런데 더 엄청난 이야기가 이어진다.

"내가 오늘 당신 집에서 묵고 싶소."

자캐오는 날듯이 내려와 우리 일행을 안내한다.

그의 집은 장안에 도는 소문처럼 어마어마했다.

부산하게 아랫사람들에게 이것저것 지시를 하며 우리 일행을 큰 연회장 같은 식당으로 안내했다.

즉석에서 상이 차려지기 시작하고 일행은 바로 잔치를 벌이는 기분에 젖어들게 되었다.

예수가 옆에 앉은 자캐오에게 말했다.

"나는 그대가 무엇엔가 갈급해 있다는 사실을 잘 알고 있소."

자캐오의 가슴이 쿵 하고 내려앉는 것 같다.

"당신은 스스로를 죄인으로 생각하고는 정작 당신을 창조하시고 사랑하고 계시는 분에 대해서는 엄두도 내지 않고 있소. 그러니 그 갈증이 날로 더할 수밖에요!"

날 창조하신 분? 날 사랑하고 계시는 분?

자캐오는 이 단어가 주는 의미를 곱씹고 또 곱씹었다.

나라는 인간도 천지를 창조하신 하느님이 만드셨다는 말인가?

나 같은 인간도 창조주 하느님이 사랑하신다는 말인가?

"그래요. 당신을 사랑하시는 그분은 당신이 눈을 들어 그 사랑을 받아주기를 간절히 기다리고 있어요. 당신은 그분의 사랑이 얼마나 큰지 그분께 마음을 주기만 하면 바로 알 수 있을 것입니다."

사랑. 하느님. 창조.

이런 말은 왜 그동안 한 번도 내 가슴에 꽂히지 않았을까!

이제야 왜 내 가슴에 폭탄을 던진 듯 이런 말들이 나를 비틀거리게 만드는 것일까!

자캐오는 흥분을 누를 수가 없었다.

자기 인생의 결정적 고비에서 답은 의외로 쉽게 나와 버렸다.

그의 가슴은 이제 깨달음과 충만함으로 터질 것만 같다.

늘 그랬듯 예수가 건배 제의를 하려는 순간이었다.

갑자기 자캐오가 벌떡 일어났다.

그는 갈라지는 목소리로 외쳐댔다.

"하느님께서 나 같은 인생을 지켜보신다니요! 나처럼 개 같은 인생을 사랑하신다니요!

아무도 사람 취급 않는 나를 그토록 애타게 사랑하신다니요!"

기도를 마치고

끊임없이 우리를 왜곡된 행복에로 인도하는 물신숭배의 시대.

자기도 모르는 사이에 돈의 노예가 되어 가는 사람들을 바라보시는 주님의 마음이 어떠하신지 감명 깊게 실감한 기도 시간이었습니다.

엉뚱한 길로 들어서서 스스로를 어둠에 속박하고 있는 이들을 향한 애끓는 마음.

바로 그 사랑이 오늘 자캐오를 통해 드러납니다.

주님의 기쁨은 우리의 것과 어떻게 다른지 통감했습니다.

그리스도의 감각 : 치열함

• 성경 본문 : 루가복음 7 : 36~50

36 예수께서 어떤 바리사이파 사람의 초대를 받으시고 그의 집에 들어가 음식을 잡수시게 되었다. 37 마침 그 동네에는 행실이 나쁜 여자가 하나 살고 있었는데 그 여자는 예수께서 그 바리사이파 사람의 집에서 음식을 잡수신다는 것을 알고 향유가 든 옥합을 가지고 왔다. 38 그리고 예수 뒤에 와서 발치에 서서 울며 눈물로 그 발을 적시었다. 그리고 자기 머리카락으로 닦고 나서 발에 입 맞추며 향유를 부어 드렸다. 39 예수를 초대한 바리사이파 사람이 이것을 보고 속으로 "저 사람이 정말 예언자라면 자기 발에 손을 대는 저 여자가 어떤 여자며 얼마나 행실이 나쁜 여자인지 알았을 텐데!" 하고 중얼거렸다. 40 그때에 예수께서는 "시몬아, 너에게 물어볼 말이 있다." 하고 말씀하셨다. "예, 선생님, 말씀하십시오." 그러자 예수께서는 이렇게 말씀하셨다. 41 "어떤 돈놀이꾼에게 빚을 진 사람 둘이 있었다. 한 사람은 오백 데나리온을 빚졌고 또 한 사람은 오십 데나리온을 빚졌다. 42 이 두 사람이 다 빚을 갚을 힘이 없었기 때문에 돈놀이꾼은 그들의 빚을 다 탕감해 주었다. 그러면 그 두 사람 중에 누가 더 그를 사랑하겠느냐?" 43 시몬은 "더 많은 빚을 탕감 받은 사람이겠지요." 하였다. 예수께서는 "옳은 생각이다." 하시고 44 그 여자를 돌아보시며 시몬에게 말씀을 계속하셨다. "이 여자를 보아라. 내가 네 집에 들어왔을 때 너는 나에게 발 씻을 물도 주지 않았지만 이 여자는 눈물로 내 발을 적시고 머리카락으로 내 발을 닦아 주었다. 45 너는 내 얼굴에도 입 맞추지 않았지만 이 여자는 내가 들어왔을 때부터 줄곧 내 발에 입 맞추고 있다. 46 너는 내 머리에 기름을 발라 주지 않았지만 이 여자는 내 발에 향유를 발라 주었다. 47 잘 들어 두어라. 이 여자는 이토록 극진한 사랑을 보였으니 그만큼 많은 죄를 용서받았다. 적게 용서받은 사람은 적게 사랑한다." 48 그리고 예수께서는 그 여자에게 "네 죄는 용서받았다."

하고 말씀하셨다. 49 그러자 예수와 한 식탁에 앉아 있던 사람들이 속으로 "저 사람이 누구인데 죄까지 용서해 준다고 하는가?" 하고 수군거렸다. 50 그러나 예수께서는 그 여자에게 "네 믿음이 너를 구원하였다. 평안히 가거라." 하고 말씀하셨다.

관상의 길: 각 등장인물의 심정으로 들어감.

시몬

내가 회당에서 그를 처음 만났을 때의 전율이 생각난다. 나나 우리 주변의 그 누구도 저이와 같이 가슴을 뚫어 주는 랍비는 없다. 하느님의 자비와 사랑에 대하여 선언하는 내용들은 사실상 우리네가 말하곤 하는 것과 궁극적으로 다르지는 않지만, 그의 표현에는 진리의 힘 같은 것이 느껴진다.

저분과 더 깊게 대화하고 싶다. 조만간 집으로 초대해야지.

여인(창녀)

내가 지금처럼 창녀가 된 것은 결코 내가 원했던 일이 아니다. 내가 태어난 것도 다른 모든 이와 마찬가지로 부모의 사랑의 결과였고 나도 다른 이들에게 사랑받으며 자랄 권리가 있었다.

그러나 나의 부모는 자신들의 인생에 너무나 충실했다. 그들은 어린 나를 두고 각자 다른 짝을 만나 먼 고장으로 가버렸다.

어린 나는 너무 무서웠다. 힘없는 할머니도 이내 돌아가시고 나는 어릴 적부터 먹고 자는 것을 걱정해야 했다.

어느 날, 배고프고 지쳤던 어느 날, 그 음흉한 웃음의 포주의 꾐에 넘어가지 않았다면 내 인생은 어찌 되었을까?

그러나 이후에 나는 포주 말대로 '즐기며 돈 버는' 일에 익숙해져 버렸다.

물론 사람들이 나를 개만도 못하게 취급하고 외면할 때면 가슴 한쪽이 시려 오는 때도 있지만, 그런 마음은 그날 밤 불러들인 사내와의 멋진 밤일로 해소되곤 했다.

그러던 나도 나이 앞에서는 어쩔 수 없나 보다. 이제 돈도 좀 모아서 다른 사람 이름으로 가게도 운영한다. 이렇게 생활에 안정을 찾으니 말할 수 없는 허전함이 있는 게 사실이다.

그런 와중에 사람들이 하는 소리를 우연히 들었다. 우리의 처지를 참으로 이해해 주고 치유해 주며 실맛나게 하는 에인자가 나타났다고. 그를 만나면 누구든지 기쁨을 찾고 새로운 인생을 살게 된다고!

그이의 이름은 예수라 하는데 마침 우리 동네에도 온다 했다.

그가 사람들을 만난다는 장소로 몰래 가보았다. 수많은 사람들이 모여 있었다. 대개는 가난하고 남루한 차림이었고 혼자 힘으로는 움직이기도 힘든 병자들을 많이 데리고 왔다.

멀리서 본 그는 매혹적이었다. 그의 몸짓과 강렬한 눈빛은 멀리서도 마음을 움직이게 하는 힘이 있었다. 사람들은 그이 앞에 가서 그의 눈길과 마주쳤고 그가 무어라 하는 이야기를 듣고는 한결같이 눈물을 흘렸다. 이내 그의 손이 사람들을 어루만지면 기적처럼 모두 벌떡 일어나는 것이었다. 그리곤 치유와 해방의 기쁨으로 환호성을 질렀다. 진실한 기쁨으로 충만한 저들의 표정……

사실 나는 여기 오면서 그가 어쩌면 기가 막힌 속임수를 쓰는 마술사들 가운데 하나려니 했다. 그리고 그의 인물이 괜찮으면 나의 능숙한 솜씨로 유혹해서 오늘 밤 제물로 삼아 보려는 엉큼한 계획도 품었었다.

조금 더 가까이 다가갔다. 그이 앞에는 앞을 못 보는 소경이 애절한 표정으로 앉아 있다. 그의 음성이 내 귀에 들어왔다.

"하느님은 당신을 사랑하십니다. 당신이 죄인이기 때문에 더 사랑하십니다. 그러니 당신은 하느님의 그런 사랑을 믿기만 하십시오. 그럴 때 사랑의 힘이 당신에게 미칠 수 있습니다. 하느님의 사랑의 힘이 당신에게 전달되기만 하면, 당신의 모든 괴로움과 당신을 옭아매었던 죄악의 사슬들이 한꺼번에 풀어질 것입니다. 당신은 사랑받기 위해 존재하는 하느님의 딸이오!"

전신에 강한 전류가 흘렀다.

그이의 말은 앞에 앉아 있는 소경이 아니라 내 심장을 향해 날아든 비수 같은 것이었다.

말할 수 없는 설움이 북받쳐 올라왔다. 손발이 떨려 가만히 서 있을 수조차 없었다. 땅에 엎어져 한참을 울었다. 주변 사람들이 보고 있다는 사실조차도 인지하지 못한 채……

그가 오늘 저녁에 시몬 선생네 잔치에 초대받았다는 소리를 들었다. 그를 만나야 한다! 그에게 내 모든 것을 드려야 마땅하다는 생각이 단전 밑에서부터 줄기차게 올라온다. 내 심장은 그분을 만난다는 생각에 터질 것만 같다!

예수

시몬이 사람을 보내어 초대하는군. 그가 회당에서 갈급한 마음으로 내게 와서 이것저것 묻던 일이 생각나.

그가 나를 진득하게 만나기를 원하는 것은 반가운 일이지.

마침 제자들도 근자에 잘 먹지 못했는데 잘 되었구만.

(시몬네로 가는 길. 누구보다 베드로의 얼굴이 활짝 펴져 있다.)

집이 소담하군. 학자의 집 냄새가 나.

그런데 자캐오가 우리를 반기던 만큼의 열기가 느껴지지는 않는군.

이런. 여기는 발도 안 씻고 그냥 들어가는구만.

음……. 그래도 식사 자리라고 손 씻을 물은 안에 준비해 두었으니 다행이야.

시몬 - 저이는 갈급한 것은 많은데 아무래도 그것을 머리로만 풀어 보려는 것 같아 안타깝구만.

오늘 뭔가 새로운 계기가 마련되었으면 좋겠어.

하느님 사랑은 머리로가 아니라 가슴으로, 온몸으로, 전 인생으로 느끼고 응답해야 하는 것인데 말이야…….

여인

아, 내 가슴이 왜 이다지도 쿵쾅거리는 것일까? 내 발길을 나도 주체할 수가 없네.

많은 이들이 앉아 있지만, 모두가 나를 이상한 눈으로 쳐다보고 있지만, 내 눈에는 그분만 보인다네.

이 복받쳐 오르는 기쁨과 감사의 눈물이여! 난 서둘러 그이의 발치로 달려가네.

그분 곁에 서는 순간 내 가슴은 터질 것만 같다네.

눈물이 그야말로 폭포수처럼 쏟아져 내리네.

그분의 발을 붙잡고 한없이 경배하네…….

시몬

앗! 이처럼 고상한 대화의 자리에 저 여자가 어찌 들어온 거야?

저 여자는 동네 아이들도 다 아는 그 유명한 창녀가 아닌가!

어쭈 사람은 알아보는구만. 예수 선생 발치로 냅다 뛰어드니 말이야.

점입가경이군. 머리를 풀어 헤치질 않나, 그걸로 발을 닦지를 않나……. 엄청 비싸 보이는 향유는 왜 또 붓는 거야?

아니, 가만.

그런데 예수 선생 표정은 왜 저래? 저 년이 어떤 년인지 단박에 알아차릴 일인데 어찌 가만히 두는고? 어쩌면 그 짓을 즐기고 있는 듯하군!

이거 내가 사람을 잘못 본 것 아니야?

예수

시몬 선생. 내가 이야기 하나 하지요.

어떤 부자에게 빚을 진 두 사람이 있소. 한 사람은 오천만 원이고 또 한 사람은 오백만 원의 빚이오. 한 날에 두 사람이 이 빚을 갚아야만 될 처지인데 둘 다 빚 갚을 길이 막막하오. 백방으로 수를 내 보려 했지만 도무지 길이 보이질 않았소. 더구나 돈을 빌려준 사람은 악명이 높아 갚을 날짜를 하루라도 어기면 끔찍한 형벌을 준다는 사람이오. 이미 많은 사람이 이 부자의 손에 불구가 되거나 죽어 나갔소. 더욱이 빚진 이의 가족에게까지도 그 책임을 추궁하는 아주 못된 인간이오.

두 사람 다 미칠 지경이 되었소. 차라리 혼자 죽어 버리고 식구들만이라도 빚에서 해방되었으면 하는 바람이 생길 정도였소.

빚을 갚아야 되는 날이오. 하루 종일 한숨만 쉬고 넋을 놓고 있을 때 마침내 부잣집 사람이 왔소.

그들의 마음은 모든 것을 포기한 상태였소.

형리같이 생긴 이가 가까이 다가올 때 그들의 마음이 어땠겠소?

그런데 말이오.

그가, 자신을 잡아가려고 온 사람인 줄 알았던 그가, 대뜸 빚을 탕감해 준다는 말을 했다고 생각해 보시오.

그 둘 중에 어떤 사람의 기쁨이 더 크겠소?

시몬.

사실 당신이나 이 여자나 하느님 보시기엔 똑같은 죄인이오.

하느님의 장부에는 당신이나 이 여자나 똑같이 오천만 원의 빚이 있단 말이오. 하느님 사랑의 크기가 이와 같이 똑같다면 하느님께 어떻게 반응하는 것이 옳겠소?

잘 들으시오. 이 여인의 죄는 용서받았소.

여인이여.

하느님의 크신 사랑을 당신이 알고 응답했으니 그대는 이제 자유인이오. 하느님만이 주실 수 있는 샬롬의 기쁨이 당신과 함께할 것이오.

시몬.

그대는 아직도 책을 파내어 하느님의 사랑을 확인하려 하는구려.

안타깝소.

하느님은 이 여인 같은 회개와 사랑을 당신에게서도 바라고 계신다오……

기도 후 담화 시 예수 말씀

여인이 사랑하는 그 마음으로 나를 사랑한다면 이제 안셀모, 그런 마음으로 다른 모든 사람들을 사랑하게나!

그리스도의 감각 : 종합 성찰

예리고의 소경 바르티매오의 간절함처럼 예수께서 그를 치유하고픈(사랑하고픈) 열망도 간절하다. 그야말로 그리스도의 사랑의 감각은 애간장을 끊는 것이다.[5]

또한 스스로 선택하여서 악의 길로 들어선 것 같은 인생들(자캐오, 시몬의 집에 나타난 창녀)에 대한 사랑도 태생 소경에게와 다름없이 애끓는 그것이었다.

회당장 야이로가 다급하게 다가왔을 때 예수의 마음은 온통 그에게로 가 있었다. 어떤 상황이라도 개의치 않고 그를 도울 마음을 굳세게 굳힌다. 그래서 이미 죽음으로 상황이 끝났음에도 기어이 달려가 아이를 살려내는 예수다. 딸의 죽음 앞에서 바닥 모를 절망의 나락으로 내동댕이쳐졌던 아빠가 딸과 재회하는 기쁨, 그런 기쁨을 원하시는 예수요 하느님이다.

이제야 선교(목회)의 진정한 이유를 깨닫는다.

선교(목회)하는 이가 머리로 백날 주님의 사랑을 새겨 봐야 백전백패일 수밖에 없다. 결국은 자기 유익을 구하다 말 것이다.

그러나 예수의 사랑의 마음을 제대로 받아 본 이라면, 그리고 그 간절한 사랑의 열망을 자기의 것으로 체험해 본 이라면 상황은 달라질 수밖에 없다.

---

[5] 예수께서 군중을 바라보며 '불쌍히 여기셨다'고 번역한 헬라어 스플랑크니조마이(σπλαγχνίζομαι)는 '창자(애간장)'라는 글자에서 출발한 단어이다.

사랑은 머리에서 출발하는 것이 아니라 창자에서부터 출발되는 것이다. 예수와 함께 지내본 사람이라면 그 사랑의 감각이 무엇인지 체험적으로 깨닫게 된다.

예수로부터 드러난 하느님 사랑의 감각은,

- 틀 지워지지 않는 범위를 가진다. (사마리아의 여인을 보라.)
- 끈기 있고 맹렬하다. (야이로의 딸, 군대 귀신 들린 이를 끝까지 살려내시는 모습을 보라.)
- 치열하다. (시몬의 집 창녀와 바르티매오를 보라.)
- 해방의 기쁨으로 귀결된다. (손 오그라든 이)
- 원리와 기초를 회복시킨다. (자캐오)

'나'와 이 세상의 모든 '나'들이 바로 이런 사랑의 감각을 지닐 수만 있다면, 얼마나 좋을까요 주님.

바다가 하늘빛에 물들듯이,

내 영혼, 그리고 세상 모든 영혼들이

당신 예수로 물들게 하소서…….

성전정화

- **성경 본문**: 요한복음 2:13~22

13 유다인들의 과월절이 가까워지자 예수께서는 예루살렘에 올라가셨다. 14 그리고 성전 뜰에서 소와 양과 비둘기를 파는 장사꾼들과 환금상들이 앉아 있는 것을 보시고 15 밧줄로 채찍을 만들어 양과 소를 모두 쫓아내시고 환금상들의 돈을 쏟아 버리며 그 상을 둘러엎으셨다. 16 그리고 비둘기 장수들에게 "이것들을 거두어가라. 다시는 내 아버지의 집을 장사하는 집으로 만들지 마라." 하고 꾸짖으셨다. 17 이 광경을 본 제자들의 머리에는 '하느님이시여, 하느님의 집을 아끼는 내 열정이 나를 불사르리이다.' 하신 성서의 말씀이 떠올랐다. 18 그때에 유다인들이 나서서 "당신이 이런 일을 하는데, 당신에게 이럴 권한이 있음을 증명해 보이오. 도대체 무슨 기적을 보여주겠소?" 하고 예수께 대들었다. 19 예수께서는 "이 성전을 허물어라. 내가 사흘 안에 다시 세우겠다." 하고 대답하셨다. 20 그들이 예수께 "이 성전을 짓는 데 사십육 년이나 걸렸는데, 그래 당신은 그것을 사흘이면 다시 세우겠단 말이오?" 하고 또 대들었다. 21 그런데 예수께서 성전이라 하신 것은 당신의 몸을 두고 하신 말씀이었다. 22 제자들은 예수께서 죽었다가 부활하신 뒤에야 이 말씀을 생각하고 비로소 성서의 말씀과 예수의 말씀을 믿게 되었다.

관상의 길: 나(안셀모)는 예수 제자단의 일원으로 활동한다.

신나게 예루살렘에 입성한 우리는 성전을 한 바퀴 돌고 의기양양해서 아지트인 올리브산 야영지로 돌아왔다.

저녁 식사 후에 모두 모닥불 주위에 둘러앉아 오늘 하루 느꼈던

점들에 대하여 환담을 나누었다.

그런데 이야기 방향이 대부분 성전 바깥뜰을 차지하고 있는 상인들에게로 쏠려 갔다. 제물을 드리려 하는 정성스러운 마음이 상인들 때문에 오히려 혼잡해진다는 것이다. 희생 제물을 팔거나 돈을 바꿔 주는 이들보다 그들에게 그 일을 허락해 주고 대가를 챙기는 사제들이 더 문제라는 성토도 나왔다.

사실 예수님은 이런 이야기를 유도하셨던 것 같다. 그렇게 우리 마음을 모은 다음 대뜸 엄청난 일을 제안하셨기 때문이다.

"우리가 저들을 청소하자!"

처음엔 다들 귀를 의심했었다. 로마 군대도 아니고 이 오합지졸 같은 우리가 저들을 쫓아낸다고?
하지만 예수님 표정이 워낙 진지했기에 '이거 장난이 아닌 모양이네.' 하고 정신을 차렸다.
주님은 하느님의 일을 하는 사람들이 갖추어야 될 덕목에 대하여 설명해 주셨다. 특별히 하느님 사랑의 질서를 파괴하는 악에 대하여 취하여야 할 단호한 태도에 대해서…….

하느님의 사랑과 자비는 무한한 용서를 담고 있지만, 그 용서는 죄인들을 향한 것이지 죄를 향한 것이 아니다!

당신이 그간에 보여주셨던 행동들도 되돌아보게 하셨다. 베드로가 당신을 그리스도라 고백한 직후 당신의 수난 예고에 반대하였던 것에 대하여 당신이 보였던 태도.[6] 야고보와 요한이 사마리아 동네를 불사르자고 했을 때 보이셨던 진노.[7] 지도자들과 서슴없이 지내면서도 준엄하게 그들을 꾸짖으셨던 일.[8] 그 모든 것은 사람을 향한 것이 아니라 사람을 휘몰고 있는 악의 세력에게 하셨던 행동이었던 것이다.

세상을 바라볼 때 '두 개의 깃발'을 중심으로 바라보라고 다시 한번 우리의 시각을 교정해 주셨다. 그리고 우리 모두에게 용기를 심어 주셨다. 사탄의 깃발은 겉보기엔 튼튼해 보이지만 막상 진실의 힘을 만나면 맥을 못 추게 되어 있노라 하시면서…….

그리고 나서 곧장 작전 회의에 들어갔다. 우리 몇 명 안 되는 사람들로 성진 싱인들을 일기에 쫓아내려면 치밀한 작전계획이 필요한 것이었다.

먼저 역할을 분담해 주셨다. 내일 거사의 역할은 아래와 같다.

1. 큰 우리의 문을 부수는 일
 - 소의 곳: 필립보
 - 양의 곳: 요한

2. 우리 안으로 들어가서 채찍질로 짐승을 몰아내는 일

---

[6] 마르코복음 8:34 및 병행구 참조
[7] 루가복음 9:55 참조
[8] 루가복음 7:36 이하, 요한복음 3장, 마태오복음 27:57 및 마태오복음 23장 등 참조

- 소의 곳: 안셀모, 안드레아
- 양의 곳: 나타나엘

3. 우리 바로 앞에서 채찍질로 짐승들이 나갈 방향을 잡는 일
- 소 우리 앞: 예수
- 양 우리 앞: 베드로

4. 짐승들이 나갈 가이드라인을 만드는 일
- 소: 야고보, 마태오, 토마
- 양: 유다, 타대오

5. 상인 및 경비병 경계와 저지: 시몬, 작은 야고보

예수님은 거사의 상세한 진행 요령까지 낱낱이 알려주셨다. 이번 일을 할 때 무엇보다 중요한 것은 담대함과 민첩함임을 강조하셨고. 중요한 도구가 될 채찍은 저녁 작전회의가 끝난 다음 모두 자기의 것을 만들도록 하셨다.

짐을 묶거나 이런 저런 용도로 사용하려고 준비해 온 가죽 끈들을 모았다. 우리 열네 명이 쓸 수 있을 만큼 된다. 밤이 깊도록 모닥불 옆에서 가죽 끈을 삼중 매듭으로 꼬았다.

채찍.

하느님의 일을 하는데 필요한 채찍 - 폭력의 정당화처럼 보일 수도 있는 일이었다.

아니나 다를까. 혁명 당원이었다가 무기를 내려놓고 예수님의 제자가 된 시몬이 물었다.

"주님, 평소 가르쳐 주신 폭력의 악순환에 대한 단호한 끊음을 생각하면 헷갈립니다. 오른뺨을 맞을 때 왼뺨도 돌려 대라 하신 것은 그처럼 철저히 폭력의 순환 고리를 끊지 않으면 이 세상에서 폭력이라는 악은 영원히 제거될 수 없다 하신 뜻이 아니었습니까!"

예수께서 진지한 표정을 지으시며 이르셨다.

"시몬, 그리고 모두 다 잘 들으시게. 지금 우리는 분명 힘을 사용하려고 하네. 그러나 잘 식별하게나. 우리가 사용하는 힘의 타깃이 무엇인가? 힘의 사용 내용은 어떤가? 그리고 힘을 사용하는 마음은 어떤가? 이것은 악의 실체 중의 하나인 폭력의 악순환과는 전적으로 다르다는 것을 알 수 있을 것이네.

악이 지배하는 폭력은 자신의 이익에서 출발하여 다른 '사람'에게로 향하네. 그럴듯한 핑계가 다 있지만 실상 이 원칙에서 벗어나지 못하네.

반대로 하느님 사랑의 채찍은 하느님과의 관계를 소멸하려는 '힘' 혹은 '세력'을 대상으로 하는 것이네. 채찍의 목적은 하느님과 인간과의, 하느님과 그 피조물과의 관계 회복에 있네!

하느님 사랑의 채찍을 휘두를 때에 우리는 깨끗한 신명과 경건한 떨림을 느낄 것일세. 그러나 악의 폭력은 시작에서부터 결과에 이르기까지 진정한 평화를 선물 받지 못한다네."

갑자기 나를 향해 보시며 일갈하신다.

"안셀모, 자네가 밖에 나가서 이런 상황을 만날 경우에 명심해야 될 것이 있네. 절대 자네가 앞장서지 말고 나 예수를 앞장세워야 하네. 지금처럼! 그러지 못하면 십중팔구 일을 그르칠 것일세."

아마도 나는 힘을 사용할 때 자기도취에 빠져 악순환의 폭력에 휘둘릴 가능성이 높기 때문에 하신 말씀 같다. 참으로 예단하기 어려운 일들이 많이 발생할 것이다. 그럴 때마다 반드시 그리스도의 깃발을 앞세울 일이다. 그것이 나를 살리고 세상을 살리는 일임을 깊이 새겨 넣는다.

날이 밝았다. 우리 모두의 가슴은 뛰었다. 치밀한 시위 계획을 세운 데모대처럼 우리의 마음은 그야말로 청아한 신명에 사로잡혀 경건한 두려움에 떨었다. 우리는 모두 자신이 정성스럽게 만든 채찍을 손에 불끈 쥐고 성 안으로 향했다.

예수님이 맨 앞에 서서서 그런지 두려움이 없다. 성전 뜰에 이르자 작전대로 일이 민첩하게 진행되었다.

먼저 필립보가 몽치로 소 우리의 문 잠금장치를 부숴 버렸다. 이때다. 나와 안드레아가 잽싸게 우리 안으로 들어갔다. 무조건 맨 안쪽으로 뛰었다. 그리곤 돌아서서 예의 채찍을 휘둘렀다. 다섯 마리의 소는 반질반질 손질이 된 흠결 없는 것들이었고 고삐는 묶여 있지 않은 상태였다. 녀석들은 갑자기 닥친 사태에 소리를 지르며 달려 나가기 시작했다.

문 앞에서 예수님이 왼손으로 채찍을 움켜쥐고 머리카락을 휘날리며 소들을 뜰 바깥쪽으로 몰아내시는 모습이 마치 영화의 한 장면 같다. 베드로도 억센 팔뚝을 빛내며 채찍을 휘두르고 있다.

이어 요한이 양의 우리 문을 부쉈다. 나타나엘은 빨랐다. 순식간에 우리 안으로 들어가서 양들을 몰아낸다. 스무 마리쯤 되는 양은 보통 때와는 다르게 놀라운 속도로 내달린다. 가이드라인을 만들고 섰던 이들도 신나게 짐승들을 몰아내었다.

일이 워낙 순식간에 진행되자 주인들은 도망가는 짐승들 쫓아가기에 바빴다. 큰 우리가 '청소'되는 데는 일 분도 채 걸리지 않은 것 같다.

우리가 가쁜 숨을 몰아쉬고 있을 때, 예수님은 환전상들이 있는 곳으로 가셨다.

놀라운 광경이 벌이졌다.

돈 통을 뒤집어엎어 버리고 아예 탁자를 발로 밟아 부숴 버리셨다. 환전상들은 어이가 없는 듯 멍하니 지켜보고 있을 뿐이었다.

예수님은 무서운 기세로 환전상 자리를 파괴하셨다. 그리곤 환전상들을 향해 고함을 치셨다.

"이 독사의 자식들아! 너희들은 성전을 장사꾼의 집으로 만드는 것도 모자라 사기와 강도의 집으로 만들었구나!"

다시 한 번 채찍으로 부서진 탁자를 내리치시자 환전상들은 아무 대꾸도 하지 못한 채 쏟아진 돈을 챙겨 달아나기 시작했다.

예수님의 진노는 칭찬받던 베드로를 급작스럽게 나무랄 때보다, 사마리아 마을을 불 질러 버리자는 야고보와 요한을 나무라실 때보다 훨씬 준엄했다. 뜨거운 불길이 이는 것 같았다.

예수님은 옆에 있던 비둘기 장수들에게도 다가가셨다. 그들에게도 권위 넘치는 자세로 다가가셨지만 환전상들을 대할 때 하고는 사뭇 달라진 태도를 보이신다. 상대적으로 많은 이들이 모여 있는 비둘기 장수 구역이다. 그분은 불꽃 같은 눈빛으로 한 바퀴 쏘아보신 다음 채찍을 휘두르는 대신 큰 소리로 책망만 하신다.

비록 탁자가 몇 개 쓰러지긴 했지만 그들에게는 많이 너그러워지신 모습이다. 다시는 성전을 더럽히는 일을 하지 말라고 단단히 경고하는 수준이셨다. 비둘기 장수들은 모든 사태를 보고 있었기에 지레 겁을 먹고 짐을 챙겨 성전을 빠져나갔다.

장사꾼들이 모두 나간 다음 예수님이 높은 곳으로 올라가서 일장 연설을 하신다.

"하느님의 집, 이 신성한 곳이 장삿속과 사기꾼의 마음으로 더럽혀진다면 하느님이 어떻게 이곳에 거하실 수 있겠습니까! ……"

이 모든 과정을 지켜보고 있던 군중들이 일제히 박수와 환호를 보냈다.

그러나 모든 일에는 꼭 돼지 뒷발톱처럼 어긋나는 곳이 있는 법. 어떤 사람이 당신이 이런 일을 할 권한을 받았다는 표를 보여 달라고 생뚱맞게 외쳤다.

예수께서 대답하셨다.

"당신은 마치 하느님의 사랑을 표로 보여 달라고 하는 어리석은 질문을 하는 것과 같소. 그런 질문이라면 나도 이렇게 대답해 줄 수 있소. 성전을 허무시오! 그러면 사흘 만에 세우리다."

성전정화

이 말씀에 아무도 더 이상 토를 달지 못하였다. 모였던 사람들이 자발적으로 나서서 바깥 '이방인의 뜰'을 청소, 정리했다.

등장인물 설명

소와 양을 파는 이들: 집안 대대로 이 일을 한다. 흠 없는 짐승을 기른다는 자부심이 있다. 이들이 기른 소나 양은 일반 것보다 두 배 정도 비싸다. 그러나 주 고객층이 부자 고관들이므로 가격 불만은 없다.

환전상: 성전세와 헌금 등을 이스라엘 화폐로 환전해 주는 이들. 고객층이 다양하므로 환율을 슬쩍슬쩍 속인다. 있는 집 사람들보다 가난하고 못 배운 이들이 바가지 씌우기가 훨씬 수월하다는 것을 알고는 대체적으로 가난한 이들에게 더 높은 환율을 적용한다. 그리고 성전 상권 중에서 가장 자릿세를 많이 내고 있으므로 늘 자기들이 더 큰 이문을 남겨야 한다는 강박감이 있다.

비둘기 장수: 주 고객층이 가난한 이들이고 객단가가 낮아 큰 장사가 되진 못하지만 꾸준히 고객이 있어 수입은 고정적이다. 때문에 비싼 자릿세를 감수하고 버틴다. 그러나 높은 자릿세 문제로 성전 관리들에게 불만이 많은 이들이다.

세 그룹의 공통점: 자기들이 하는 일이 성전에 꼭 필요한 일이라고 여김.

위쪽에서 모든 상황을 처음부터 지켜보던 선해 보이는 사제 두 사람이 있었다.

"호 – 저 젊은이가 일을 내는구만. 아무튼 기분은 통쾌하군."

그들은 유쾌하게 웃으면서 돌아갔다.

하지만 소식을 소상하게 들은 성전 관리 맡은 사제는 얼굴이 노랗게 되어서는 고함을 질렀다.

"아니 어떤 미친놈이 그런 짓을! 이건 신성모독 아니오! 제사가 원만하게 진행될 수 있도록 하는 선한 일을 장삿속으로 싸잡아 무시하다니! 오 주여!" 하며 책상을 내리쳤다. 사실 그의 마음속에서는 다른 말이 튀어나오고 있었다.

"아니 내일이 수금 날인데 하필 오늘 이런 일이……."

그는 장사꾼들을 다시 성전 안으로 불러들이는 계획을 세우려고 했다. 하지만 이구동성. 여론을 보라며 만류하는 바람에 풀이 죽고 말았다.

기도 말미 기도 성찰 시간에 주님은 아래와 같이 은총을 더하여 주셨다.

성전 상인과 관련된 등장인물들에 대한 성찰의 결과

나도 충분히 저럴 수 있다! 저렇게 무감각하게 주의 반대편에 서서 자기가 하는 일이 무엇인지 모르게 될 개연성은 얼마든지 있다. 마치 주님의 일을 하는 것처럼 착각하면서 말이다…….

주님께서 주시는 말씀

안셀모. 무슨 일이든 자네한테 유익이 되는 일을 만나면 먼저 사탄의 깃발을 생각하게. 원리와 기초에 입각해서 충분히 숙고한 다음 루치펠 진영의 것임이 판명되면 단호하게 거부해야 하네!

세상에는 그럴듯한 포장으로 나를 팔아먹는 교묘한 성전상들과 성전 제사장들이 끊이지 않고 나타나는 것이 현실이네.

그러니 결코 잊지 말게. 그날 밤 우리가 만들었던 채찍을!

채찍을 휘둘러야 할 때는 가차 없이 휘두를 필요가 있는 법이네.

오병이어

• 성경 본문: 요한복음 6:1~15

1 그 뒤 예수께서는 갈릴래아 호수 곧 티베리아 호수 건너편으로 가셨는데 2 많은 사람들이 떼를 지어 예수를 따라갔다. 그들은 예수께서 병자들을 고쳐 주신 기적을 보았던 것이다. 3 예수께서는 산등성이에 오르셔서 제자들과 함께 자리 잡고 앉으셨다. 4 유다인들의 명절인 과월절이 이제 얼마 남지 않은 때였다. 5 예수께서는 큰 군중이 자기에게 몰려오는 것을 보시고 필립보에게 "이 사람들을 다 먹일 만한 빵을 우리가 어디서 사올 수 있겠느냐?" 하고 물으셨다. 6 이것은 단지 필립보의 속을 떠보려고 하신 말씀이었고 예수께서는 하실 일을 이미 마음속에 작정하고 계셨던 것이다. 7 필립보는 "이 사람들에게 빵을 조금씩이라도 먹이자면 이백 데나리온 어치를 사온다 해도 모자라겠습니다." 하고 대답하였다. 8 제자 중의 하나이며 시몬 베드로의 동생인 안드레아는 9 "여기 웬 아이가 보리빵 다섯 개와 작은 물고기 두 마리를 가지고 있습니다마는 이렇게 많은 사람에게 그것이 무슨 소용이 되겠습니까?" 하고 말하였다. 10 예수께서 그들에게 "사람들을 모두 앉혀라." 하고 분부하셨다. 마침 그곳에는 풀이 많았는데 거기에 앉은 사람은 남자만 약 오천 명이나 되었다. 11 그때 예수께서는 손에 빵을 드시고 감사의 기도를 올리신 다음, 거기에 앉아 있는 사람들에게 달라는 대로 나누어 주시고 다시 물고기도 그와 같이 하여 나누어 주셨다. 12 사람들이 모두 배불리 먹고 난 뒤에 예수께서는 제자들에게 "조금도 버리지 말고 남은 조각을 다 모아들여라." 하고 이르셨다. 13 그래서 보리빵 다섯 개를 먹고 남은 부스러기를 제자들이 모았더니 열두 광주리에 가득 찼다. 14 예수께서 베푸신 기적을 보고 사람들은 "이분이야말로 세상에 오시기로 된 예언자이시다." 하고 저마다 말하였다. 15 예수께서는 그들이 달려들어 억지로라도 왕으로 모시려는 낌새를 알아채시고 혼자서 다시 산으로 피해 가셨다.

관상의 길: 모든 선입견을 버리고 **상황** 안으로 들어감.

세례자 요한이 살해당했다는 비보를 접하고 예수께서는 큰 충격을 받으신 모양이다. 심기를 다스리려 잠시 사역의 자리를 떠나 휴식을 취하려고 하셨다. 그런데도 군중들은 용을 쓰며 쫓아온다. 우리 일행이 배를 타고 가는 길을 육로로 따라오는 군중들이다!

예수께서는 깊은 숙면을 취했다. 한참 만에 일어나서 뭍을 바라보니 아직도 여전히 군중들은 달음질하듯 따라오고 있는 것이 아닌가. 배를 대라고 하셨다.

육지로 내려가서 다시 열성을 다해 병자들을 고치시는 예수시다.

어느덧 끼니때가 되었다.
사람들에게 먹을거리가 있는지 우리(나와 제자들)가 알아보았다.
들판에 퍼져 있는 무리들 속으로 들어갔다.
아무리 알아봐도 누구 하나 먹을 양식 준비를 해온 이가 없었다.
어디서 보잘것없는 바구니 하나를 안드레아가 들고 왔다.
"겨우 이것밖에 없네요."
그 바구니를 응시한다. 초라하게 보이는 음식이다. 어이가 없는 상황이다. 이것으로 무엇을 할 수 있단 말인가…….

그런 우리의 태도를 보고 예수께서 말씀하신다.
도대체 우리에게 하느님 사랑의 마음이 조금이라도 있느냐고.
하느님께서 저들을, 우리를 사랑하시는 그 애타는 사랑을 정녕 얼마나 알고 얼마나 믿는 것이냐고…….

예수께서 그 작은 바구니를 들고 군중 앞으로 나서신다.

옷자락을 휘날리며 당차게 걸어 나가셨다.

우리 때문에 다소 화가 나신 것처럼 보이기도 했다.

군중들에게도 우리에게와 같이 하느님의 사랑을 믿으라 역설하신다. 하느님의 사랑은 한결같고 애틋하시다고…….

그리고 바구니를 들어 찬미와 감사의 기도를 정성스럽게 올리신다. 사랑하는 이 앞에서 감동하고 있는 연인의 얼굴 표정이시다.

기도를 마치시고 우리를 쳐다보시는데,

아, 가슴이 얼마나 뜨거워지는지!

그분의 눈길은 우리 안에 있던 온갖 불신과, 합리를 가장한 비겁함과, 세상 논리에 갇힌 어리석은 두려움들을 녹여 버리셨다. 우리는 그저 당신의 사랑에만 모든 마음을 빼앗기고 말았다.

예수께서는 우리에게 바구니를 돌리도록 하셨다. 먼저 베드로가 혼자 바구니를 들고 돌리며 물고기 한 마리와 빵 한 조각씩을 나눠 주었다. 떨리는 마음으로 그 '가벼운' 광주리를 들고 사람들에게 다가갔다. 바구니는 보지 않았다.

'사람들'을 보며 음식을 나눴다.

모르겠다.

빵과 고기는 하염없이 내 손에 잡혀 나왔다.

끝없이 나왔다.

손을 내미는 곳 어디에나 빵과 고기는 넘치게 되었다.

떨리는 마음, 벅찬 기쁨 외에는 아무것도 생각되지 않았다.

오, 사랑의 나눔의 기쁨이여!
이건, 이건 빵이 아니야!
하느님의 몸이야. 하느님 사랑의 덩어리야!

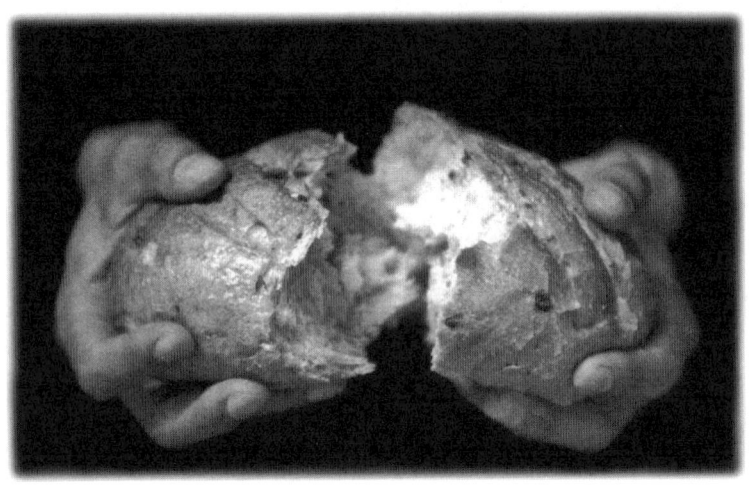

기도를 마치고

놀라운 은혜다.
'사랑의 믿음의 능력'을 현장에서 체험했다.
가진 것, 주변 여건 – 이런 것들은 사랑의 믿음 앞에서는 어떤 악조건이라도 도우미가 될 뿐이다.
주님께서 말씀하신다.
안셀모. 어제 했던 이야기 생각나나?
여인이 사랑하는 그 사랑으로 날 사랑한다면, 바로 그 사랑으로 사람들을 사랑하라 했던 말.
이제는 그 이야기가 구체적으로 어떤 것인지 알겠지?
자네가 '가진' 사랑을 나누려는 우를 범하지 말게.
자네가 가진 것은 아무것도 없네. 조금 있어 보여도 이내 바닥이 나겠지.
모든 것이 주님 것이듯 사랑도 하느님으로부터 흘러들어 오는 것.
자네가 할 일은 단지 그 풍요로운, 한없이 넘쳐흐르는 그 사랑의 통로가 되어 물꼬를 터주기만 하면 되는 것이네!

(내가 사랑에 충만해 있으면 나눔의 기적은 언제든지 가능해진다. 사랑은 하느님의 것이기 때문이다.)

변모

• 성경 본문: 루가복음 9:28~36

28 이 말씀을 하신 뒤 여드레쯤 지나서 예수께서는 베드로와 요한과 야고보를 데리고 기도하러 산으로 올라가셨다. 29 예수께서 기도하시는 동안에 그 모습이 변하고 옷이 눈부시게 빛났다. 30 그러자 난데없이 두 사람이 나타나 예수와 함께 이야기하고 있었다. 그들은 모세와 엘리야였다. 31 영광에 싸여 나타난 그들은 예수께서 머지않아 예루살렘에서 이루시려고 하시는 일 곧 그의 죽음에 관하여 예수와 함께 이야기를 나누고 있었다. 32 그때 베드로와 그의 동료들은 깊이 잠들었다가 깨어나 예수의 영광스러운 모습과 거기 함께 서 있는 두 사람을 보았다. 33 그 두 사람이 떠나려 할 때 베드로가 나서서 "선생님, 저희가 여기서 지내면 얼마나 좋겠습니까! 저희가 초막 셋을 지어 하나는 선생님께, 하나는 모세에게, 하나는 엘리야에게 드리겠습니다." 하고 예수께 말하였다. 무슨 소리를 하는지 자기도 모르고 한 말이었다. 34 베드로가 이런 말을 하고 있는 사이에 구름이 일어 그들을 뒤덮었다. 그들이 구름 속으로 사라져 들어가자 제자들은 그만 겁에 질려 버렸다. 35 이때 구름 속에서 "이는 내 아들, 내가 택한 아들이니 그의 말을 들어라!" 하는 소리가 들려왔다. 36 그 소리가 그친 뒤에 보니 예수밖에는 아무도 보이지 않았다. 제자들은 아무 말도 못 하고 자기들이 본 것을 얼마 동안 아무에게도 말하지 않았다.

관상의 길: 예수의 동선 안에 항상 필요한 존재로 동참함.

주님은 그야말로 하늘이 보내 주신 분이요 시대의 메시아가 틀림없다. 우리는 그분과 벌써 삼 년 가까이 생활하고 있다. 그래서 베드로가 우리 마음을 대변하는 메시아 고백을 했던 거다. 그런데 주님은 대뜸 우리 모두에게 찬물을 끼얹는 말씀을 하셨다. 메시아가 틀림없지만 당신은 곧 수난을 겪고 죽어야 한다니!

매사에 빠른 반응을 보이는 베드로가 그럴 수 없노라 나섰다가 된통 야단을 맞았다. 그러고는 알쏭달쏭한 말씀을 더하셔서 우리 모두는 더욱 침울해졌다. 당신을 따르려면 자기 십자가를 지라는 둥, 진정으로 살고자 한다면 죽어야 한다는 둥…….

꼬박 일주일을 이런 분위기로 지냈다.

그런 우리를 보시고 저녁 때 주님이 한마디 하신다.

"다들 왜 이리 풀이 죽었어? 힘들 내자구! 오늘 밤엔 우리 함께 기도하면서 분위기 쇄신 좀 해야겠어. 안셀모하고 베드로 야고보 요한은 나하고 산으로 가세.

나머지도 집에서 열심히 기도하는 건 당연한 일이고!"

산에서 밤을 새야 한다니 좀 끔찍한 생각이 들었지만 이대로는 안 되겠다는 마음이 컸기에 냉큼 따라나섰다.

각자 자리를 잡고 기도한다.

나는 오늘 '세 가지 겸손'[9] 자료를 읽고 난 후 들었던 내 마음을 하느님께 털어놓으며 기도했다.

"주님, 저는 왜 아직도 주의 길을 가는데 '온전한' 마음으로 동의하지 못할까요?

---

9) 172쪽의 설명을 참고하라.

예전엔 이렇지 않았는데, 이제 수난과 고통 - 이런 것이 제 피부에 와 닿질 않네요. 제 스스로가 답답할 뿐입니다. 도와주십시오!"

한참 기도하는데 예수님 기도 소리가 들린다.

"아버지, 아버지의 참된 영광을 드러내는 이 길을 저들이 속히 이해할 수 있도록 도와주십시오. 저들은 아직 어려서 도무지 이 길을 이해하지 못합니다……."

잠시 후에 보니 예수님의 모습에 광채가 빛나고 다른 두 사람이 비슷한 광채에 묻혀 나타났다. 너무 놀라 손이 떨리고 몸을 옴짝달싹 하지 못할 지경이 되었는데 저들의 대화 소리는 똑똑히 들린다.

예수께서는 분명히 엘리야 선생, 모세 선생 하고 불렀다.

정신을 차리고 베드로를 깨워 모세와 엘리야가 왔다고 말했다.

베드로는 내 말과 눈앞에서 벌어지고 있는 광경을 바라보고는 깜짝 놀라 뒤로 자빠지는가 했더니 이내 소리를 지르며 달려 나갔다. 자다가 깬 사람이 어떻게 그런 두뇌 회전이 되었는지, 대뜸 여기다 초막 셋을 짓자고 제안하는 것이 아닌가!

저건 또 무슨 소린가 하는데 갑자기 세례받았을 때의 기분과 흡사한 느낌이 전신을 감싸 안는다.

하늘의 음성이 들린다.

이는 내 사랑하는 아들. 내 마음에 드는 아들이니 그의 말을 따르라고! 그의 길을 따르라고!

놀라운 광경을 목도하고 온몸이 떨릴 정도의 음성을 듣고는 경이로운 감정에 빠져 있을 때, 어느새 예수께서 가까이 다가와 말씀하셨다. 깊이 새겨야 될 말씀이셨다.

"나의 길은 겉보기와 다르게 참된 영광을 품고 있다. 그러니 그것을 감성적으로만 보지 말고 풍요로운 지성과 의지로 바라보라. 자기를 버리고 죽는 역설은 비장하고 특별한 면만 있는 것이 아니다. 생각지도 않는 따사로움과 아늑함을 동반할 것이다. 의지적인 투신은 이것을 허락한다. 너에게 허락한 모든 지성을 동원하여 진리의 길을 바라보아야 한다.

그러나 영적 여정 중에 영적 위로에만 머물려고 하지 말라. 그것은 마치 베드로가 초막 셋을 짓고 머물자고 하는 것같이 허망한 생각이다. 오직 나만 바라보고 나를 따르라.

나의 길을 가는 동안 특별히 껍데기에 속으면 안 된다.

과장된 고통에도, 거짓된 기쁨에도 속지 말라!"

세 가지 겸손

겸손한 사람은 자기가 피조물이라는 사실을 긍정적이고 기쁘게 창조적으로 받아들인다. 그는 구체적 상황 안에서 한계를 인정한다. 모든 것 안에서 하느님께 의탁해야 한다는 것을 끌어안고 기뻐한다. 그는 삶 안에서 일어나는 모든 일을 통제하려고 하지 않고 삶을 일련의 놀라운 선물로 여긴다.

겸손한 사람은 자기가 피조물임을 받아들일 뿐 아니라 스스로를 발견한다. 인간의 죄스러운 조건과 자기 안에 있는 죄스러움을 인정한다. 이와 같은 인정은 사물을 있는 그대로 보고 하느님의 창조와 다스리심을 거부하지 않게 한다.

어떤 사람이 겸손하다는 것은 그가 자기 자신과 자신의 세계를 명료함과 객관성에 의해 아는 것이다. 겸손이 곧 진리이다.

하느님께 의탁하여 사는 세 가지 역동적인 이미지에 따라 겸손의 세 단계를 상정할 수 있다.

첫째는 수동적 단계로 세상을 있는 그대로 보는 것이다. 하느님께 순명하는 단계다.

둘째는 능동적 단계로 하느님을 찾고 하느님을 사랑하려고 하는 단계다.

셋째는 이제는 세상 모든 것을 나자렛 예수의 눈으로 보는 단계다. 모든 선택에서도 예수가 택했던 것을 택하는 단계다.

라자로

• 성경 본문: 요한복음 11:28~44

28 이 말을 남기고 마르타는 돌아가 자기 동생 마리아를 불러 귓속말로 "선생님이 오셔서 너를 부르신다." 하고 일러주었다. 29 마리아는 이 말을 듣고 벌떡 일어나 예수께 달려갔다. 30 예수께서는 아직 동네에 들어가지 않으시고 마르타가 마중 나왔던 곳에 그냥 계셨던 것이다. 31 집에서 마리아를 위로해 주던 유다인들은 마리아가 급히 일어나 나가는 것을 보고 그가 곡하러 무덤에 나가는 줄 알고 뒤따라 나갔다. 32 마리아는 예수께서 계신 곳에 찾아가 뵙고 그 앞에 엎드려 "주님, 주님께서 여기에 계셨더라면 제 오빠가 죽지 않았을 것입니다." 하고 말하였다. 33 예수께서 마리아뿐만 아니라 같이 따라온 유다인들까지 우는 것을 보시고 비통한 마음이 북받쳐 올랐다. 34 "그를 어디에 묻었느냐?" 하고 예수께서 물으시자 그들이 "주님, 오셔서 보십시오." 하고 대답하였다. 35 예수께서는 눈물을 흘리셨다. 36 그래서 유다인들은 "저것 보시오. 라자로를 무척 사랑했던가 봅니다." 하고 말하였다. 37 또 그들 가운데에는 "소경의 눈을 뜨게 한 사람이 라자로를 죽지 않게 할 수가 없었단 말인가?" 하는 사람도 있었다. 38 예수께서는 다시 비통한 심정에 잠겨 무덤으로 가셨다. 그 무덤은 동굴로 되어 있었고 입구는 돌로 막혀 있었다. 39 예수께서 "돌을 치워라." 하시자 죽은 사람의 누이 마르타가 "주님, 그가 죽은 지 나흘이나 되어서 벌써 냄새가 납니다." 하고 말씀 드렸다. 40 예수께서 마르타에게 "네가 믿기만 하면 하느님의 영광을 보게 되리라고 내가 말하지 않았느냐?" 하시자 41 사람들이 돌을 치웠다. 예수께서는 하늘을 우러러보시며 이렇게 기도하셨다. "아버지, 제 청을 들어주셔서 감사합니다. 42 그리고 언제나 제 청을 들어주시는 것을 저는 잘 압니다. 그러나 이제 저는 여기 둘러선 사람들로 하여금 아버지께서 저를 보내 주셨다는 것을 믿게 하려고 이 말을 합니다." 43 말씀을 마치시고 "라자로야, 나오너라."

하고 큰소리로 외치시자 44 죽었던 사람이 밖으로 나왔는데 손발은 베로 묶여 있었고 얼굴은 수건으로 감겨 있었다. 예수께서 사람들에게 "그를 풀어 주어 가게 하여라." 하고 말씀하셨다.

관상의 길: 예수의 심정을 깊이 공감하는 마음을 품고 시작.

베다니아에 있는 카페 '라자로 마을'은 분위기 있는 집으로 많은 이들의 사랑을 받는 곳이다. 라자로는 비파에 능한 음유시인이고 잘 생겼다. 그는 저녁때면 아름다운 시편 노래로 손님들을 감동시키곤 한다. 여동생 둘도 깊은 감수성과 폭넓은 독서에서 풍겨 나는 지성미가 있어 예루살렘의 뜻있는 인사들이 사랑하고 아끼는 '국민 동생'이다.

예수와 제자들도 이 카페의 단골이다. 특히 예수는 라자로와 죽이 잘 맞았다. 언젠가는 우리 모두 잠들었을 때 둘이서만 밤을 새며 노래와 이야기로 우정을 쌓은 일도 있을 정도이다.

그런 라자로를 잃은 것이다. 그것도 하느님의 심오한 뜻을 이루기 위하여 의도적으로 잃은 것이다!

예수의 슬픔, 마르타와 마리아, 나아가 카페 손님들 모두의 슬픔은 진하디 진한 것이었다. 내 마음에서 일어나는 슬픔도 이만저만 큰 것이 아니었다. 라자로의 죽음은 몇 년 전 암으로 죽은 내 절친한 친구의 죽음과 겹쳤다.

예수가 동네어귀에서 기별을 보내자 마르타가 나왔다. 마르타를 보며 예수의 마음은 비통해지기 시작했다. 그런 예수 마음에 불을 지르듯 마르타는 예수가 일찍 오지 않은 것을 원망하며 울부짖었다. 예수는 마르타를 진정시키려고 애를 썼다.

마르타의 울부짖음이 잦아들 무렵 예수는 마리아를 찾았다. 마르타가 안으로 들어가 마리아를 부르자 마리아는 기다렸다는 듯이 한걸음에 밖으로 뛰쳐나왔다.

마리아는 예수를 보자마자 땅에 엎어져 울었다. 그때 우리의 슬픔은 극에 달했다. 입을 손으로 가리고 우는 사람들도 있었고, 고개를 돌리며 호흡을 조절하는 이도 보였다. 나도 시선을 어디에 둘지 모르고 하늘과 땅을 번갈아 쳐다보며 눈물을 훔친다.

예수의 슬픔은 실로 엄청난 것이었다. 좀처럼 눈물을 보이지 않는 예수지만 이때는 눈물을 주체하지 못했다. 그가 저토록 아프게 우는 모습은 처음이다.

마침내 예수를 선두로 무덤에 갔다. 마르타가 무덤을 열려는 예수를 만류한다. 하지만 예수는 고개를 돌려 우리 모두에게 말했다.

"나를 사랑하는 것이 곧 생명이요 부활이라는 것을 알게 될 것이다!"

부활과 참다운 생명은 다른 곳에 있지 않고 당신을 사랑하는 데 있다니! 어쩌면 이토록 명쾌할 수 있는가. 복잡한 신학 논리를 대동할 필요 없이 극도로 단순화되는 실천적 가르침이었다.

아무튼 이런 상황에서 '죽었던' 우리의 친구 라자로가 붕대를 감은 채 '살아서' 걸어 나왔다.

라자로가 다시 살아났을 때의 놀라움과 기쁨을 어떻게 표현할 수 있겠는가!

붕대를 풀고 그를 끌어안는 마르타와 마리아.

말할 수 없는 심정의 눈물 앞에서 우리 모두는 함께 울었다.

그것이 기쁨인지 슬픔인지 회한인지 모르게, 그렇게 울었다.

기도 후 말씀

나도 너와 똑같이 슬퍼하며 울었던 연약한 인간이다, 안셀모.

지금은 너와 희로애락을 함께하는 인간이란 말이다. 나의 신성을 두고 나를 너무 경원시 말라.

이 말은 네가 어두움에 있을 때 내가 눈물을 흘리며 널 응원한다는 사실을 잊지 말라는 이야기다. 내 사랑하는 친구야.

향유

• 성경 본문: 요한복음 12:1~8

1 예수께서는 과월절을 엿새 앞두고 베다니아로 가셨는데 그곳은 예수께서 죽은 자들 가운데서 살리신 라자로가 사는 고장이었다. 2 거기에서 예수를 영접하는 만찬회가 베풀어졌는데 라자로는 손님들 사이에 끼여 예수와 함께 식탁에 앉아 있었고 마르타는 시중을 들고 있었다. 3 그때 마리아가 매우 값진 순 나르드 향유 한 근을 가지고 와서 예수의 발에 붓고 자기 머리털로 그 발을 닦아 드렸다. 그러자 온 집 안에 향유 냄새가 가득 찼다. 4 예수의 제자로서 장차 예수를 배반할 가리옷 사람 유다가 5 "이 향유를 팔았더라면 삼백 데나리온은 받았을 것이고 그 돈을 가난한 사람들에게 나누어 줄 수 있었을 터인데 이게 무슨 짓인가?" 하고 투덜거렸다. 6 유다는 가난한 사람들을 생각해서가 아니라 그가 도둑이어서 이런 말을 한 것이었다. 그는 돈주머니를 맡아 가지고 거기 들어 있는 것을 늘 꺼내 쓰곤 하였다. 7 예수께서는 이렇게 말씀하셨다. "이것은 내 장례 일을 위하여 하는 일이니 이 여자 일에 참견하지 마라. 8 가난한 사람들은 언제나 너희와 함께 있겠지만 나는 언제나 함께 있지는 않을 것이다."

관상의 길: 상황의 관찰자로 시작함.

 부끄럽고, 죄송하고, 감사하고, 감격한다.
 기도를 시작한 지 얼마 되지 않아 스르르 잠이 들어 비몽사몽을 헤맸다.[10] 그래도 중간중간 주님께서 날 버리지 않으시리라는 믿음

---

10) 하루 네다섯 번의 관상기도 시간을 갖는 것은 누구에게든 쉽지 않은 '노동'이다.

을 토해내면서 기도줄을 놓지 않으려고 버텼다.

마침내 서광이 비치기 시작했다.

마리아가 소주 한 병 들이 고급 향유를 주님께 쏟아붓는 순간이었다.

유다의 계산에 의하면 삼천만 원어치다.

일시에 모두 놀랐다. 라자로도 마르타도 마찬가지였다.

딱 유다가 말한 그런 내용은 아니더라도, 저건 뭔가 잘못되었다는 놀라움이 나에게도 다른 제자들에게도 있다.

순간 번쩍 생각이 정리되면서 정신이 들었다.

내가 그렇구나!

내 모든 것을 다 드려도 모자랄 나의 사랑이건만, 나는 방금까지도 당신께 '잔칫상이나 거나하게 베풀면 그만인' 그런 수준에 머물렀던 것이오.

결국 당신의 나에 대한 사랑이 당신 전부를 바치는, 당신의 생명을 바치는 그토록 진하고 아름다운 것임을 깨닫지 못하고, 동반자입네 하면서 내 필요할 때나 당신을 찾는 지독한 이기주의 바보축구였소 그려.

마리아의 마음을 들여다봤소. 아무 사심 없이 당신께 무엇을 드려야 할지 동동거리는 모습을 말이오. 마침내 전 재산이나 다름없는 것도 서슴없이 쏟아 내는 그 불편심(不偏心)[11]의 마음을…….

---

11) 아무것도 치우치지 않는 중용의 마음. 세상의 모든 피조물은 그 자체로 선이나 악을 포함하고 있지 않다. 하느님과의 관계에 선용할 수 있느냐 아니냐 하는 것만이 중요할 뿐이다. (원리와 기초 둘째 내용)

이제 당신은 내 인생의 단순한 동반자가 아니오.

당신이야말로 내 인생의 모든 것이오.

지금의 이 마음이 일시적인 감정으로 끝나는 것이 아니길 바라고 또 바라오.

세상 그 어느 것보다 소중한 분.

어쩌면 신자된 처음 고백을 이제야 회복하고 있는 것 같소.

아직도 멀었지만 말이오.

공생애에 대한 마무리 성찰

머리에서 출발된 연민(compassion)은 진정한 의미에서 연민이 아니다. 예수가 나를 사랑하는 그 사랑이 차고 넘치는 것을 체험하고, 바로 그 사랑으로 가난한 이웃들을 바라볼 때 비로소 참된 연민이 발생한다. 내가 '소유한' 사랑을 나누는 것이 아니라 '예수의 사랑'을 전달하는 것이다!

나는 사실 그간 머리에서 출발된 사랑의 연민에만 사로잡혔던 사람이다. 겉보기엔 가슴에서 불타오르는 진정한 연민이 있는 것처럼 보였을지도 모르지만, 세월이 흐르면서 그것은 정체를 드러내고 말았다. 진짜배기가 아니었기에 그 연민의 용량은 시나브로 바닥을 드러낼 수밖에 없었던 것이다. 청춘의 때와 지금 오십 중반에 이르는 나의 마음을 보면 그 허실이 자명해진다.

물론 그분의 사랑을 흉내 내는 것도 나쁘다고 할 수는 없을 것이다. 하지만 흉내 내기가 마침내 진짜가 되려면 참으로 지난한 인내와 성실함을 필요로 할 것이고, 그것은 하느님의 은총이 아니면 될 수 없는 일이다. 주님의 은총을 힘입지 않고 스스로의 노력으로 그분의 사랑이 여물어가기를 바라는 것은 허황된 욕심에 불과하다.

그러니 사랑의 길을 걸으려고 나름대로 몸부림쳐 온 인생이지만 나이가 들면서 성숙해야 될 나의 사랑이 허깨비처럼 흩어져 버리고 볼품 없이 찌그러든 것 아니겠는가. 스스로를 너무 비하하는 것처럼 보일지도 모르겠지만 그야말로 '냉정히' 성찰해 보면 부인할 수 없는 사실이다.

이제야, 주님 사랑의 진수를 맛보게 된 이제야, 가장 보잘것없는 이에게 해준 것이 내게 한 것이라는 주님의 말씀이 생기를 머금고 되살아난다. 되살아났다고 표현하였지만, 혈기왕성한 그리스도의 제자였던 젊은 시절과는 사뭇 다른 '생기'이다.

예수의 공생애를 그와 함께 동행하는 여정 동안 나는 그분 사랑의 감각 - 그 깊이와 넓이와 높이를 절절히 체험했다.

무던히도 많이 같이 울었고, 그분 때문에 무릎을 치며 각성한 일도 많았다. 비록 기도의 시간 속이라는 한계가 있긴 하였지만 그것은 너무도 생생한 체험이었다. 심지어 그분은 내가 졸음에 빠졌을 때조차도 손수 깨워 주시며 당신의 길에 깊이 동참토록 인도하셨다.

내 인생에서 한 길 주목해야 할 바가 분명해진 이상, 이제는 더 이상 헤매고 다닐 이유가 없다.

"그가 사랑해 주시는 사랑으로, 그가 사랑하길 원하시는 이들을 사랑하자!"

그리하여 내가 만나는 사람들이 자신이 창조된 목적을 깨닫고 하느님 사랑의 기쁨을 인생 최고의 행복으로 깨닫게 된다면, 그 이상 더 바랄 것이 무엇이랴!

내가 무엇이 되건 어느 자리에 있건 아무 상관없는 일이다. 목사직에서 잘린다면 어떻고 교회에서 축출된들 어떤가. 새벽을 여는 환경미화원이 된다면 어떻고 노후가 보장되지 않는 일용노동자가 된들 어떤가.

본질적인 것에 온전히 얽매인 바 되어서, 비본질적인 것에는 무한히 자유하는 참 자유인 - 오직 그것을 주님께서 내게 바라고 계신다.

공생애 기간 주님과 동행하며 나의 알량한 모습들을 낱낱이 살피고 나니 수사신부님과 수녀님들이 나를 '목사'라고 불러 주시는 것이 참으로 무안하고 어색하게 느껴진다. 주님께 올곧게 헌신하시는 분들이 이 엉터리 같은 인간에게 '경칭'을 붙이는 느낌이다.

그러나 내가 목사인 것이 분명한 이상 나를 목사로 세우신 그리스도의 뜻에 순종해야 마땅하리라. 좀 더 깊고 좀 더 넓게 사유하고 좀 더 철저하게 사랑하라는 부르심이리라.

이제는 그리스도께서 그렇게 하신 것처럼, 나를 통한 사랑의 기쁨이 보편적 주변으로 확대된 곳에서 피어나길 바란다. 가족을 넘어, 그러나 가족을 포함한 이 세상 모든 보잘것없는 이들을 향하여……

오 주님, 내게 모든 것을 쏟아부으시는 나의 사랑, 나의 친구여 - 나를 곧게 인도하소서. 당신께 온전히 젖어 당신만이

스며들고, 당신께 풍만히 안기어 당신 향내만이 풍겨 나는, 그런 인생 되기를 갈망합니다.

  부족한 저는 다시 세상 속으로 들어가 사노라면 언제 그랬냐는 듯 유혹 앞에 흔들릴 위인입니다. 유혹에 넘어가지 않게 보호해 주십시오. 아마도 아니 틀림없이 유혹에 넘어갈 때가 있을 것입니다. 그럴 때면 바로 손 내밀어 저를 구해 주십시오. 물에 빠진 베드로를 건지듯이, 그때 제게 뻗어 주셨던 그 듬직한 손으로 붙잡아 주십시오. 그리하여 부족한 저를 악에서 구하시고, 불의한 세상을 악에서 구하여 주십시오.

제3부

수난
Passion

하느님이 치욕과 고통 속에서 죽으셨다.

왜?

나의 나약함과 변덕을 치유할 수 있는 길은

그 허물을 도말해 버릴

사랑의 눈물이

바다처럼 넘쳐흐르는 것 외에는

달리 방법이 없었기 때문이다.

예루살렘 입성

• 성경 본문: 루가복음 19:28~44

28 예수께서 이 말씀을 마치시고 앞장서서 예루살렘을 향하여 길을 떠나셨다. 29 올리브 산 중턱에 있는 벳파게와 베다니아 가까이에 이르렀을 때 예수께서는 두 제자를 앞질러 보내시며 30 이렇게 말씀하셨다. "맞은편 마을로 가라. 거기에 가보면 아무도 탄 적이 없는 어린 나귀 한 마리가 매어 있을 터이니 그 나귀를 풀어 오너라. 31 혹시 누가 왜 남의 나귀를 푸느냐고 묻거든 '주께서 쓰시겠답니다.' 하고 대답하여라." 32 그들이 가보니 과연 모든 것이 예수께서 말씀하신 대로였다. 33 그래서 나귀를 풀었더니 나귀 주인이 나타나서 "아니, 왜 나귀를 풀어 가오?" 하고 물었다. 34 "주께서 쓰시겠답니다." 그들은 이렇게 대답하고 35 나귀를 끌고 와서 나귀에 자기들의 겉옷을 얹고 예수를 그 위에 모셨다. 36 예수께서 앞으로 나아가시자 사람들이 겉옷을 벗어 길에 펴놓았다. 37 예수께서 올리브 산 내리막길에 이르렀을 때 수많은 제자들은 자기들이 본 모든 기적에 대하여 기쁨을 감추지 못하고 소리 높여 하느님을 찬양하였다. 38 "주의 이름으로 오시는 임금이여, 찬미받으소서. 하늘에는 평화, 하느님께 영광!" 39 그러자 군중 속에 끼여 있던 바리사이파 사람들은 "선생님, 제자들이 저러는데 왜 꾸짖지 않으십니까?" 하고 말하였다. 40 그러나 예수께서는 "잘 들어라. 그들이 입을 다물면 돌들이 소리 지를 것이다." 하고 대답하셨다. 41 예수께서 예루살렘 가까이 이르러 그 도시를 내려다보시고 눈물을 흘리시며 42 한탄하셨다. "오늘 네가 평화의 길을 알았더라면 얼마나 좋았을까! 그러나 너는 그 길을 보지 못하는구나. 43 이제 네 원수들이 돌아가며 진을 쳐서 너를 에워싸고 사방에서 쳐들어와 44 너를 쳐부수고 너의 성 안에 사는 백성을 모조리 짓밟아 버릴 것이다. 그리고 네 성 안에 있는 돌은 어느 하나도 제자리에 얹혀 있지 못할 것

이다. 너는 하느님께서 구원하러 오신 때를 알지 못하였기 때문이다."

관상의 길: 나(안셀모)도 예수와 동행하는 인물이자 예수와 가까운 사이이다.

예수님의 행렬에 함께하고 있는 이들을 바라본다.
먼저 열두 제자들. 맏형 베드로, 성격이 불같은 야고보와 요한, 젊은 혈기가 왕성한 안드레아와 그 친구 필립보, 신실한 나타나엘(바르톨로메오), 나와 눈물의 춤을 추었던 마태오, 가장 급진적인 생각을 품은 토마, 그 어머니도 함께 하고 있는 작은 야고보, 혁명 당원이었지만 너무나 변해 버린 시몬, 싹싹한 타대오, 그리고 민첩하고 영리한 유다.
예수와 몇몇 제자들의 어머니들, 재산을 내어 예수공동체의 물주가 되어 주신 여인들과 주님의 지극한 사랑에 매료된 여자들. 그리고 나!
주님으로부터 병고침을 받은 이, 귀신에서 해방 받은 이, 눈을 뜨게 된 이, 걷게 된 이, 나환자촌에서 나올 수 있게 된 이, 그분의 말씀으로 개과천선한 이, 그의 놀라운 기적을 눈으로 목도한 이 등등…….
한결같이 들떠 있다. 이제 수도 예루살렘에 입성한다는 것은 이 놀라운 능력의 구세주가 새로운 왕으로 등극한다는 것과 다르지 않다는 생각 때문이다. 이 얼마나 가슴 벅찬 일인가! 내가 사랑받았고 나도 한없이 사랑하는 바로 저분이 그 옛날 다윗이 왕좌에 오를 때처럼 이스라엘의 왕으로, 메시아로 세워지시는 것이다.

그런데 정작 예수님은 사려 깊은 눈으로 우리 모두를 바라보고 계실 뿐이다. 우리처럼 들떠 있거나 동요되는 기색이 너무도 없으셔서 그분의 눈을 마주치기가 어렵다.

그러시건 말건 우리들은 신이 났다.

예수께서 제자 둘에게 심부름을 시키셨다. 그분이 자주 들르곤 하셨던 베니아로 가서 나귀를 끌고 오라는 분부셨다. 당신은 옛 성군들처럼 나귀를 타고 입성하시려는 것이다!

심부름을 가는 두 사람 작은 야고보와 타대오는 주님의 입성이 곧 왕좌에 오르심이라는 사실 하나에 모든 마음을 빼앗겨 버렸다. 야고보가 말한다.

"이제 주님이 새 왕국의 지도자가 되시면 너는 뭐가 되냐. 오, 그래 싹싹하다고 칭찬받은 게 한두 번이 아니니 비서실장이 어울리겠군! 응? 크크크."

타대오도 질 새라 응수한다.

"에이 이 사람아 비서실장은 무슨! 나 같은 무지렁이야 왕실 마부(대통령 운전수)가 제격이지. 암! 하하하."

두 사람이 히히덕거리며 도착한 곳에 이르니 정말 임금이 탈 만하게 잘 손질된 나귀가 보인다. 나귀 주인은 예수님이라는 말에 두말 않고 나귀를 내준다.

타대오는 이 윤기 나는 털을 가진 나귀 등에 자신의 겉옷을 걸치며 안장으로 손색이 없다는 듯 만족한 웃음을 짓는다.

드디어 들어가신다!

베다니아 동네 어귀에서부터 축제의 행렬이 시작되었다.

예수께서 나귀에 올라타시자 제자들은 의기양양해졌다.

베드로가 나귀 고삐를 잡고 바로 뒤에 제자들이 따라가며 소리치기 시작했다.

"호산나! 다윗의 자손이 나가신다!"

이 환호의 찬송은 이스라엘에서 왕이 등극하는 날 하는 바로 그 찬송이었다.

그러나 아무도 이의를 제기하지 않는다. 아니 오히려 주변 사람 모두 함께 외치기 시작했다. 아예 어떤 이들은 성으로부터 여기까지 달려 나오며 땅바닥에 자신의 외투를 깔아 길을 만들기도 했고 수많은 이들이 팔마가지를 들고 환호에 합류하였다.

그야말로 임금님의 등극 현장 그 자체였다.

그런데 주님은 무슨 생각에 잠긴 것일까? 도무지 아까부터 표정이 밝지 못하시다.

예리고에서부터 일행과 같이 합류한 한 바리사이 지도자는 그것을 알아차리고 이 사태를 걱정하면서 주님께 다가갔다. 그리고 짐짓 심각한 어조로 말한다. 이건 아니지 않느냐고, 사태를 좀 진정시키지 않으면 폭동죄로 경을 칠 것 같지 않으냐고.

주님의 대답은 의외였다.

이들을 멈추게 하면 돌들이 소리쳐 버릴 것이다!

마침내 나귀는 아래로 키드론 골짜기가 보이고 맞은편으로 예루살렘 성이 한눈에 들어오는 곳에 이르렀다. 예수께서는 잠시 멈추셨다.

그런데 성을 한참 바라보시던 예수님의 눈에서 눈물이 주르르 흐르는 것이 아닌가!

바로 곁에 서 있던 나에게 말씀하신다.

"안셀모. 너는 나의 이 마음을 알겠지?"

순간 나는 목사요 신학도요 성도가 되었다가 다시 그분의 곁에 선 사람이 되었다. 그러면서 툭 말이 나왔다. "그래요. 알 수 있어요. 지난번 성지순례 때 '눈물의 교회'에서 예루살렘을 바라보며 당신의 마음을 깊이 느껴 본 적이 있어요……."

일행은 왁자지껄하게 성 안으로 들어갔으나 막상 복잡한 성 안에서는 입구까지 올 때와 같은 분위기가 연출되지 못했다. 다들 일상에 몰입해 있었고 예수님과 우리 일행은 그저 지나가는 나그네 정도 외에 다름이 아니었다.

우리는 싱거웠지만 성전 안으로 들어가 안뜰까지 둘러본 다음에 해가 한참 남았을 때 다시 베다니아의 '라자로 카페'로 돌아왔다.

카페 안의 정경이다.

제자들은 하나도 예외 없이 여전히 들떠서 낮의 일들을 큰 소리로 떠들고 있다. 무용담을 늘어놓는 퇴역 군인들 마냥…….

어느 순간이다. 누군가 그간 궁금했지만 속 시원하게 답을 듣지 못한 부분의 이야기를 꺼내었다.

"주님, 사실 저희끼리는 몇 번 나눴던 이야기인데요……. 주님의 왕국이 세워지면…… 그 뭐랄까, 내각은 어떻게 구성되는 겁니까?

말이야 바른 말이지 한 나라가 세워지면 그게 제일 중요한 일 중의 하나이잖습니까! 뭐 우리야 다 무지렁이들이라 감히 나랏일을 맡겠다고 나설 수 없는 일이긴 합니다. 지난번 야고보와 요한이 쓸데없는 말을 해서 주님의 심기를 불편하게 해드렸던 것도 잘 아는 것이지만……."

주님은 다소 놀라는 눈치였지만 다시 평정을 찾으며 말씀하신다.
"너희가 아직도 나의 왕국을 잘 모르고 있구나. 이제 새 메시아 왕국이 세워지면 그때는 지금과 같이 학식이나 돈이 많고 권세가 있는 집안 사람이 사람 위에 군림하듯 하는 다스림이 없어질 것이다. 오히려 섬기는 자가 다스린다고 말하지 않았느냐. 내가 한 말을 잘 새겨 두어라. 지금 세상의 법칙은 효율적인 것 같지만 실상은 사탄의 꾐에 넘어간 거짓 체계일 뿐이다. 때가 되면 너희 모두 이 말이 무슨 뜻인지 잘 알게 될 것이다!"

주님은 돌아앉아 내게 따로 말씀해 주셨다.
  안셀모. 잊지 마라. 지금 세상의 많은 이들이 이렇게 나를 오해하고 이렇게 나를 이용하고 있다.
  어쩌면 네 마음속에도 그런 구석이 전혀 없다고만 할 수는 없는 노릇이다.
  나를(예수) 팔아 성도들 등쳐 먹는 자들…….
  안셀모.
  너는 참된 섬김, 참된 나눔이 무엇인지 잘 알 것이다.

내가 너와의 여행을 통하여 보여준 그것이 바로 참이요 진리이다.

내가 보여준 그대로 나의 사랑에 동참하라.

그것 외에는 모두 거짓이다!

하느님과의 관계는 성장 과정 속에 있는 것이다.

이거다 저거다 하는 흑백논리로 재단되거나 이상적인 기준을 놓고 판단·정죄되는 것이 아니다.

영적 위로 속에 있다고 우쭐댈 것 아니며 영적 실망 속에 있다고 낙담할 일 아니다. 제자들은 짐짓 모든 것을 다 알고 주님을 죽기까지 따를 것처럼 나서지만 이내 주님을 버리고 말 연약한 이들이다. 그러나 주님은 이들을 결코 정죄하지 않는다. 이들 모두 아니 우리 모두 하느님과의 관계 속에서 성장해 나가고 있는 존재들이기 때문이다. 예수그리스도는 우리의 눈높이를 아시고 항상 격려하신다.(요 16:25~33 참조)

죄인들의 벗이신 예수는 죄인인 나의 벗이시다.

어떤 상황이든 우쭐대거나 좌절하지 말고 악의 모든 유혹을 물리치고 이기신 예수그리스도를 바라보라.

파스카 만찬 : 세족례

• 성경 본문: 마르코복음 14:12~17, 요한복음 13:1~17

마르코 14:12 무교절 첫 날에는 과월절 양을 잡는 관습이 있었는데 그날 제자들이 예수께 "선생님께서 드실 과월절 음식을 저희가 어디 가서 차렸으면 좋겠습니까?" 하고 물었다. 13 예수께서는 제자 두 사람을 보내시며 "성 안에 들어가면 물동이에 물을 길어가는 사람을 만날 터이니 그를 따라가거라. 14 그리고 그 사람이 들어가는 집의 주인에게 '우리 선생님이 제자들과 함께 과월절 음식을 나눌 방이 어디 있느냐고 하십니다.' 하고 말하여라. 15 그러면 그가 이미 자리가 다 마련된 큰 이층 방을 보여줄 터이니 거기에다 준비해 놓아라." 하고 말씀하셨다. 16 제자들이 떠나 성 안으로 들어가 보니 과연 예수께서 말씀하신 대로였다. 그래서 거기에다 과월절 음식을 준비하였다. 17 날이 저물자 예수께서 열두 제자를 데리고 그 집으로 가셨다.

요한 13:1 과월절을 하루 앞두고 예수께서는 이제 이 세상을 떠나 아버지께로 가실 때가 된 것을 아시고 이 세상에서 사랑하시던 제자들을 더욱 극진히 사랑해 주셨다. 2 예수께서 제자들과 같이 저녁을 잡수실 때 악마는 이미 가리옷 사람 시몬의 아들 유다의 마음속에 예수를 팔아넘길 생각을 불어넣었다. 3 한편 예수께서는 아버지께서 모든 것을 당신의 손에 맡겨주신 것과 당신이 하느님께로부터 왔다가 다시 하느님께 돌아가게 되었다는 것을 아시고 4 식탁에서 일어나 겉옷을 벗고 수건을 허리에 두르신 뒤 5 대야에 물을 떠서 제자들의 발을 차례로 씻고 허리에 두르셨던 수건으로 닦아 주셨다. 6 시몬 베드로의 차례가 되자 그는 "주께서 제 발을 씻으시럽니까?" 하고 말하였다. 7 예수께서는 "너는 내가 왜 이렇게 하는지 지금은 모르지만 나중에는 알게 될 것이다." 하고 대답하셨다. 8 베드로가 "안 됩니다. 제 발만은 결코 씻지 못하십니다." 하고 사양하자 예수께서는 "내가 너를 씻어 주지 않으면 너는 이제 나와 아무 상관도 없게 된다." 하셨다. 9 그러자 시몬 베드로는 "주님, 그러면 발뿐 아니라 손과 머리까지도 씻어 주십시오." 하고 간청하였다. 10 예수께서는 "목욕을 한 사람은 온몸이 깨끗하니 발만 씻으면 그만이다. 너희도 그처럼 깨끗하다. 그러나 모두가 다 깨끗한 것은 아니다." 하고 말씀하셨다. 11 예수께서는 이미 당신을 팔아넘길 사람이 누군지 알고 계셨으므로 모두가 깨끗한 것은 아니라고 하신 것이다. 12 예수께서는 제자들의 발을 씻고 나서 겉옷을 입고 다시 식탁에 돌아와 앉으신 다음 제자들에게 이렇게 말씀하셨다. "내가 왜 지금 너희의 발을 씻어 주었는지 알겠느냐? 13 너희는 나를 스승 또는 주라고 부른다. 그것은 사실이니 그렇게 부르는 것이 옳다. 14 그런데 스승이며 주인 내가 너희의 발을 씻어 주었으니 너희도 서로 발을 씻어 주어야 한다. 15 내가 너희에게 한 일을 너희도 그대로 하라고 본을 보여준 것이다. 16 정말 잘 들어 두어라. 종이 주인보다 더 나을 수 없고 파견된 사람이 파견한 사람보다 더 나을 수는 없다. 17 이제 너희는 이것을 알았으니 그대로 실천하면 복을 받을 것이다.

관상의 길: 나(안셀모)도 예수와 동행하는 인물이자 예수와 가까운 사이이다. 제자의 일원일 수도 있고 그렇지 않을 수도 있다. 성령께서 인도하시는 대로 진행된다.

우리 일행은 유월절 축제를 지내는 것을 주된 목적으로 예루살렘에 왔다. 예수께서 성인이 되신 이후 늘 그리하셨듯 우리 일행은 성 맞은편 올리브 산에 천막을 치고 밤에는 거기서 자고 낮에 성 안으로 가곤 한다.

성모님을 포함하여 꽤 많은 여자들도 있지만 연례행사로 해왔던 일이라 불편하거나 낯선 일이 아니다. 물론 유월절 예식에 사용할 음식들, 곧 어린 양과 누룩이 들지 않은 빵(맏짜), 쓴 나물과 예식 시간에 네 번에 걸쳐 나누어 마실 포도주도 충분히 마련되어 있다. 이전에는 유월절 예식을 천막에서 가족끼리 하곤 했지만 제자공동체와 함께 하기는 처음이다.

유월절날 아침이다. 조반을 나누며 누군가 주님께 물었다.

"오늘 유월절 만찬상은 어디다 차릴까요? 그냥 여기다 준비할까요? 만찬에 쓸 음식들은 다 장만되어 있습니다만……. 어린 양이야 오늘 낮에 성전에서 함께 잡을 것이구요."

예수께서 손사래를 치며 말씀하셨다.

"아니요. 오늘 만찬은 성 안에서 할 것이오. 내 미리 손을 좀 써 놓았소."

"어이~ 베드로하고 요한! 자네 둘이 어머니랑 여자들하고 먼저 들어가서 만찬상 준비를 좀 해주게. 상을 차릴 집을 찾는 방법은 간단하네. 남문으로 들어가서 곧장 시장 쪽 큰 길로 들어가게. 그러면 물동이를 메고 가는 남자를 만날 것일세. 그를 따라가면 되네. 집주인에게는 내 이야기하면 되고……"

베드로가 어린 양을 어깨에 메고 요한과 여자들은 준비해 온 빵과 포도주 등을 들고 함께 성 안으로 들어간다. 성 안으로 들어서며 베드로가 혼잣말처럼 구시렁거린다.

"참말로 알 수 없는 일투성이라니까. 이 넓고 복잡한 데서 물동이 들고 가는 사람이 한둘일라구. 고생 꽤나 하겠어. 하긴 물동이를 이고 다니는 여자나 들고 다니는 남자는 많아도 어깨에 메는 사람은 흔치 않으니 눈에 뜨이긴 하겠지……. 엇! 뭐야! 저기 바로 물동이 메고 가는 남자잖아! 이런…….”

손쉽게 집을 찾았다. 주인은 그다지 나이가 많아 보이진 않았지만 친절하다. 집이 생각보다 크고 넓다. 만찬은 이층에서 할 수 있도록 준비되어 있다 해서 올라가보니 근사하다. 우리 일행뿐만 아니라 더 많은 사람이 모여와도 될 만큼 널찍한 공간에 미리 이삼십 명이 앉을 상이 준비되어 있다. 포도주는 안 가져와도 될 뻔했다. 벽 쪽에 포도주 항아리가 즐비하다.

여자들에게 아래층 부엌을 안내하는데 모든 것이 훌륭하다. 역시 시골과는 격이 다른 도시의 편리한 부엌이다.

오후 세시쯤에 성전에서 일제히 양을 잡아야 되므로 베드로와 요한은 성전으로 다녀오고 그 사이에 여자들이 물을 끓이고 다른 상 준비를 하였다.

베드로와 요한이 잡은 양을 들고 와서 고기를 삶기 시작한 지 한 시간쯤 지났을까. 예수님과 안셀모 및 다른 제자 열 명이 도착했다. 예수님을 선두로 모두 올라가게 하고 삶은 고기를 준비해서 곧 여자들이 올라오기로 했다.

자캐오네보다는 좁아 보이지만 바리사이 시몬네보다는 훨씬 넓은 실내를 보고 모두 감탄한다.

“호 - 이런! 이렇게 좋은 곳을 이 혼잡한 시기에 마련하시다니. 스승님은 참말로 우리를 깜짝깜짝 놀라게 하신다니까!”

예수께서 자리를 잡고 앉으시며 웃는 얼굴로 말씀하신다.

"자, 자. 딴소리들 말고 바로 축제 식사로 들어갈 준비하세. 서성대지 말고 자리들 잡게. 저기 저쪽은 여자들 앉도록 비워 두고!"

어린 양 삶은 고기가 올라오고 파스카 예식[1]에 따라 예수께서 기도하신다.

"당신 백성을 극진히 사랑하시는 아버지. 우리 조상들이 죄의 압제에서 허덕이고 있을 때, 그들의 신음소리를 들으시고 어린 양 피를 도구 삼아 이집트 파라오 손에서 건져 주셨습니다.

오늘 그 거룩한 구원의 신비를 이 식탁에서 재현코자 하오니 아버지! 우리에게 당신의 극진한 사랑과 그 증표를 깨달아 알도록 인도해 주소서……."

'어린 양'을 말씀하시는 예수님의 목소리가 가늘게 떨렸다.

양고기와 쓴 나물을 먹고 첫 포도주 잔을 돌린 다음 깊은 생각에 잠겨 있던 예수께서 벌떡 일어나셨다.

겉옷을 벗고 허리를 동여맨 다음 수건을 걸치고 물과 대야 있는 곳으로 간다. 우리 모두는 그냥 손을 씻으시나 보다 했다.

그런데 대뜸 물을 부어 대야를 들고 왼쪽 끝에 앉아 있던 마태오의 발쪽으로 가서는 발을 잡아 물에 담그시는 것이 아닌가! 이게 무슨 일인가 하며 모두 놀라서 얼떨떨하고 있는데 주님이 단호하게 말씀하신다.

---

[1] 관상 시간이다. 실제 모습이 어떻든 상관할 필요 없다. 복음의 핵심적인 부분만 유지되면 상상은 은총일 뿐이다. 실제 유대인들의 파스카 축제 예식은 매우 복잡하다. 필자는 어느 정도 사전 지식이 있었기 때문에 엇비슷하게 파스카 축제 예식을 따라가고 있을 것이다.

"여기 있는 사람은 모두 예외 없이 내가 발을 씻어 줄 것이오. 이 일을 통하여 여러분들이 깨닫는 바가 있을 것이니 아무 말 말고 잠자코 자리에들 앉아 있으시오!"

종들이 하듯 정성스럽게 발을 씻고 닦아 주신다.

마태오 옆에 유다. 유다 옆에 시몬, 시몬 옆에 야고보, 야고보 옆에 베드로…….

유다를 씻으시며 그의 발을 잡고는 한참을 기도하셨다.

언제나 그렇듯 베드로는 한바탕 소동을 일으켰지만 이내 순종하였다. 베드로의 발을 씻으시면서도 오랜 시간을 그의 발을 잡고 기도하셨다.

다음은 안셀모!

이 말씀에 엄청나게 놀랐다.

정말이지 나는 발을 씻을 필요가 없다고 생각했다.

그런 내 마음을 아시고 주님이 말씀하신다.

"안셀모. 자넨 언제나 내게서 발을 씻김 받을 준비가 되어 있어야 하네. 자네의 연약함을 인정해야 하고, 내가 자네를 씻기는 이 모습을 두고두고 상기해야 하네……."

이윽고 그가 내 발을 붙잡았다. 그의 손이 내 발에 닿는 촉감이 선명하다. 발가락 하나하나 만지는 그분 손의 촉감…….

남자들 쪽이 끝나자 여자들에게도 동일하게 다가서시는 예수.

마리아 막달레나는 극구 만류한다.

"오, 주님 감히 여자인 제가 주님께 발을 맡기다니요! 있을 수 없는 일입니다."

"아니요 마리아. 이 일을 통하여 하느님의 사랑이 세상 모든 관습을 넘어서 있다는 것을 세상이 알아야 하오……."

예수께서 마리아의 발을 잡고 씻기 시작하시자 마리아의 흐느낌이 시작되고 이내 통곡으로 바뀐다. 마리아의 통곡 때문에 성모님과 요안나, 수산나 등으로 이어진 세족은 온통 눈물바다가 되었다. 주님은 어머니의 발을 씻으시며 그 발에 입을 맞추기까지 하셨다.

세족을 모두 마치고 일행 모두 진정이 될 즈음 예수께서 말씀하셨다.

"파견된 이는 파견한 이보다 높지 않소. 그러나 당신들을 파송하는 내가 행한 대로 당신들이 서로 발을 씻겨 준다면, 당신들은 참으로 행복을 누리게 될 것이오."

반복 기도[2)]

파스카 축제일을 맞는 예수님의 마음이 잘 전달되었다.

돌아가신 아버지 요셉 생각. 열두 살 때의 추억. 그리고 오늘 있을 일들!

세족례가 진행되면서 자연스럽게 내가 세족하는 이가 되었다.

딱딱한 발, 여윈 발, 부르튼 발들……. 세상 모든 사람들이 다 내가 씻어야 될 발들을 가지고 있는 사람들이다. 그들은 누구 하나 예외 없이 한없는 하느님의 사랑을 받는 소중한 하느님의 사람, 주님의 벗들이기 때문이다.

유다의 발, 내 원수의 발도 예외가 없다.

성모님의 발을 씻겨 드리면서 문득 아내의 발이 겹친다. 부르트고 그을린 아내의 발…….

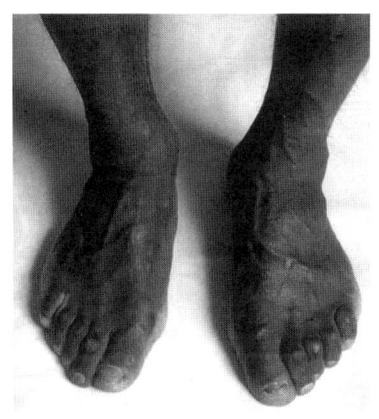

---

2) 최후의 만찬 과정은 두 번 반복 기도하였다.

파스카 만찬: 성찬례

• 성경 본문: 마르코복음 14:18~31

18 그들이 자리에 앉아 음식을 나누고 있을 때에 예수께서 "나는 분명히 말한다. 너희 가운데 한 사람이 나를 배반할 터인데 그 사람도 지금 나와 함께 먹고 있다." 하고 말씀하셨다. 19 이 말씀에 제자들은 근심하며 저마다 "저는 아니겠지요?" 하고 물었다. 20 예수께서는 "그 사람은 너희 열둘 중의 하나인데 지금 나와 한 그릇에 빵을 적시는 사람이다. 21 사람의 아들은 성서에 기록된 대로 죽을 터이지만 사람의 아들을 배반한 그 사람은 참으로 불행하구나. 그는 차라리 세상에 태어나지 않았더라면 더 좋을 뻔했다." 하고 말씀하셨다. 22 그들이 음식을 먹고 있을 때에 예수께서 빵을 들어 축복하시고 제자들에게 떼어 나눠 주시며 "받아먹어라. 이것은 내 몸이다." 하고 말씀하셨다. 23 그리고 잔을 들어 감사의 기도를 올리신 다음 제자들에게 건네시자 그들은 잔을 돌려 가며 마셨다. 24 그때에 예수께서 이렇게 말씀하셨다. "이것은 나의 피다. 많은 사람을 위하여 내가 흘리는 계약의 피다. 25 잘 들어 두어라. 하느님 나라에서 새 포도주를 마실 그날까지 나는 결코 포도로 빚은 것을 마시지 않겠다." 26 그들은 찬미의 노래를 부르고 올리브 산으로 올라갔다. 27 예수께서 제자들에게 "'내가 칼을 들어 목자를 치리니 양떼가 흩어지리라.'고 기록되어 있는 대로 너희는 모두 나를 버릴 것이다. 28 그러나 나는 다시 살아나서 너희보다 먼저 갈릴래아로 갈 것이다." 하고 말씀하셨다. 29 그러자 베드로가 나서서 "비록 모든 사람이 주님을 버릴지라도 저는 주님을 버리지 않겠습니다." 하고 말하였다. 30 예수께서는 베드로에게 "내 말을 잘 들어라. 오늘 밤 닭이 두 번 울기 전에 너는 세 번이나 나를 모른다고 할 것이다." 하셨다. 31 그러자 베드로는 더욱 힘주어 "주님과 함께 죽는 한이 있더라도 결코 주님을 모른다고는 하지 않겠습니다." 하

고 장담하였다. 다른 제자들도 다 같은 말을 하였다.

관상의 길: 나(안셀모)도 예수와 동행하는 인물이자 예수와 가까운 사이이다. **관상** 도중 제자의 일원이 되기도 하고 다시 돌아오기도 한다. 성령께서 인도하시는 대로 진행된다.

세족례가 끝난 직후다. 예수께서 말씀을 이어가셨다.
"그러나 안타깝소. 당신들 중에 한 사람이 오늘 밤 나를 배반할 것이오."
모두 움찔했다.
아니. 잘 나가다가 갑자기 배반이라니…….
배반? 그래, 어쩌면 나같이 연약한 인간이야말로 배반의 가능성이 충분히 있지 않은가! 이런 생각을 품은 듯 다소 과장된 목소리로 누군가 내뱉듯이 말한다.
"저는 아니겠지요?"
이에 질세라 야고보도 요한도, 든든해 보이던 나타나엘도, 유다도, 나도 스스로 최면이라도 걸려는 듯 외치다시피 한다.
"주님! 저는 아니지요?"
그러면서도 주님의 말씀이 워낙 분명했기 때문에 이참에 확실하게 결판을 내고 싶었다. 그래서 베드로가 주님 품 가까이에 있던 요한에게 여쭤 보라고 눈짓을 한다.
주님은 자기가 빵을 적셔 주는 사람이라고 하셨다.
빵을 적셔 주는 사람이라니!

오늘 파스카 예식에는 우리 모두 빵을 적셔 받게 될 텐데, 그렇다면 우리 모두가 배반자가 된다는 말씀이신가! 오 마이 갓!

그러는 사이 주님께서 두 번째 포도주 잔에 빵을 적셔 나눠 주셨다. 주님께 빵을 받으며 한결같이 움찔거리는 표정을 보시고 예수님의 마음이 비통해진다. 그런데 유독 베드로와 유다는 당당하게 빵을 받았다.

가리옷 유다는 답답했다.
이제 주님께서 그 엄청난 능력을 예루살렘 안에서 한 번만 발휘하기만 하면, 이 답답한 세상이 뒤집어지고 새로운 메시아 왕국이 세워지는 것은 불 보듯 뻔한 일인데 왜 주님은 자꾸 피하시는 걸까.
이러다가 유월절 축제를 마치면 또 슬그머니 도망 다니는 길로 내려앉는 것은 아닌가 말이다…….
아니야. 이럴 순 없어! 이건 하늘이 주신 기회가 분명하지 않은가!
세상 모든 일은 다 때가 있는 법.
지금이야!
백성들 대부분은 주님을 메시아로 이미 인정하고 있잖은가.
안 되겠어.
내가 불을 질러 버려야겠어.
권력층들과 주님을 정면으로 맞닥뜨리게 하는 거야!
그렇게 되면 주님도 어쩔 수 없이 메시아 권능을 사용하시겠지.
오 - 이 거룩한 생각이여! 참으로 신나는 일이지 않은가!

그는 이런 생각으로 충만해서 낮 동안 이미 산헤드린에 들렀던 것이다. 지금 그의 마음은 콩닥거리고 있다. 이제 곧 닥칠 혁명적 상황을 고대하며…….

그런데 뭐 배반? 어떤 놈이 배반을 한다는 거야? 설마 나의 이 거룩한 거사를 미리 알아차리고 발설하는 놈이 있다는 이야기는 아니겠지.

이때 주님께서 유다를 빤히 보시면서 "유다야, 이제 네가 할 일을 해라." 하신다.

유다는 신이 났다. 아, 그래! 주님은 내 계획을 다 아시는구나! 이제 됐어. 이제 됐어! 야호!!

유다가 나간 후 예수님의 마음은 무너지는 것 같다.

아 – 아버지. 내 사랑하는 제자요 친구인 유다를 이렇게 잃어야만 합니까? 제 마음이 찢어질 듯합니다. 그러나 제 뜻대로 마시고 당신의 뜻을 이루소서!

세상 모든 이들에게 완수해야 할 제 사랑의 과업이 이뤄지기 위한 길이라면, 제 가슴이 타는 것은 어찌 되어도 괜찮습니다…….

예수께서 자리에서 일어나 파스카 예식을 계속하신다. 누룩이 들지 않은 빵을 들고 감사의 기도를 드리신다. 남자들이 급히 구워 만드는 맡짜(무교병)를 높이 들고 하늘을 우러러 보시는 예수님의 마음이 표현할 길 없는 감정으로 북받친다.

하늘 아버지, 이 빵을 주셔서 감사합니다. 이처럼 참된 생명의 양식을 허락하시니 감사합니다!

빵을 떼어 바로 옆에 있던 베드로에게 한 조각을 주시며 "받아먹어라. 이는 너희를 위하여 내어줄 내 몸이다!" 하신다.

제자들은 그 누구도 이 말씀의 뜻을 깨닫지 못한다.

예수님은 깊은 숨을 몰아쉬며 빵을 떼어 계속 한 사람 한 사람에게 같은 말씀을 하시며 나누어 주신다. 내게도 오셨다.

"안셀모. 받아먹어라. 내가 네게 줄 사랑의 완성표로 이 빵을 준다. 이는 내 몸이다……."

이어 큰 잔에 포도주를 부으시고는 다시 하늘을 우러러 보시며 기도하신다.

아버지. 참 구원의 표지인 이 포도주를 허락하시니 감사합니다. 이는 당신께서 주시는 사랑의 절정이오니 찬미받으소서…….

잔을 베드로에게 건네시며 말씀하신다.

"받아 마셔라. 이는 너희를 위하여 흘리는 내 피다. 너희와 모든 이에게 쏟아 붓는 내 사랑의 피다. 이것은 새로운 언약의 징표가 될 것이다!"

잔을 옆으로 돌리게 하신 다음 말씀을 계속하신다.

"이제 곧 나는 너희 곁을 떠날 것이다. (이때 모두 주님께 시선이 집중되었다.) 그러니 지금 내가 행한 대로 너희는 모일 때마다 나를 기억하여 이를 행해야 한다. 아니, 이처럼 살아야 할 것이다. 내가 너희를 사랑한 이 사랑으로 너희도 서로 사랑해야 한다. 이처럼, 내가 한없이 너희에게 내어 주는 이 사랑처럼 너희가 서로 사랑한다면 세상 사람들은 너희를 내 제자라고 할 것이다."

제자들은 갑자기 비통한 마음이 든다.
"주님 떠나시다니요. 주님이 어디를 가시든 저희는 따라갑니다."
이구동성으로 외치자 주님께서 한 사람 한 사람 얼굴을 바라보신다. 그분의 마음은 더욱 안타까워지신다. 베드로가 나서서 다른 모든 이들이 주님을 버릴지라도 자기는 아니다, 자기는 죽는 한이 있어도 당신을 떠나지 않겠다고 다짐한다.
(베드로의 이 말은 안셀모의 말과 겹쳐진다. 그리고 이내 주님의 다음과 같은 말씀 앞에 내 연약함이 훤히 드러나며 통곡의 눈물이 걷잡을 수 없이 쏟아졌다.)

베드로(안셀모)! 나와 함께 죽는 한이 있더라도 나를 버리지 않겠다고?
아 - 슬프구나. 바로 오늘을 못 넘기고 너는 나를 세 번이나 부인하게 될 터인데…….

기도 마무리 시에 나의 연약함을 성삼위 세 분께 봉헌했다. 그리고 불쌍히 여겨 주십사 청했다.
예수는 - 나의 친구요 내 영원한 사랑인 예수는, 언제나 그렇듯 걱정하지 말라 격려했다. 내가 세상 끝날까지 너와 함께한다며…….

〈그리스도의 머리〉 엘 그레코 作 (1580년경)

파스카 만찬 : 세족과 성찬례 반복

파스카 만찬 부분에 대한 재반복 기도는 하나의 관상시(詩) 형태로 표출되었다. 실제 기도 시간에 쏟아져 나온 아름다운 기도를 제대로 옮기지 못해 아쉬울 뿐이지만 크신 은총에 감사할 뿐이다.

예루살렘 성이 한눈에 내려다보이는 언덕에 서서 당신은 한 생을 되돌아보십니다.
하늘로부터 와서 이제 하늘로 돌아갈 때가 되었기 때문입니다.
당신의 눈에 밟히는 어머니와 제자들. 당신과 동고동락했던 저들에게 더 극진한 사랑의 마음이 솟구칩니다.
아 - 그러나 세상은 당신을 미워할 수밖에 없었습니다. 세상은 스스로 타락해 버렸기 때문입니다.
당신의 도, 그 생명의 길을 도무지 받아들이지 않아 당신은 어쩔 수 없이 모진 길을 가셔야 하고 당신을 따르는 이들 또한 세상의 미움을 피할 수 없을 것입니다. 그러나 당신은 저들을 결코 고아처럼 버려두지 않을 것이라는 다짐을 주시고 또 주십니다.
세상이 우리를 미워해도 결코 당황하거나 두려워하지 말라고, 나의 길은 진리의 길이라 마침내 세상을 이긴 빛의 길이라고……

이제 예루살렘 성으로 들어가십니다.
며칠 전 눈물을 흘리며 바라보셨던 이 성도 이제 다시는 자유롭게 들어가지 못할 곳이 됩니다.

당신의 가슴으로 한줄기 바람이 스칩니다.

성 안은 하나도 변한 것이 없습니다. 모두가 파스카 축제 준비로 부산할 뿐입니다.

당신은 그 속을 묵묵히 걸어가십니다. 이윽고 당신이 드실 마지막 만찬상이 준비된 곳에 이르십니다.

어머니와 제자들과 지상에서 마지막이 될, 그러나 저들 모두에게 오롯한 기억으로 남아 있을 아름다운 저녁상.

당신이 좋아하시던 포도주와 음식들도 오늘 저녁은 경축의 소재로만 있지는 않군요.

파스카 식사 일부가 끝날 무렵, 당신은 홀연히 일어서서 제자들의 발을 씻고 닦아주십니다.

어루만지고 어루만지며 정성껏 씻어 주십니다.

비록 이 밤에 당신을 등지고 도망갈 발들이지만

언젠가 다시 돌아와 당신의 가시밭길로 기꺼이 걸어올 발들이기에, 쓰다듬고 또 쓰다듬으며 감사해하십니다.

베드로는 처음에 당신 손을 뿌리쳤지만, 당신은 더 깊은 정성으로 씻어 주십니다. 아 - 당신 종들의 종이 될 친구. 그가 당신 사후를 굳게 세울 것이기에, 그 거친 발이 당신 사랑의 사역 기초를 놓게 될 것이기에,

만지고 또 만져 주십니다.

가리옷 사람 유다의 발.
당신의 눈에는 더 가여운 발입니다.
이제 나가면 돌아오지 못할 발.
그 핏기 없는 발에 당신은 얼굴을 파묻고 맙니다. 그가 당신의 마음을 알건 말건…….

어머니의 발.
아 - 당신이 라자로를 잃고 비통해했던 그 마음보다 수십 수만 배 더 큰 슬픔을 딛고 서야 할 발입니다.
당신은 거룩한 입맞춤으로 당신 어머니의 상처를 미리 위로하시려고 안간힘을 다 쏟으십니다.

마침내 모든 이들의 발을 다 씻으시고 말씀하십니다.
당신들이 내 마음을 알고 이를 서로에게 행하면 복이 있노라…….
지당하신 말씀입니다.
당신 사랑의 마음으로 우리가 서로 섬길 수만 있다면 세상은 천국입니다.
그런데 당신은 우리의 배반을 예고하십니다.
우리 죄를 들추어내어 우리를 괴롭히려는 것이 아님을 우리는 잘 압니다.
그러나 당신이 빵을 적셔 우리 모두에게 돌리실 때, 우리 모두는 한줄기 불안한 마음이 스쳤던 것을 숨길 수가 없습니다.
모든 것을 아시는 당신.

애틋한 마음으로 우리를 보시며 격려하십니다.

당신 뜻에 따르겠다 호언장담하는 우리지만

인생의 고비에서 수없이 당신을 부인하고야 말 연약한 우리이기에,

그럴 때에도 당신이 우리 곁에, 아니 우리 안에서 우리를 보듬고 격려하실 것이라는 참 사랑의 메시지였던 것입니다.

당신은

이런 연약한 우리를 위해,

우리가 당신의 사랑을 다시금 절절히 기억해 내고

당신 사랑의 능력을 한껏 행사할 수 있는 비장의 카드를 보여 주십니다.

성찬식.

당신을 먹고 마심으로 이 밤 당신이 쏟아 부으시는 이 놀라운 사랑을 언제나 생생히, 또렷하게 받으며 감사할 수 있는 거룩한 표징입니다.

당신의 몸을 먹으라고, 아니 잘근잘근 씹으라고[3]

당신의 피를 마시라고, 이 혁명적 제의의 잔을 마시라고……

내가 비록 여러분들 곁에 보고 듣고 만져지는 모습으로 없을지라도,

당신들이 모일 때마다 이 거룩한 예식을 행함으로써,

이 밤 내가 당신들에게 쏟아 붓는 사랑의 능력을 체험하게 될 것이라고.

그리고 마침내 세상 속에서 내 사랑을 통쾌하게 증명할 수 있게

---

3) 요한복음 6장에서는 이런 표현(에스띠오 ἐσθίω)이 나온다.

될 것이라고.

  그것을 통하여 세상 사람들은 당신들이 내 제자라는 것을 알 수 있을 것이라고……

  아 -
당신은 떠나시지만 이처럼 큰 은총의 선물을 두고 가십니다.
우리의 연약함을 누구보다 잘 아시기에,
바로 이 밤에도 당신을 부인하고야 말 우리임을 너무나 잘 아시기에,
  당신은 당신 사랑의 무게를
이 빵과 포도주에 한껏 담아 주십니다.

주님 감사합니다.
이제 이 빵과 이 잔을 마실 때마다
당신의 이 진하디 진한 사랑을 받아 안겠습니다.
내 모든 나약함과 허물을 도말하실 당신의 살과 피.

우리의 사랑은 결코 완전한 상태로 지속될 수 없는 것이기에
우리의 초라한 사랑 위에 당신의 완전한 사랑을 덮으시는
그 사랑의 잔치를
이제 주님께서 지상에서 우리와 드실 마지막 밥상에서
만들어 주셨사오니
주님.

찬미받으소서.

이 짙은 마음의 울렁임으로

찬미받으소서.

나의 사랑 나의 벗 나의 스승 나의 하느님이여 -

그리스도교 예배는 예수의 유언을 집행하는 성스러운 재현이다.

수난의 길: 번민

• 성경 본문: 마르코복음 14:32~42

32 그들은 게쎄마니라는 곳에 이르렀다. 예수께서 제자들에게 "내가 기도하는 동안 여기 앉아 있어라." 하시고 33 베드로와 야고보와 요한만을 따로 데리고 가셨다. 그리고 공포와 번민에 싸여서 34 "내 마음이 괴로워 죽을 지경이니 너희는 여기 남아서 깨어 있어라." 하시고는 35 조금 앞으로 나아가 땅에 엎드려 기도하셨다. 할 수만 있으면 수난의 시간을 겪지 않게 해달라고 하시며 36 "아버지, 나의 아버지! 아버지께서는 무엇이든 다 하실 수 있으시니 이 잔을 나에게서 거두어 주소서. 그러나 제 뜻대로 마시고 아버지의 뜻대로 하소서." 하고 말씀하셨다. 37 이렇게 기도하시고 나서 제자들에게 돌아와 보시니 그들은 자고 있었다. 그래서 베드로에게 "시몬아, 자고 있느냐? 단 한 시간도 깨어 있을 수 없단 말이냐? 38 유혹에 빠지지 않도록 깨어 기도하여라. 마음은 간절하나 몸이 말을 듣지 않는구나!" 하시고 39 다시 가셔서 같은 말씀으로 기도하셨다. 40 그리고 다시 돌아와 보시니 그들은 여전히 자고 있었다. 그들은 너무나 졸려 눈을 뜨고 있을 수가 없었던 것이다. 그들은 무슨 말을 해야 할지 몰랐다. 41 예수께서는 세 번째 다녀오셔서 "아직도 자고 있느냐? 아직도 쉬고 있느냐? 그만하면 넉넉하다. 자, 때가 왔다. 사람의 아들이 죄인들 손에 넘어가게 되었다. 42 일어나 가자. 나를 넘겨줄 자가 가까이 와 있다." 하고 말씀하셨다.

관상의 길. 성령에서 인도하시는 대로 예수의 마음이 되어 상황에 몰입한다.

파스카 예식은 마지막 네 번째 포도주 잔을 든 채 모두 일어나서 찬미의 노래를 부르는 것으로 마쳤다.

"엘리야의 영이 우리의 마음에 임하소서!"

집주인에게 감사의 인사를 드리고 뒷정리와 설거지를 하려는데 밤이 늦었으니 놔두고 가라 한다.

고마운 사람이다.

예루살렘 거리를 걷는다.

적막한 포장도로는 우리 일행의 발자국 소리로 채워진다.

이제 다시는 고운 눈으로 너를 대할 수가 없겠구나…….

성문을 나서며 다시금 예루살렘을 바라본다.

스산한 바람이 스치운다.

마음이 허전해지고 뭔지 모를 뭉클거림이 가슴 깊은 곳에서 자꾸만 올라온다.

키드론 골짜기를 내려오는데 저 멀리 달빛 속으로 기러기 한 떼가 날아간다. 마음이 더 없이 가라앉는 느낌이다.

나도 모르게 노래가 나온다. 노래 부르는 내 입술에는 슬픔이 잔뜩 배어 있는 것 같다. 아마 제자들은 내가 이런 노래 부르는 것을 처음 볼 것이다.

한 고개 넘어 또 너머로 보인다.
한 조각 구름 속에 잠긴 둥근 달
저 파리한 달빛에 어린 밤의 적막이
드높이 자란 갈대밭에 드리우는데

기러기 한 떼 줄지어 난다.

처량히 울며 줄지어 간다.

그 슬픈 추억 지닌 채 저 산 너머로

기러기 떼 줄지어 난다.[4]

갑자기 마음을 걷잡을 수가 없다.

이 큰 일을 앞두고 이게 무슨 마음인가……

---

4) 이 노래는 70~80년대를 풍미했던 소위 운동권 가요다. 필자는 1978년 서대문 구치소에서 이 노래를 배웠다.

기도하지 않으면 안 되겠어. 생각이 자꾸 엉뚱한 데로 몰려가는구나. 더 깊이 기도해야만 해.

우리 일행의 아지트에 도착하자마자 제자들에게 내 솔직한 마음을 토로했다.

내 마음이 몹시 혼란스럽소. 알 수 없는 두려움이 몰려오고 슬프기도 하고……. 날 위해 기도해 주시오. 모두 깨어 날 위해 기도해 주시오.

일행의 소리가 들릴락 말락 하는 데까지 나아가 엎드렸다.

아버지.
갑자기 이 모든 것이 싫어집니다.
할 수만 있다면 이 거친 길 아닌 따뜻하고 순탄한 길로 가고 싶습니다.
저이들과 더불어 신명나는 해방의 춤을 추며, 한바탕 멋진 사역의 길을 걷다가 그대로 당신 곁에 가고 싶습니다.
그러나 아버지 그건 아니라는 것 압니다. 참된 행복은 거기에 있지 않은 것 잘 압니다.
그러니 아버지 원대로 하옵소서.

마음이 어느 정도 추슬러진 것 같아 제자들에게 돌아오니 모두들 태평스럽게 자고 있다. 파스카 축제로 하루 종일 고생했으니 그럴 만도 하다. 하지만 갑자기 다시 설움이 솟구치며 걷잡을 수 없게 된다.
이런.
다시 기도하여야 하겠다.

그렇습니다. 아버지.
이 일이 머리로만 할 수 있는 일이었다면 누군들 감당하지 못했겠습니까.
당신의 본마음이신 그 뜨거운 사랑이 없으면 아무 소용없을 것입니다.
지금, 제게 그 사랑을 회복시켜 주소서.
상황을 보지 말고 당신의 사랑에만 주목하게 하소서.

이제 되었으려니 하고 내려와서 보니 제자들은 아직도 자고 있다. 마음이 편치 않다. 뭔가 부족하다. 다시 기도해야 한다!

아버지,
아직도 가슴 한편에 남아 있는 이 두려움은 무엇 때문입니까?
당신의 그 한량없는 사랑을 기억해내고 당신의 길 향한 정한 마음 생겼건만 왜 아직도 온전치 못한 것입니까?

"아들아 너는 내 사랑하는 아들, 내 마음에 드는 아들이다.
내가 네 안에 있고 네가 내 안에 있으니 아무 걱정하지 마라.
오직 불타는 사랑에만 주목한다면 이 모든 상황이 불편심(不偏

心)⁵⁾으로 바라보일 것이다.

너는 내 아들, 내 사랑하는 아들이다!"

아 - 이 뚜렷한 아버지의 음성!

순간 모든 두려움이 가시고 루치펠의 깃발이 꺾이는 모습이 보인다.

이제 되었다! 가자.

---

5) 아무것에도 치우치지 않는 중용의 마음. 세상의 모든 피조물은 그 자체로 선이나 악을 포함하고 있지 않다. 그것이 보고 듣고 만져지는 물질이든 시간이든 느낌이든 하느님과의 관계에 선용할 수 있느냐 아니냐 하는 것만이 중요할 뿐이다. (제2부 난하주 11번을 보라.)

반복 시 기도된 내용

주님은 당신의 연약한 마음의 동요를 솔직하게 인정하셨지만 '정답'도 알고 계셨다. 거듭된 기도를 통하여 그 '정답'을 선명히 부각시키고 다른 것들을 중용의 도로 바라보실 수 있게 된 것이다.

나 또한 대부분의 흔들리는 경우 그 정답을 알고 있음이다.
그럴 때마다 주님처럼 오직 기도로써 그 정답이 부각되도록 해야 할 것이다.
그렇게 되어 그 정답 외의 것들, 곧 시련·이별·불명예에 나아가 기쁨·위로·우정·명예 같은 것들은 모두 부차적인, 아니 가치중립적인 것으로 여겨지는 지경까지 이르러야 한다. 모든 피조물은 하느님과의 관계 안에서 선용되는 것일 뿐이다.

주님께 나의 연약함을 고백할 때 말씀하셨다.

> 이제 되었다 안셀모. 내가 이겼다. 루치펠의 깃발은 이미 꺾였다. 아니 곧 완전히 깃발을 내릴 것이다. 그러니 걱정하지 마라. 안셀모. 네가 나의 길을 따라올 때 네가 겪을 고초는 아무것도 아니다.
> 네가 사랑의 불길 속에 있기만 한다면 그 어떤 풍요나 궁핍도 너를 흔들지 못할 것이다. 일어나 가자. 이제 남은 것은 나의 승리를 확인하는 것뿐이다.

관상 시 깨달은 부분

감상적인 것을 뛰어넘어
풍요로운 지성과 의지로
주님을 더 가까이 만나려고
노력하는 자만이
주님을 진정으로 만날 수 있다.

수난의 길: 체포

• 성경 본문: 마르코복음 14:43~53a

43 예수의 말씀이 채 끝나기도 전에 열두 제자의 하나인 유다가 나타났다. 그와 함께 대사제들과 율법학자들과 원로들이 보낸 무리가 칼과 몽둥이를 들고 떼 지어 왔다. 44 그런데 배반자는 그들과 미리 암호를 짜고 "내가 입 맞추는 사람이 바로 그 사람이니 붙잡아서 놓치지 말고 끌고 가라." 하고 일러두었던 것이다. 45 그가 예수께 다가와서 "선생님!" 하고 인사하면서 입을 맞추자
46 무리가 달려들어 예수를 붙잡았다. 47 그때 예수와 함께 서 있던 사람 하나가 칼을 빼어 대사제의 종의 귀를 쳐서 잘라 버렸다. 48 그것을 보시고 예수께서는 무리들에게 이렇게 말씀하셨다. "칼과 몽둥이를 들고 잡으러 왔으니 내가 강도란 말이냐? 49 너희는 내가 전에 날마다 성전에서 같이 있으면서 가르칠 때에는 나를 잡지 않았다. 그러나 오늘 이렇게 된 것은 성서의 말씀이 이루어지기 위한 것이다." 50 그때에 제자들은 예수를 버리고 모두 달아났다. 51 몸에 고운 삼베만을 두른 젊은이가 예수를 따라가다가 사람들에게 붙들리게 되었다. 52 그러자 그는 삼베를 버리고 알몸으로 달아났다. 53 그들이 예수를 대사제에게 끌고 갔다.

관상의 길: 예수의 마음으로 깊이 동화된다.

제자들을 깨우고 마음의 준비를 시키려 하는데 일단의 무장 군인들이 들이닥친다.

유다가 와서 입맞춤으로 인사하고 그들 중 몇 명이 나를 잡으려

하자 칼을 들고 있던 베드로와 시몬이 칼날을 세우며 나섰다.

"이게 무슨 일이냐!"

그들의 외침은 사람들을 주춤거리게 할 만큼 컸지만 왠지 자신감이 없어 보였다.

군인들은 이내 다시 접근하기 시작했다.

베드로가 한 사람의 얼굴을 향해 서툰 솜씨로 칼을 휘둘렀다.

그의 귀를 스쳤나 보다. 그가 귀를 움켜잡고 비명을 지르자 또다시 모두 움찔하며 동작을 멈추었다.

내가 나서야 될 때였다.

"그만들 두시오! 이게 무슨 일이오!"

"베드로. 칼을 거두시오. 칼로 내가 세상을 이기려 했으면 진즉 아버지 군대를 불렀을 것 아니오. 그러나 명심하시오. 칼을 쓰는 자는 칼로 망하는 법이오."

다친 이가 측은하다. 하지만 이 모든 폭력에 몸서리쳐진다.

다친 사람을 치료해 주며 노기 띤 표정으로 말했다.

"당신들은 대체 이게 무슨 짓이오. 낮에 내가 성전에서 가르칠 때는 아무 제재도 하지 않더니 이 밤중에 강도라도 때려잡을 듯이 중무장을 하고 나타나서 난리법석을 떨다니! 아무튼 좋소. 당신들이 원하는 것은 나니 나만 데려가시오. 저 사람들은 아무 상관없으니 그냥 가게 하고……."

말이 떨어지기가 무섭게 군인들은 민첩하게 움직였다. 인솔 내장으로 보이는 이가 "체포하라!" 소리치자 한꺼번에 내게 달려든다. 정강이를 발로 걷어차여 무릎을 꿇고 말았다. 그들은 팔을 뒤로 꺾어 내 손목을 묶었다. 숙련된 솜씨였다. 팔이 좀 당기긴 하지만 견딜 만하다.

그런데 이 자들은 내 말을 완전히 무시한다. 나만 잡으라 했더니 성이 차지 않은 모양이다. 아무래도 부하 한 사람이 부상을 입었으니 이성이 작동하긴 어렵겠지.

"저놈들도 모조리 잡앗! 저 쥐새끼 같은 놈들!"

인솔대장의 명령이 채 끝나기도 전에 이심전심인지 군인들은 한꺼번에 제자들을 향해 창을 꼬나 잡고 달려들었다. 급작스러운 습격이었다. 제자들은 아무 생각 없는 사람들처럼 혼비백산하여 달아나기 바쁘다. 베드로도 잠깐 대들다가 칼을 떨어뜨리자 이내 도망쳤다. 시몬은 칼을 좀 쓸 줄 아는가 했는데 아예 보이지도 않는다. 누구인지 잘 분간은 되지 않지만 어떤 이는 붙잡히자 안간힘을 다 써서 빠져나가는데 옷이 홀라당 벗겨진 채로 줄행랑을 쳐버렸다.

이때였다.

갑자기 눈앞에 별이 번쩍였다.

군인 한 사람이 내 뺨을 후려친 것이다.

"이 씨발놈이 어딜 빤히 쳐다보는 거야! 야 임마 어디 불구경거리라도 났냐! 너 이 씹팔놈 때문에 잠도 못자고 이게 무슨 생고생이냐 이 씹쌔끼야! (발길질) 에이 시팔 거 생각 같아서는 확 담궈 죽여 버리고 싶다만……."

어이가 없을 정도의 욕설을 들으니 오히려 정신이 바짝 차려진다.

그래. 내가 걸어갈 길은 바로 이런 것이야. 고상한 고통이란 존재하지 않는 법이지.

아 - 그러나 어쩐단 말인가. 아무것도 모르고 악의 하수인 노릇을 하는 저 불쌍한 이들은 어찌한단 말인가…….

모두 떠나고 홀로 포박당한 채 끌려간다. 예상했던 일이긴 하지만 막상 실제 상황이 닥치니 마음이 허전하다. 그러나 이젠 아까 초저녁 때와는 다르다. 아버지가 함께 하시니 아무 거리낌도 두려움도 없다.
그럼. 이 길은 당당하게 걸어갈 길이다!

(성모와 여인들은 숨어서 이 모든 광경을 지켜보고 있었다.)

한참을 도망가다가 갑자기 주님 생각이 나면서 상황을 파악한 베드로가 급히 아지트로 돌아왔다. 어머니와 여자들이 요한을 부둥켜안고 울고 있다. 베드로는 시내로 급히 따라간다.

영적 체험들
처음 이 본문으로 관상을 시작할 때 까닭 모를 눈물이 쏟아졌다. 참으로 신묘한 일이었다. 터져 나오는 통곡을 참을 수가 없었다. 한참을 울고 나서야 이 슬픔의 원인이 무엇인지 알게 되었다.
사랑하는 주님을 떠나보내야 한다는 사실!
예전 같으면 있을 수 없는 일이다. 내가 참으로 주님을 사랑하고 있음을 깨닫게 되었다.
주님은 그렇게 우는 나를 위로하셨다.

안셀모. 너도 알지 않니. 이 길이 구원의 길이라는 것. 이렇게 해야만 너를 향한 나의 사랑이 완성된다는 걸.

그리고 내가 네 곁을 완전히 떠나 버리는 게 아니지 않은가.

슬픔을 털고 일어나게나.

군인들이 무장해서 접근할 때 이 시대의 아픈 현실이 중첩되어 가슴이 아팠다. 용산에서 문정현 신부님이 전경들 군홧발에 밟히는 모습……. 나의 눈물과 허탈감은 어쩌면 유다의 생각이나 베드로의 생각과 같았는지도 모른다. 내 통곡은 주님께 대한 사랑뿐만 아니라 이 폭력의 시대를 향한 분노와 안타까움이 중첩되어 있었던 것이다.

주님은 다시 그런 나를 향해 평화의 길을 말씀하신다. 사랑의 싸움, 당장 패배할 것 같은 사랑의 전투야말로 최종적이고 완전한 승리를 보장해 준다고……. 루치펠의 깃발은 이미 꺾이지 않았냐고…….

체포 상황에서 그야말로 속절없이 도망쳤던 나의 모습을 보았다.

백골단.

본능적인 질주.

그 죽기 살기로 도망하는 내 뒤통수로 군인들의 킬킬거리는 소리가 들렸다. 도망가면서도 이러는 내가 정말 싫었다.

갑자기 이 모든 상황에서도 너무나 당당하신 예수님이 떠올랐다. 병정들의 거친 포박도 그 기개를 꺾지 못하였다.

1978년 서대문구치소에서 첫 출정을 나오던 나의 모습이 불현듯 떠올랐다. 퍼런 포승줄로 꽁꽁 묶고 그것도 모자라서 번쩍거리는 수갑까지 채우던 그들 앞에서 나는 얼마나 당당했던가! 또 흉악한 파렴치범을 다루듯 다그치는 검사와 높은 자리에 앉아 권세를 부리는 판사들 앞에서도 얼마나 당찼던가!

나를 그토록 당당하게 하였던 것은 무엇인가?

진리 편에 섰다는 자신감 때문 아니었나!

그렇다.

진실의 힘은 강하다. 진리는 든든하다. 예수의 깃발은 어떤 상황에서도 꺾이지 않는다.

이제는 머리로만이 아니라 가슴으로 의지와 지성을 인도하시니 얼마나 감사한가!

주님의 마음이 살짝 비춰지며 앞으로 내가 걸어가야 할 길에 대한 자신감이 배가된다.

아래 기도가 자연스럽게 흘러나왔다.

사랑하는 주님.

주님의 일 - 사랑의 사역은 너무도 분명하고 당당한 것이기에

그 외에 다른 것은 어찌 되어도 아무 상관없습니다.

내가 무엇이 되건, 어떤 처지가 되건, 황당한 비난과 고초 속에 있든 어찌든 아무 상관없습니다.

저와 모든 피조물 위에 당신의 사랑의 뜻이 이루어지기만 한다면,

그밖에 다른 것은 아무것도 바라지 않습니다.[6]

저는 그저 주님의 마음을 본받으려 하는 주님의 사랑받는 죄인이니까요.

---

6) 샤를르 드 푸코의 '의탁의 기도'가 자연스럽게 고백되었다. 진심에서 우러나오는 기도였다.

수난의 길: 산헤드린

• 성경 본문: 마르코복음 14:53~72

53 그들이 예수를 대사제에게 끌고 갔는데 다른 대사제들과 원로들과 율법학자들도 모두 모여들었다. 54 베드로는 멀찍이 떨어져서 예수를 뒤따라 대사제의 관저 안뜰까지 들어가서 경비원들 틈에 끼여 앉아 불을 쬐고 있었다. 55 대사제들과 온 의회는 예수를 사형에 처할 만한 증거를 찾고 있었으나 하나도 얻지 못하였다. 56 많은 사람이 거짓 증언을 하였지만 그들의 증언은 서로 일치하지 않았던 것이다. 57 그러자 몇 사람이 일어서서 이렇게 거짓 증언을 했다. 58 "우리는 이 사람이 '나는 사람의 손으로 지은 이 성전을 헐어 버리고 사람의 손으로 짓지 않은 새 성전을 사흘 안에 세우겠다.' 하고 큰소리치는 것을 들은 일이 있습니다." 59 그러나 이 증언을 하는 데도 그들의 말은 서로 일치하지 않았다. 60 그때에 대사제가 한가운데 나서서 예수께 "이 사람들이 그대에게 이토록 불리한 증언을 하는데 그대는 할 말이 없는가?" 하고 물었다. 61 그러나 예수께서는 입을 다문 채 한마디도 대답하지 않으셨다. 대사제는 다시 "그대가 과연 찬양을 받으실 하느님의 아들 그리스도인가?" 하고 물었다. 62 예수께서는 "그렇다. 너희는 사람의 아들이 전능하신 분의 오른편에 앉아 있는 것과 하늘의 구름을 타고 오는 것을 볼 것이다." 하고 대답하셨다. 63 이 말을 듣고 대사제는 자기 옷을 찢으며 "이 이상 무슨 증거가 더 필요하겠소? 64 여러분은 방금 이 모독하는 말을 듣지 않았습니까? 자, 어떻게 했으면 좋겠소?" 하고 묻자 사람들은 일제히 예수는 사형감이라고 단정하였다. 65 어떤 자들은 예수께 침을 뱉으며 그의 얼굴을 가리고 주먹으로 치면서 "자, 누가 때렸는지 알아맞혀 보아라." 하며 조롱하였다. 경비원들도 예수께 손찌검을 하였다. 66 그동안 베드로는 뜰 아래쪽에 있었는데 대사제의 여종 하나가 오더니 67 베드로가 불을 쬐

고 있는 것을 보고 그의 얼굴을 유심히 들여다보며 "당신도 저 나자렛 사람 예수와 함께 다니던 사람이군요?" 하고 말하였다. 68 그러나 베드로는 "도대체 무슨 소리를 하는 거요? 나는 도무지 알 수가 없소." 하고 부인하였다. 그리고 베드로가 대문께로 나가자 69 그 여종이 그를 보고 곁에 있던 사람들에게 다시 "저 사람은 예수와 한패입니다." 하고 말하였다. 70 그러나 베드로는 이 말을 또다시 부인하였다. 얼마 뒤에 옆에 서 있던 사람들이 베드로에게 다시 "당신은 갈릴래아 사람이니 틀림없이 예수와 한패일 거요." 하고 말하였다. 71 이 말을 듣고 베드로는 거짓말이라면 천벌이라도 받겠다고 맹세하면서 "나는 당신들이 말하는 그 사람은 알지도 못하오." 하고 잡아떼었다. 72 바로 그때에 닭이 두 번째 울었다. 베드로는 예수께서 "닭이 두 번 울기 전에 네가 세 번이나 나를 모른다고 할 것이다." 하신 말씀이 머리에 떠올랐다. 그는 땅에 쓰러져 슬피 울었다.

관상의 길: 나(안셀모)는 예수와 동행하는 인물이지만 **관상** 도중 성령께서 인도하시는 대로 예수의 마음이 되기도 하고 제자의 마음이 되기도 한다. 그 마음들이 시로 표현되기도 하고 서술적으로 묘사되기도 한다. 모든 감각이 동원되지만 모든 것을 언어로 표현할 수는 없을 것이다.

    신새벽 대제사장의 큰 저택 로비에서 산헤드린 회의가 소집되었습니다.
    단지 하나. 당신을 죽이기 위해서!
    의회의 모든 의원들, 이 나라 백성의 정치 지도자들이 오직 한 이유. 당신을 이 땅에서 영원히 제거하기 위한 합법적 절차를 밟고 있습니다.
    마치 자살 직전의 노무현 정국을 보는 것 같습니다.

저들은 무엇엔가 홀린 듯 온갖 억지를 동원하면서도 스스로 그것이 억지인지 눈치 채지 못하는 것 같습니다.

그들은 엉터리이건 말건 개의치 않습니다. 오직 하나.

당신의 사형을 향해 여론을 몰고 갑니다.

그러나 저들의 자가당착 때문에 의회는 오히려 지지부진합니다.

아, 아버지 저들을 불쌍히 여기소서. 악한 일을 하는 데서도 서툴기만 한 저들을 불쌍히 여기소서.

당신이 결국 나서시기로 작정하시는군요. 저들에게 결정적 죄목을 가르쳐 주시려고…….

당신은 아버지의 뜻을 이루시기 위해 이런 곳에까지 신경을 쓰고 계십니다.

"내가 바로 메시아요!"

이것으로도 부족할까 싶어 시편(110편)을 인용하시며 저들의 심기를 건드리십니다!

대제사장은 옷을 찢으며 분개합니다. 저이의 행동에는 어쩌면 나름의 경건성이 묻어 있습니다.

당신은 그를 물끄러미 바라보시는군요.

아 - 저들은 위선과 진실도 구별하기 어려울 정도로 양심이 망가졌기 때문입니다. 루치펠의 고단수 전략에 온전히 빠져서 헤어나지 못하는 불쌍한 인생들.

당신의 기도소리가 들립니다.

"아버지. 저들을 용서하소서. 저들은 자기들이 하는 짓이 무엇인지도 모릅니다……."

대제사장의 행동으로 분위기는 삽시간에 반전되었습니다.

당신께 다소 호의적이었던 이들조차 당신의 행동을 이해하지 못한 채 당신을 사형에 처하라는 함성 소리를 묵인하고 맙니다.

산헤드린 회의는 일치된 함성소리로 축제처럼 막을 내립니다.

이는 당연한 하느님의 징계라며…….

누군가 자신의 흥분을 의로운 행위로 포장하려는 듯 당신의 뺨을 후려칩니다.

급작스러운 충격에서 채 헤어나기도 전에 뭇 군중들의 부화뇌동이 당신의 몸에 사정없는 주먹세례로 이어집니다.

폭력은 사실 무섭습니다.

아무리 빼어난 강심장을 가진 이도,

그 고통의 두려움 앞에서는 움츠릴 수밖에 없습니다.

당신은 잠시 넋을 잃고 맙니다.

이 순간은 하늘의 뜻도 나의 사랑도 잠시 허공 속에 갇혀 버리고 맙니다.

겨우 정신을 차리고 몸을 추스를 때 누군가 내지른 발길질이 당신의 옆구리를 강타하고,

묶여 있는 당신은 호흡곤란으로 무척 괴로워하십니다.

사람들의 얼굴이 당신의 눈앞에서 빙글빙글 돌아갑니다.

그 순간 문득 당신은 아버지의 뜻이 생각나고,

저들을 사랑하기 위해

지금 당신께 가해지는 저들의 폭력이
당신의 사랑을 자극하고 있다는 사실을 상기하십니다.
그리고 이내 그것은 당신의 기도로 바뀝니다.
"아무것도 모르고 나를 저주하는 사람들. 아버지, 저들을 용서하소서. 저들을 용서하소서."

아 - 차마 제가 가만있을 수가 없네요.
주님. 제 손을 잡아 보세요.
기운을 내십시오.
당신의 마음, 당신의 기도 모두 들었습니다!
사랑하는 주님.
아 - 사랑하는 주님.

베드로는 용감하게 안뜰까지 따라 들어갔지만 무엇을 어찌해야 할지 알지 못합니다.

안절부절못하는 그에게 누군가 고개를 갸웃거리며 다가와서 얼굴을 빤히 쳐다봅니다.

흠칫 놀라는데 등골이 오싹하는 말을 하는군요.

"당신도 저 사람과 한패지요?"

순간 거의 본능적으로 부인하는 말이 튀어나왔습니다.

그리고 부인의 말을 부인하고 싶습니다.

어쩌면 이건 거짓말이 아니야. 우선 위기를 모면해야 되는 거잖아.

'이것은 정당방위야!'라고 스스로에게 다짐하고 있는지도 모릅니다.

발걸음은 저절로 바깥뜰로 옮겨집니다.

하지만 방금 그 사람은 종종거리며 베드로를 따라옵니다.

그리곤 모닥불 근처에 모여 있던 사람들에게 다시 한 번 그 청천병력 같은 소리를 합니다.

"저 사람은 안에 잡혀 있는 예수와 한패가 틀림없어요!"

다급합니다.

이제는 적극적으로 나서서 이 사태를 수습해야 합니다.

'아니요!'

이 말이 끝나기도 무섭게 누군가 비아냥거리는 말투로 베드로의 말을 잘라 버립니다.

"당신 사투리를 보니 갈릴래아 사람 같은데, 이거 틀림없는 것 같구만!"

있을 수 없는 일이었습니다.

결국 베드로는 하늘에 두고 맹세까지 하며 그 말을 부인해야 했습니다. 이미 시작된 정당방위는 완전범죄처럼 끝까지 진행되어야만 했습니다.

그렇습니다. 이것이 우리네 모습입니다.

권력 앞에서, 다중의 위력 앞에서, 우리는 곧잘 이렇게 정당방위로 양심을 포장한 채 도망치곤 합니다. 회의석상에서도 우리는 침묵으로 온갖 종류의 거짓들을 용납하는 경우가 얼마나 많은지요……

아 – 닭이 울고,
주님이 나를 바라보시는 것을 알아차린 다음에야
우리는 우리의 부끄러운 모습을 절감하고 괴로워합니다.
한없는 자기비하 속에 파묻히고 맙니다.
주님, 도우소서.
이제는 더 이상 갈리칸토[7]의 설움을 겪지 않도록 지켜 주소서.

안셀모 걱정마라.
내가 너와 동행하고 있음을 이제는 네가 감각적으로 깨우쳤다.
그 어떤 상황에서도,
동반자인 나로 인하여,

---

7) '닭 울음'이라는 뜻의 라틴말. 지금 예루살렘에는 예수께서 밤에 갇혔던 지하 감옥이 있는 자리에 '갈리칸토 교회'가 있다.

제3부 수난(Passion)

나, 네 친구인 예수가 네 곁에 든든히 서 있다는 이 엄연한 현실로 인하여

네가 눈을 돌려 나를 바라보기만 한다면,

다시는 베드로의 실수를 범하지 않으리라!

용기를 내어라.

나는 너의 세상 끝날까지 너와 함께 하는 네 친구 예수다!

수난의 길: 사형선고 1

•성경 본문: 루가복음 23:1~12

1 그리고 나서 온 의회가 일어나 예수를 빌라도 앞에 끌고 가서 2 "우리는 이 사람이 백성들에게 소란을 일으키도록 선동하며 카이사르에게 세금을 못 바치게 하고 자칭 그리스도요 왕이라고 하기에 붙잡아 왔습니다." 하고 고발하기 시작하였다. 3 빌라도가 예수께 "네가 유다인의 왕인가?" 하고 물었다. "그것은 네 말이다." 하고 예수께서 대답하시자 4 빌라도는 대사제들과 군중을 향하여 "나는 이 사람에게서 아무런 잘못도 찾아낼 수 없다." 하고 선언하였다. 5 그러나 그들은 "이 사람은 갈릴래아에서 이곳에 이르기까지 온 유다 땅을 돌며 백성들을 가르치면서 선동하고 있습니다." 하고 우겨댔다. 6 이 말을 들은 빌라도는 이 사람이 갈릴래아 사람이냐고 묻고 7 예수가 헤로데의 관할 구역에 속한 것을 알고는 마침 그때 예루살렘에 와 있던 헤로데에게 예수를 넘겨주었다. 8 헤로데는 예수를 보고 매우 기뻐하였다. 오래 전부터 예수의 소문을 듣고 한번 만나보고 싶었을 뿐만 아니라 예수가 행하는 기적을 한번 보고 싶었던 것이다. 9 그래서 헤로데는 이것저것 캐어물었지만 예수께서는 아무런 대답도 하시지 않았다. 10 그때 대사제들과 율법학자들도 거기 있다가 예수를 악랄하게 고발하였다. 11 헤로데는 자기 경비병들과 함께 예수를 조롱하며 모욕을 준 다음 화려한 옷을 입혀 빌라도에게 돌려보냈다. 12 헤로데와 빌라도가 전에는 서로 반목하고 지냈지만 바로 그날 다정한 사이가 되었다.

관상의 길: 앞과 같다.

이미 당신을 제거하기로 작정했던 사람들.

마침내 나름의 죄목을 찾아 합법적으로 당신을 죽일 수 있게 되었다고 쾌재를 부릅니다.

저들을 바라보시는 당신의 마음은 어떠신지요……

가까이에 있는 빌라도 궁으로 가는 길.

이제는 주변에 당신을 옹호하는 이라고는 하나도 없는 길을 끌려가시며, 무슨 생각을 하고 계시나요.

이른 아침 귀찮아하는 빌라도와 마주하십니다.

산헤드린 사람들이 당신을 두고 백성을 선동하는 자칭 왕이라고 고발하는데, 빌라도는 영 분위기가 아니라는 표정으로 당신을 바라보는군요.

그가 당신에게 물었을 때 하느님의 나라와 지상의 나라는 다르다는 말씀을 하셨습니다. 빌라도가 당신의 말길을 알아들을 수 있다고 생각하신 건가요?

그는 뭔가 솔깃해했지만 진리에의 갈급함과는 거리가 멀어 보입니다.

빌라도가 누구입니까.

식민 지배국의 현장 총수 아닙니까?

수없이 많은 당신의 종족들이 그가 탁상에서 외치는 말 한마디로, 혹은 그가 품은 생각 하나로도 죽임과 압제와 가렴주구에 허덕여야 하는 그런 인물입니다.

그는 백성들을 자신의 물건 취급하는 민중들의 원수입니다!

바로 그런 사람 앞에 당신이 서 계신 거지요.

그를 대하는 당신의 마음은 지금 어떤 마음이신가요.

또 다른 형태의 연민이신가요? 아니면 악의 실체에 대한 분노의 다른 표현이신가요…….

아마도 당신의 마음에는 그의 모든 이력과 행적이 지나가고 루치펠의 펄럭이는 깃발이 보이셨을 겁니다.

여느 때 같았으면, 당신은 예의 그 표독스러운 어투로 이 사람을 시원하게 야단치셨을 터.

그러나 지금은 다르군요.

하느님의 도구가 되어 당신의 길에 악역을 맡은 이.

당신은 그에게 하느님의 도를 전함으로써 마지막 자비를 베푸신 게지요.

비록 그가 알아듣지 못할지라도, 작은 불씨를 그의 영혼에 남겨 두신 게지요…….

군중은 이미 피 냄새를 맡은 하이에나 떼처럼 자꾸만 당신을 처단하라고 소리 지릅니다. 이제는 슬그머니 고발 죄목도 바뀌었습니다.

'민중선동죄!'

이것이면 빌라도가 뜨끔하여 바로 즉결처분으로 당신을 처형하리라 생각했을 것입니다.

그런데 당신의 마음은 저 악다구니 속에 있는 군중들에게로 향하십니다.

"아버지, 저들을 불쌍히 여기소서. 저들에게도 자비를 베푸시어 당신의 사랑을 깨닫고 당신 품으로 돌아오는 은총을 누리게 하소서……"

　당신의 모든 인내와 자비에도 불구하고, 빌라도는 당신을 다루기 귀찮아합니다.
　그래서 마침 예루살렘에 와 있는 헤로데 안티파스에게 당신을 보내 버립니다.
　이때 당신의 마음은요.
　혹 하느님의 계획이 그르칠 새라 잠시 걱정이 되시지는 않았는지요.

　헤로데 궁입니다.
　헤로데는 악명으로 말하자면 그의 아버지나 빌라도에 결코 뒤지지 않는 인물이지요. 이스라엘 백성들에게는 동족인 척하고 있으니 더 밉살스러운 민중의 적입니다.
　그는 빌라도보다 더 천해 보이는군요. 여자 문제로 예언자의 목을 베었던 인물이잖습니까! 당신에게서 이상한 기적이나 볼 수 있을까 기대하는 옹졸한 인간입니다.
　하지만 당신은 역시 사람을 알아보십니다. 당신의 가르침처럼 당신은 돼지에게 진주를 던지지 않으셨습니다. 오직 침묵으로 일관하시며 대꾸하지 않으셨습니다. 아마도 당신은 헤로데에게서 높은 절벽을 보셨을 겁니다.
　그것은 마치 광주항쟁 얼마 후 대구에 가서 '김대중이 사주를 받은 빨갱이 놈들'이라며 광주 사람들을 욕하는 이들을 대하는 것과 같은 마음이셨을 겁니다.

하지만 당신은 그를 증오하거나 단죄하지는 않으십니다. 헤로데는 물론이요 비겁한 빌라도나 악에 사로잡힌 산헤드린 의원들에게도 당신은 연민의 끈을 결코 놓지 않으셨습니다.

마지막 순간까지 말이지요.

이윽고 헤로데는 분통을 터뜨립니다.

"뭐 이따위 인간이 다 있어! 이스라엘 백성들이란 참으로 어리석은 놈들이지. 이런 인간을 메시아네 어쩌네 야단들을 치니……. 원 버러지만도 못한 놈들!"

이런, 그러고 보니 당신은 한 나라의 최고 통치권자들을 두루 만나고 계시는군요. 어쩌면 김정일에게 갔다가 이명박에게 와서 수모를 겪고 있는 셈입니다.

사실 요즈음 이 나라 돌아가는 꼴을 보면 꼭 지금 당신께서 헤로데에게 무시당하고 있는 것과 같은 형국입니다.

당신의 모습을 보며 그래서 더욱 팍팍해지는 가슴입니다.

이런 저를 보시고 당신이 한 말씀하시는군요.

"안셀모, 걱정하지 말게. 루치펠의 깃발은 이미 꺾였다고 했잖은가! 지금은 우리가 패배하고 죽은 것 같지만 바로 그것 때문에 저들은 멸망하고 말 것이네.

천지가 창조되는데 억겁의 세월이 흘렀네. 하느님의 도가 다시 완성될 때까지는 우리가 상상도 할 수 없는 시간이 필요할지도 모르지. 그러니 조급하게 굴지 말게나.

샤르댕이 말한 인내의 신뢰(patient trust)[8]를 하느님 나라에 걸어보기 바라네."

일이 매끄럽게 진행되지 않으니까 원로들이 안달이 났습니다.

이제는 결판을 낼 요량으로 다시 당신을 끌고 빌라도 법정으로 갑니다.

아 – 이제는 아픔과 격렬한 고통의 시간으로 가고 있습니다.

주님. 제 손을 잡으셔요.

연약한 힘이지만

당신께 도움이 되고 싶은 것이

솔직한 제 심정이랍니다.

영적 체험

고통의 현장으로 가고 있는 예수의 손을 잡으며 이제야 그를 사랑한다는 것이 무엇인지 깨닫는다.

---

8) 떼이야르 드 샤르댕의 시 제목. "무엇보다도 하느님께서 느릿하게 일하시는 것을 신뢰하십시오. 지체 없이 당장 끝을 보려 하기에 매사에 참을성 없는 것이 우리에게는 꽤나 자연스러운 일이지만……. 우리는 중간 단계를 빼먹고 가고 싶고 미지의 새로운 곳으로 가는 여정 중에 있다는 것을 잘 참아내지 못하지요. 하지만 모든 진보는 불안정한 단계들은 거침으로써 일어나는 법입니다. 그것이 아주 오랜 시간이 걸릴지도 모르구요. …… 오직 하느님만이 당신 안에 점차 형성되어 가는 새로운 영혼이 어떻게 될지 말씀해 주실 수 있습니다. 그러니 그분의 손이 당신을 이끌고 계시다는 믿음을 바치십시오. 더불어 당신 자신은 여전히 완성되지 않았고 완전하지도 않다는 것을 느끼며 체험하는 불안을 받아들일 일입니다."

그의 손은 꺾인 팔 때문에 몹시도 차가웠다.

마음 깊은 속에서 예수를 대신해서 고난의 길을 가며 그를 고통에서 막아 주고 싶은 생각이 물밀듯 올라왔다.

대신 매를 맞고 대신 못 박히고 싶은…… 그런 간절한 마음이다.

그분의 사랑 크기에 조금 교감할 수 있게 된 것일까…….

수난의 길: 사형선고 2

• 성경 본문: 요한복음 18:38~19:16

18:38 빌라도는 예수께 "진리가 무엇인가?" 하고 물었다. 빌라도는 이 말을 하고 다시 밖으로 나와 유다인들에게 "나는 이 사람에게서 아무런 죄목도 찾지 못하였다. 39 과월절이 되면 나는 너희의 관례에 따라 죄인 하나를 놓아주곤 했는데 이번에는 이 유다인의 왕을 놓아주는 것이 어떻겠느냐?" 하고 물었다. 40 그러자 그들은 악을 쓰며 "그 자는 안 됩니다. 바라빠를 놓아주시오." 하고 소리 질렀다. 바라빠는 강도였다.

19:1 빌라도는 안으로 들어가서 부하들을 시켜 예수를 데려다가 매질하게 하였다. 2 병사들은 가시나무로 왕관을 엮어 예수의 머리에 씌우고 자홍색 용포를 입혔다. 3 그리고 예수 앞에 다가서서 "유다인의 왕 만세!" 하고 소리치면서 그의 뺨을 때렸다. 4 빌라도는 다시 밖으로 나와서 유다인들에게 이렇게 말했다. "그를 너희 앞에 끌어내 오겠다. 내가 그에게서 아무런 혐의도 찾아내지 못했다는 것을 너희도 이제 보면 알 것이다." 5 예수께서는 가시관을 머리에 쓰시고 자홍색 용포를 걸치시고 밖으로 나오셨다. 빌라도는 사람들에게 예수를 가리켜 보이며 "자, 이 사람이다." 하고 말하였다. 6 대사제들과 경비병들은 예수를 보자마자 "십자가에 못 박으시오. 십자가에!" 하며 큰 소리로 외쳤다. 그러자 빌라도는 "그러면 데려다가 너희의 손으로 십자가에 못 박아라. 나는 그에게서 아무 죄목도 찾아내지 못하였다." 하고 말하였다. 7 유다인들은 또다시 "우리에게는 율법이 있습니다. 그 율법대로 하면 그 자는 제가 하느님의 아들이라고 했으니 죽어 마땅합니다." 하고 대꾸하였다. 8 빌라도는 이 말을 듣고 더욱 두려운 마음이 들어 9 예수를 데리고 안으로 들어가 "도대체 너는 어디에서 온 사람이냐?" 하고 물었다. 예수께서는 아무 대답도 하지 않으셨다. 10 "나에게도 말을 하지 않을 작정이냐? 나에게

는 너를 놓아줄 수도 있고 십자가형에 처할 수도 있는 권한이 있는 줄을 모르느냐?" 빌라도의 이 말에 11 예수께서는 이렇게 대답하셨다. "네가 하늘에서 권한을 받지 않았다면 나를 어떻게도 할 수 없을 것이다. 그러므로 나를 너에게 넘겨준 사람의 죄가 더 크다." 12 이 말을 들은 빌라도는 예수를 놓아줄 기회를 찾기 시작하였다. 그러나 유다인들은 "만일 그 자를 놓아준다면 총독님은 카이사르의 충신이 아닙니다. 누구든지 자기를 왕이라고 하는 자는 카이사르의 적이 아닙니까?" 하고 큰소리로 외쳤다. 13 빌라도는 이 말을 듣고 예수를 데리고 나와 리토스트로토스라 하는 자리에 올라가 자기 재판관석에 앉았다. 리토스트로토스라는 말은 히브리 말로 가빠타라고 하는데 '돌 깔아놓은 자리'라는 뜻이다. 14 그날은 과월절 준비일이었고 때는 낮 열두 시쯤이었다. 빌라도는 유다인들을 둘러보며 "자, 여기 너희의 왕이 있다." 하고 말하였다. 15 그들은 "죽이시오. 죽이시오. 십자가에 못 박아 죽이시오!" 하고 외쳤다. 빌라도가 "너희의 왕을 나더러 십자가형에 처하란 말이냐?" 하고 말하자 대사제들은 "우리의 왕은 카이사르밖에는 없습니다." 하고 대답하였다. 16 그래서 빌라도는 예수를 십자가에 못 박으라고 그들에게 내어 주었다.

관상의 길: 앞과 같다.

이제 하느님의 길, 사랑의 길 그 완수를 위한 기초 단계는 다 이루어졌다고 하시며 하늘을 바라보시는 주님.
여전히 연민의 끈을 놓지 않으시고 아버지의 뜻 – 그 사랑의 길을 꿋꿋이 걸어가십니다.
당신이 군인들에게 뺨을 맞으며 조롱을 당하실 때,
당신에게 "너 따위가 임금은 무슨 임금! 푸하하하." 소리치며

참으로 어처구니없는 짓들을 저지를 때,
당신의 침묵은 위대해 보이셨습니다.
순간 저에게도 하나의 장면이 스쳐 지나갔습니다.
"너 따위가 목사는 무슨 목사!"하는 조롱소리입니다.
만에 하나 제가 당신의 길을 가다가 이런 일을 당한다면 주님,
영광입니다!
주님. 이 기도 시간 내내 제가 체험했던 것은
당신이 맞으시는 채찍의 고통이었습니다.
너무나 아파서 전신이 전기에 감전된 듯했던 고통.
까무러치고 싶을 정도의 고통.
채찍이 공기를 가르는 소리 앞에서 느꼈던 그 공포.
주님.
당신 등에 채찍이 가해질 때 제게도 그 고통 나누어주셔서 감사합니다.
당신을 더 잘 알고 더 진실히 사랑하고 더 친밀히 따를 수 있도록 허락하신 은총의 선물인 줄 압니다.

빌라도가 당신을 그토록 놓아주려 했던 것은 그가 의로워서가 아니라, 나름의 정치철학이 있어서가 아니라,
어이없어 보이지만 마누라의 꿈 얘기가 더 결정적인 역할을 한 것 같습니다.
어설픈 종교심이 갖는 영적 두려움!
그것 때문에 그는 '하느님의 아들'이라는 소리에도 두려운 마음이

들었던 게지요.

그런 두려움은 진리 향한 경외심과는 아무 상관이 없는 것입니다.

결국 그는 황제 이야기 앞에서 본색을 드러내고 말았습니다.

그에게 아킬레스건과 같았던 황제와의 관계를 교활한 유대 지도자들이 건드리기가 무섭게, 그는 당신을 군중들의 함성소리에 내팽개쳐 버렸습니다.

사실 진리는 그에게 아무 관심도 없고 상관도 없었던 거지요.

아무튼

사람이라면 누구라도 이 상황에서 낙담하지 않을 수 없을 것이건만, 당신은 여전히 만신창이가 된 육신과는 상관없이 당당하십니다. 비록 당신의 몸은 비틀거리고 있지만 말입니다.

그리고 분명,

당신을 십자가에 못 박으라고 악을 쓰는 군중들 틈에는

당신을 안쓰럽게 보고 계시는 어머니와 여인들이 있습니다.

그렇습니다.

철저히 외로워 보이는 당신의 길에서조차도, 당신을 응원하고 함께 하는 이들이 분명히 존재합니다!

오 주님.

이것은 저희들에게도 예표가 되고 힘이 됩니다.

아무리 캄캄한 어두움 속을 헤쳐 나갈 때에도, 주님의 길을 가려는 저희 주변에는 당신의 사랑을 알고 묵묵히 일상 안에서 그 사랑을 실천하며 응원하는 동지들이 있음을!

성모님. 당신은 주님을 잉태하고 낳으시고 봉헌하시며, 그리고 주님의 일을 도우시며 곰곰이 새기셨던 예수님 인생의 비밀을 여전히 간직하고 계십니다.

지금은 아들이 처참하게 망가지는 것 같지만, 분명히 그 너머에 하느님의 크신 경륜이 있음을, 굳건히 신뢰하고 계십니다.

바로 그런 모습으로 당신은 지금 당신 아들의 사형언도 법정 한편에 서 계십니다.

당신을 어머니라 부르기에 너무도 부족한 아들이 감히 청합니다.

어머니.

그 믿음을 제게도 가르쳐 주시고 나누어 주십시오!

수난의 길: 십자가의 길

• 성경 본문: 루가복음 23:24~33

24 빌라도는 그들의 요구를 들어주겠다고 선언한 다음 25 폭동과 살인죄로 감옥에 갇혀 있던 바라빠는 그들의 요구대로 놓아주고 예수는 그들 마음대로 하라고 넘겨주었다. 26 그들은 예수를 끌고 나가다가 시골에서 성 안으로 들어오고 있던 시몬이라는 키레네 사람을 붙들어 십자가를 지우고 예수의 뒤를 따라가게 하였다. 27 수많은 사람들이 예수를 뒤따랐는데 그 중에는 예수를 보고 가슴을 치며 통곡하는 여자들도 있었다. 28 예수께서는 그 여자들을 돌아보시며 "예루살렘의 여인들아, 나를 위하여 울지 말고 너와 네 자녀들을 위하여 울어라. 29 '아기를 낳지 못하는 여자들과, 아기를 낳아 보지 못하고 젖을 빨려 보지 못한 여자들이 행복하다.' 하고 말할 때가 이제 올 것이다. 30 그때 사람들은 산을 보고 '우리 위에 무너져 내려라.' 할 것이며, 언덕을 보고 '우리를 가려 달라.' 할 것이다. 31 생나무가 이런 일을 당하거든 마른 나무야 오죽하겠느냐?" 하고 말씀하셨다. 32 다른 죄수 두 사람도 예수와 함께 사형장으로 끌려가고 있었다. 33 해골산이라는 곳에 이르러 사람들은 거기에서 예수를 십자가에 못 박았고 죄수 두 사람도 십자가형에 처하여 좌우편에 한 사람씩 세워 놓았다.

관상의 길: 예수의 시선으로 상황을 바라봄.

사형선고가 떨어지자 군중들이 보이는 반응을 본다.
사람을 죽이는데, 그것도 무고한 사람을 죽이는데,
저토록 기뻐할 수 있는 것일까?

해질 대로 해진 양심. 무감각과 광기의 절정이다.

세상으로부터의 미움은 각오한 바이지만, 이 세상 악의 진면목을 대하니 참담한 심정이다.

사탄의 촉수는 대체 어디까지 뻗어 있는 것일까…….

그러나 모든 이가 저와 같은 집단 광기에 매몰되어 있는 것은 아니다.

많은 사람들이 나를 애도하며 따라온다. 때론 심하게 통곡하며, 때론 가슴을 치며 답답해하면서 말이다.

매를 많이 맞았기도 했지만 밤새 시달린 탓인지 힘이 없다.

어깨에 올려진 십자나무는 도무지 견딜 수가 없을 만큼 온몸을 짓누른다.

이걸 형장까지 메고 갈 수 있을지 자신이 없다.

아니다.

내가 마실 수 있는 잔을 허락하셨으니 할 수 있을 것이다.

가보자!

길로 들어서며 진행 방향을 돌리는데 맥이 탁 풀어진다.

아뿔싸! 넘어졌다.

광대뼈가 포장도로 위에 심하게 부딪혔고 곧장 육중한 나무가 한 차례 더 얼굴에 충격을 가한다.

둔한 소리가 사방을 메우고 정신이 몽롱하다.

내 얼굴은 아마 새벽에 산헤드린에서 맞은 주먹세례 때문에 퉁퉁

부어 있을 것이고, 로마 군인들이 조롱하며 씌웠던 가시관 자국으로 피범벅이 되었을 것이다. 거기에다 넘어지며 흙투성이가 되었으니 몰골이 말이 아닐 터이다.

이제는 땀까지 섞여 눈앞이 아른거린다.

순간.

아득한 시야 속에 너무나 반가운 얼굴이 보인다.

어·머·니.

어머니를 뵈니 불현듯 김지하의 시 한 구절이 떠오른다.

> ……
> 수수 그림자 길게 끌린 해설핀 신작로 가에
> 우리 어메 날 기다려 상기도 거기 서 계시더냐
> 철지난 옷을 입고 몇 번이나 몇 번이나
> 서울쪽 바라보며 소리없이 우시더냐
> ……
> 아아 어머니. 나는 가요.
> 고향에 돌아가요
> 저 붉은 벽돌담을 끝끝내 뚫고 넘어
> 가요 어머니. 고향에 돌아가요…….

북받치는 슬픔을 억제하지 못하고 통곡하시는 어머니.

하지만 어머니, 걱정 마세요.

하늘 아버지가 제 인생에 부여하셨던 그 놀라운 신비들을 생각하세요.

당신이 언제나 그러셨듯이, 이 길 끝에 나타날 놀라운 일들을 가슴속에 품어 보세요…….

일어서야 한다. 비록 다리가 후들거리고 등짝은 불로 지지는 듯 화끈거리지만 일어서야 한다.
그런데 이를 어찌하나.
마음은 원이지만 몸이 전혀 말을 듣지 않는구나.

길에 서 있던 웬 건장한 사내가 차출되었다.
그가 누군지는 알 수 없으나 파스카 축제를 지내러 온 시골 사람인 것만은 분명해 보인다.
내가 짊어지고 가야 할 짐을 그가 대신 져 주다니, 너무나 고맙고 감사하다. 나는 비록 비틀거리며 걷지만, 그가 씩씩하게 십자나무를 메고 가니 힘이 솟는다.

이제야 길이 좀 보인다.
그리고 보니 많은 이들이 길에 나와 있다.
죽으러 가는 나를 보러 말이다!
나를 향해 품고 있는 저들의 마음이 잘 전달된다.
고마운 일이다.
비록 조소 섞인 비아냥거림도 없지는 않지만
대부분 불쌍히 여기는 마음들이다.

일단의 여인들은 나와 가까워지자 크게 소리치며 통곡한다.

아 - 그러나 어찌하랴. 저들이 울어야 할 것은 나 때문이 아닌 것을!

사탄의 세력에 시력을 빼앗긴 세대.

창조주 하느님께 도전을 불사하는 세대.

이 종말적 사태가 어떤 결과를 초래할지 저들은 알고 있을까…….

예루살렘 여인들이여,

날 보고 울지 말고 당신들을 위해 우시오!

내 마음도 비통하오.

생나무가 이런 고초를 겪는데 마른 나무야 오죽하겠소…….

십자가의 길 내내 여전히 연민의 끈을 놓지 않으시는 주님.

당신의 연민에는 거대 담론과 깊은 사랑이 함께 녹아 있습니다.

극한 고통 속에서도 아버지 사랑을 보시며 절망치 않으시는 주님.

마침내 모든 옷을 벗겨지고 당신의 마지막 자존심마저 송두리째 빼앗기며 십자가 위에 누웠을 때도,

당신은 푸른 하늘을 보시며 당신의 사랑이 여물어가는 것을 감사해하고 계시는군요!

고마우신 분.

나의 생명. 내 인생의 참된 길이신 분.

당신은 이 시간 제게 너무도 선명하게 말씀하십니다.

나는 네게 가난한 것이 행복하다고 가르친 바 있다.

거기에 더해 이제 이 비참해 보이는 현실 속에서 한 가지 더 일러 둘 게 있다.

'사랑이 아름다운 것은 희생을 담고 있기 때문이다!'

반복: 십자가의 길

중간 즈음에 기도의 끈을 놓고 싶었다.

이젠 고통이 지긋지긋해졌기 때문일 것이다.

흠칫 놀라 주님께 죄송한 마음을 드렸더니 주님은 오히려 그런 나를 위로해 주신다.

"누군들 이런 길을 가고 싶어 하겠느냐. 피학성도착자들이 아닌 바에야 말이다. 그것도 지금 두 번 세 번 연거푸 하고 있으니……."

주님, 그래도 당신은 항상 그 길을 변함없이 그렇게 가고 계시네요.

통곡하는 여인들을 위로하시는 대목에서

당신은 여전히 거대 담론과 사랑의 담론을 탄탄히 유지하고 계심을 봅니다.

주님, 제가 저의 길을 갈 때에도 동일한 마음 주옵소서.

시몬이 주님을 대신해서 십자가 지는 것을 나도 도왔다.

마지막 골고타 언덕배기를 오를 즈음 마치 등산할 때 정상 직전 깔딱고개를 오르는 것 같은 고통을 실감하고는 정상에 이르자마자 십자가를 던지듯 내리고 긴 한숨과 더불어 땀을 씻었다.

로마 군인들(!)이 수고했다고 치하했다.

그런데 이게 웬일인가. 주님은 여전히 힘든 모습이신데 내 마음은 저들의 칭찬 한마디에 한결 가뿐해지다니!

(육신에 지배당하는 연약한 인간이여 -)

골고타 언덕 위다. 봄 햇살은 눈부시기만 하다. 그 적나라한 자리에서 옷을 벗기고 적신으로 십자가에 누인다.

지금은 그분이 나이고 내가 그분이다.

짙은 흙냄새와 푸른 하늘이 교교한 가운데 가뿐 내 호흡소리만 들린다.
오른쪽 손바닥에 큰 못의 날카로운 끝이 놓인다.
차디찬 금속의 묵직한 촉감을 미처 헤아리기도 전에 망치 소리가 귀를 울리고 순간 엄청난 통증이 전신을 휘감아 버렸다.
컥컥거리는 신음이 저절로 새어 나온다. 말로 표현할 수 없는 아픔이다. 엄청난 전류가 손 신경을 타고 온몸에 끝없이 요동치며 흐른다. 등이 휘어지며 눈이 튀어나올 듯 혈압이 올라간다.
그런 경황 중에 나머지 손에도 못이 박힌다. 망치 소리는 뇌 속에서 폭탄처럼 터지는 것 같다. 기절이라도 해버리면 좋겠건만 어떻게 해볼 도리가 없다.
호흡이 힘들다. 정말로…… 너무나 괴롭다.
온몸을 비틀며 오금을 잔뜩 졸인 채 헐떡거리며 어떻게 몸을 가누기도 전에 갑자기 발에도 엄청난 통증이 가해진다.
아악 아악 –
소리 지르고 말았다.
너무, 실로 너무 아프고 참기 어려웠다!
갑자기 눈물이 쏟아지며 하늘을 향해 고함이 나오고 말았다.

(물론 침묵 중이기에 꺽꺽거리는 울음소리밖에 들리지 않았을 것이다.)

"이게 뭡니까! 이게 뭡니까!"

울며불며 하느님께 악을 썼다.

"도대체 이게 뭡니까! 왜 이래야만 되는 겁니까! 으흐흐……."

고통의 현장에서 악을 썼으니 거기에서 빠져나와야 되는데 그게 되질 않았다. 가위눌린 사람처럼 도무지 이 처절한 고통의 현장을 빠져나올 수가 없다.

이윽고 하늘이 빙빙 돌면서 십자가가 세워지니까, 도무지 몸을 어찌 할 수가 없는 단말마적 상태가 되었다.

껄떡껄떡 숨이 넘어간다. 이러다간 정말로 죽을 것 같다.

이젠 원망이고 뭐고 오직 고통과의 싸움뿐이었다.

아아 - 아아 -

이때 하늘에서 음성이 들려왔다.

아들아! 그 고통 그 괴로움 한가운데 바로 너의 창조자 내가 있다. 예수가 내 안에, 내가 예수 안에 있는 것이다.

(아 - 아버지 이 모든 것이 저의 구원, 저를 완전히 사랑하시기 위한 길인가요?)

그래.

네가 내게서 멀어져 나갈 때, 네 인생의 구비에서 니는 이런 고통을 겪었다.

그리고 지금 이 세상의 모든 악들 가운데에서도 마찬가지 고통,

그 지독한 고통을 겪고 있다!
 비록 사탄의 어둠이 빛을 이길 순 없을지라도
 어둠이 횡행하는 동안에는 이 고통을 피할 길이 없구나…….

 아버지! 사랑하는 성부 하느님.
 이 시간에 주신 이 아픔, 이 고통이
 바로 당신의 것임을 잊지 않도록 지켜 주십시오.
 이 시간 제가 생생히 경험하였던 이 엄청난 고통은, 제가 당신을 외면할 때마다 또다시 당신에게서 시작될 것임을,
 세상이 악의 노예가 되어 어둔 길로 휩쓸릴 때마다, 다시금 다시금 당신의 몸을 할퀴게 될 것임을,
 아버지. 이 엄청난 사실을 잊지 말게 해주십시오!
 오 주님. 사랑하는 주님. 당신의 사랑이 이토록 참혹한 고통을 수반한 것임을 왜 이제야 깨닫게 하십니까!
 십자가 아래에서, 아니 십자가 위에 매달려서야, 당신 사랑의 깊이와 당신 사랑의 아픔을 비로소 확연히 깨닫습니다.
 이젠 당신의 그 아픈 사랑을, 그 절절한 사랑을 제 마음밭 깊은 곳에 심습니다. 그리고 그 사랑을 가꾸며 다른 이들에게 전하지 않을 수 없을 것입니다.
 제 인생의 구비마다 만나게 하시는 모든 인연들에게, 이렇게 외치지 않을 수 없을 것입니다.
 "우리 주님의 사랑은, 나와 당신의 진통을 품어 안은 핏빛 꽃봉오리입니다!"라구요.

당신의 사랑은 좋은 게 좋은 식의 연약한 사랑 아니기에,
선을 향해 투쟁해가는 고단한 수고의 의지이기에,
당신이 보여주신 것처럼,
사탄의 올무에 빠진 온갖 악들,
구조악은 물론이요 사적 탐욕까지도,
단호하게 혁파해 나가지 않을 수 없을 것입니다!
아버지.
지금도 고통 중에 신음하고 계신 하늘 아버지…….

십자가 위에서 돌아가심

• 성경 본문: 가상칠언
  마르코 15:23~41, 루가 23:33~49, 요한 19:18~30
성경 본문은 각자 찾아서 읽으시기 바람. 반드시 성경 본문을 먼저 읽어야 됨.

관상의 길: 예수의 시선으로 보다가 그가 죽은 후 나의 시선이 됨.

오장육부를 뒤집는 듯한 극한 고통을 당하고 있는 사람 바로 옆에서 군인들은 아무렇지도 않은가 보다.

십자가가 들려져 세워질 때 몇 번을 까무러칠 뻔했지만, 고통은 잔인하리만치 계속해서 인지되었다.

못에 박혀서 매달려 있다는 것은 상상을 초월하는 고통이다.

숨을 잘 쉴 수가 없는 상황이 지속되는 가운데 자칫 미쳐버릴 것 같은 지경에 다다른다.

그런 것이 군인들의 마음에는 하나도 전달되지 않는 것이다!

저들은 킬킬거리며 내 옷을 나눠 가진다.

"아 - 아버지 저들을 용서하소서. 자기가 하는 일이 무슨 일인지 모릅니다······."

나를 사형에 처하도록 그토록 종용했던 정계 인물들이 십자가 밑으로 지나가며 비아냥거린다.

"어이 다른 이들을 잘도 살려내더니만 어디 한 번 거기서 내려와 보시지 그래. 그렇게만 한다면 우리가 당신을 왕으로 모셔 주지. 원. 쯧쯧. 모자란 사람 같으니라구……."

헤로데를 만났던 때 같은 생각이 든다. 절벽을 대하는 느낌.

이때 옆에 같이 매달려 있던 죄수 하나가 똑같은 말투로 고함을 지른다.

"당신이 정녕 메시아라면 당신도 구하고 우리도 구해야 옳지 않소! 이 처절한 고통의 상황에서 말이요!"

무슨 말을 해주어야 할까.

반대편에 매달려 있던 친구가 내 마음을 읽은 듯 외쳤다.

"자네는 무슨 말을 그렇게 하는가? 우리야 마땅히 죗값을 치르는 놈들이지만 저분은 다르지 않은가! 남에게 잘못한 일이라곤 아무것도 없단 말일세!"

"주님, 당신의 나라가 세워질 때 이 보잘것없는 인간도 기억해 주십시오!"

같은 구원을 바라는데 확연히 차이가 난다.

마술 같은 기적을 통한 소생을 바라는 이. 그리고 사랑을 통한 참된 자유를 바라는 이.

아 - 이 사람은 정녕 하느님 사랑의 구원에 가까이 있다.

"당신은 니와 함께 이제 천지를 창조하신 하느님의 낙원 - 그 사랑의 자유 안에 들게 될 것이오!"

조금 떨어져 있던 우리 가족들이 가까이 왔다.

어머니와 막내 요한, 작은 야고보의 어머니 마리아와 나를 극진히 따르는 마리아 막달레나, 그리고 살로메이다.

발가벗었지만 부끄러움을 논할 게재가 아니다.

경황없이 잡혀 오느라 어머니께 말씀드리지 못했던 유언 같은 말씀을 드릴 기회다.

"어머니. 이제 저는 가지만 완전히 가는 것은 아니에요. 여기 이 요한을 보세요. 이제 이 친구가 당신의 아들 예습니다. 저는 저의 길을 따르는 모든 이들을 제 분신으로 삼는 겁니다. 그러니 어머니, 슬퍼하지 마세요."

"요한. 이제 자네 어머니시네. 잘 모셔 드리게. 모든 이들의 어머니이신 게야……."

요한이 슬픈 눈망울로 대답을 대신한다.

이제 지상에서 더 이상 사람들과 말을 나눌 일은 없겠다.

하지만 바로 내 발 아래 사랑하는 어머니와 친구들을 두고 있으니 슬픈 마음 가누기가 어렵다.

하늘을 향해 마음을 모아 본다.

언제나 나와 교통해 주시는 아버지. 이 마지막 슬픔을 당신께 드립니다. 저를 사랑하시오니 한 말씀만 해주소서. 제가 곧 평안해지리이다.

그러나……

하늘에서는 아무 대답이 없다.

긴 침묵이 흐른다.

나도 모르게 눈물이 흐른다.

'엘로이 엘로이 레마 사박타니!'

크게 소리 질러 보지만 아버지는 여전히 침묵하신다.

그렇다.

이것이 바로 마지막 내가 감당해야 할 사랑의 몫인 게다.

이 아픈 침묵 속에 아버지의 심오한 구원경륜이 담겨 있는 것이다!

한참의 시간을 마지막 고통과 씨름했다.

이제 끝이 다가왔음을 느낀다.

가쁜 호흡을 통해 불이 확확 들어오는 것 같다.

'아 목마르다!'

들릴 듯 말 듯 했을 터인데 누군가 포도주를 적셔 주었다.

입에 적시니 좀 나은 것도 같다.

드디어 끝이 보인다.

이제야 다 이룬 것 같구나!

아버지, 제 영을 당신께 맡깁니다…….

그가 죽었다.

어릴 때부터 동고동락했던 친구 예수가 죽었다.

슬프다. 너무 슬프다.

이 사람아. 이제 이렇게 간 것인가!

예수야 - 내 친구 예수야아 -

그의 죽음을 지켜보던 내 마음이 미어터진다.

목이 메도록 그를 부르며 통곡했다.

예수야 - 어헉 내 친구 예수야아 -

한참만에야 그의 시신 밑에 털썩 주저앉아 이 넋두리 저 넋두리 하며 눈물을 훔치기 시작했다.

이제는 그와 지냈던 지난날들이 파노라마처럼 눈앞을 지나간다.

앞니 빠진 예수는 귀여웠지.

녀석과 다니던 산골짝과 냇가도 생각나고……

어릴 적부터 남다르게 율법 공부를 좋아했던 녀석.

그래 열두 살. 처음 유월절 나들이를 갔던 때가 생각나는군.

약간의 사고를 치고서도 당당했던 너.

그런데 그때 이후로 넌 나보다 훨씬 성숙해 버렸어.

청년기의 넌 내 우상이었지. 네 지혜는 언제나 감탄할 만한 것이었어!

세상을 보는 눈이 여느 사람들과는 완전히 틀렸지.

그래 요한 형이 세례 운동 시작했단 말을 듣고 자넨 때가 된 것 같다며 출가를 결심하고 내게 이야기했었잖어. 자네와 동행하기로 하며 가슴 두근거렸던 것이 엊그제 같네 그려.

그런데 자네는 세례를 받고 나서 완전히 달라졌어.

자네의 신원과 소명에 대해 대오각성한 것같이 보였어.

기도하자며 광야로 나갔을 때 생각나나?

어쩜 한 끼도 안 먹고 사십 일을 기도만 하냐 그래!

아무튼 이후로 벌어졌던 신명나는 일들을 생각하면 지금도 힘이 솟는 기분이야.

자네는 해방의 화신이었어!

자네를 만나는 사람들은 한결같이 자유의 기쁨을 누렸지.

하느님이 어떤 분이신지 자네를 통해 세상은 비로소 알게 되는 것 같았어.

자네 명성은 삽시간에 온 유대로 퍼져 나갔지.

한때 나는 자네가 너무 바빠지는 통에 우리의 우정에 금이 가는 것 아닌가 심통해했던 적도 있었어.

하지만 나는 자네와 다니면서 자네가 나와는 신원이 다른 이라는 것을 점점 더 깊이 깨닫게 되었지.

이제는 '예수 이 친구야' 하고 부르기가 쉽지 않아졌어. 그래 순간 순간 스승님 소리가 자연스럽게 나왔고 급기야 주님이라는 호칭으로 나가지 않을 수 없었던 거야. 자네가 병자들을 치유하고 죄인들을 해방시켜 줄 때마다, 내가 바로 그 병자요 죄인임을 깨달아 가면서는 자네야말로 내 인생의 구세주라는 것을 알게 되었어.

아무튼 자네 곁에는 수많은 사람들이 따랐네 그려.

하지만 세상은 자네를 그냥 놔두지 않았지. 특히 지도자들은 자네를 무척 싫어했어.

자네는 그들을 신랄하게 비판해 대곤 해서 우리야 속이 시원했지만 저들은 이를 간 거지.

물론 툭하면 자넬 곤경에 빠뜨리려 했던 저들이지만, 자네의 번득

이는 지혜로 저들 코만 납작해지기 일쑤였지!

자네 덕분에 우린 매일같이 신나는 일투성이었어.

마침내 자네가 우리와 함께 예루살렘 성전을 정화했을 때,

아, 우리의 통쾌함은 이루 말할 수가 없었네만, 그게 저들을 결정적으로 화나게 했던 거야.

좀 피해 다니며 때를 찾았으면 했네만 자네 생각은 달랐지.

예루살렘 지도자들을 그저 일국의 정치꾼들로만 보지 않았어.

사탄의 진지로 보았지.

그 진지를 파괴하지 않는 한 세상의 진정한 구원, 참된 해방은 없다고 본 게야. 그래 자네는 정면 돌파를 택했어.

정면 돌파라 하지만 그것이 세상 사람들 생각과는 정반대의 전략으로 나간 거야! 아무도 이해하기 힘든 전술이었어.

이제 자네 시신 앞에 이렇게 앉아서 생각하니 조금 이해가 되는 것도 같구만.

사랑의 전술.

사탄의 노예가 되어 버린 우릴 구하는 방법은

우리를 완전히, 죽기까지 사랑해 버리는 거, 이거 밖에는 없다는 생각이었던 거지. 내 말 맞는가?

지금 이렇게 넋두리를 늘어놓다 보니 그거야말로 진정한 승리가 보장되는 전술임에 틀림없다는 생각이 들어!

하지만 어쨌든 지금 내 마음은 허전하기 짝이 없네.

술이라도 있다면 한 사발 들이키고 싶네만······.

(그가 십자가에 달렸던 시간은 적게는 세 시간, 많게는 여섯 시간이나 된다. 그 긴 고통의 시간을 어찌 온전히 체감할 수 있겠는가! 내가 느꼈던 체험은 그야말로 극히 일부일 뿐이었지만 이토록 진한 상흔을 남기고 있으니······. 조용히 머리 숙여 그분에게 더 큰 마음을 올려 드린다.)

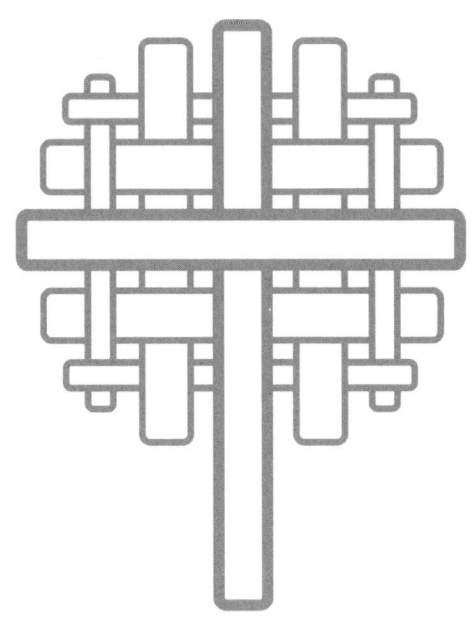

묻히심

• 성경 본문: 요한복음 19:31~42

31 그날은 과월절 준비일이었다. 다음날 대축제일은 마침 안식일과 겹치게 되었으므로 유다인들은 안식일에 시체를 십자가에 그냥 두지 않으려고 빌라도에게 시체의 다리를 꺾어 치워 달라고 청하였다. 32 그래서 병사들이 와서 예수와 함께 십자가에 달린 사람들의 다리를 차례로 꺾고 33 예수에게 가서는 이미 숨을 거두신 것을 보고 다리를 꺾는 대신 34 군인 하나가 창으로 그 옆구리를 찔렀다. 그러자 곧 거기에서 피와 물이 흘러 나왔다. 35 이것은 자기 눈으로 직접 본 사람의 증언이다. 그러므로 이 증언은 참되며, 이 증언을 하는 사람은 자기 말이 틀림없는 사실이라는 것을 잘 알고 있다. 그는 여러분도 믿게 하려고 이렇게 증언하는 것이다. 36 이렇게 해서 "그의 뼈는 하나도 부러지지 않을 것이다." 한 성서의 말씀이 이루어졌다. 37 그리고 성서의 다른 곳에는 "그들은 자기들이 찌른 사람을 보게 될 것이다."라는 기록도 있다. 38 그 뒤 아리마태아 사람 요셉이 빌라도에게 예수의 시체를 가져가게 하여 달라고 청하였다. 그도 예수의 제자였지만 유다인들이 무서워서 그 사실을 숨기고 있었다. 빌라도의 허락을 받아 요셉은 가서 예수의 시체를 내렸다. 39 그리고 언젠가 밤에 예수를 찾아왔던 니고데모도 침향을 섞은 몰약을 백 근쯤 가지고 왔다. 40 이 두 사람은 예수의 시체를 모셔다가 유다인들의 장례 풍속대로 향료를 바르고 고운 베로 감았다. 41 예수께서 십자가에 못 박히신 곳에는 동산이 있었는데 거기에는 아직 장사지낸 일이 없는 새 무덤이 하나 있었다. 42 그날은 유다인들이 명절을 준비하는 날인데다가 그 무덤이 가까이 있었기 때문에 그들은 예수를 거기에 모셨다.

관상의 길: 그분을 사랑하는 친구의 시선으로.

극심한 고통을 뒤로 하고 당신은 갔소.

이제 싸늘한 시신만 보일 뿐 당신은 없소.

군인들이 일을 빨리 처리하려고 죄수들 다리를 부러뜨리고 있소.

죽어 가는 과정의 처참함을 여러 날 사람들에게 보임으로써 '일벌백계'의 효과를 노리는 처형 방법이지만, 유대인들이 축일과 안식일에 흉한 일을 겪지 않게 해달라 해서 일단 숨통은 모두 끊겠다는 것이오.

그런데 당신은 이미 죽었소.

백인대장은 확인 사살을 명했고 군인 하나가 당신의 왼쪽 옆구리를 통해 심장을 찔렀소.

당신 몸에 남아 있던 모든 수액이 쏟아져 나오는구려.

피와 물. 남김없이 쏟아 내셨소. 죽은 당신이!

최후의 순간까지도 모든 걸 내어 놓는 당신 앞에서 더 큰 경외감을 갖게 되었소.

당신의 심장이 꿰뚫리자 요한과 어머니, 그리고 여자들의 비통은 극에 달하고 주변은 더 큰 슬픔으로 가득 찼소.

그나저나 시신을 저리 두어 독수리 밥이 되게 해야 한다니 더 억장이 무너질 일이오.

그런데 불행 중 다행. 하느님은 시신마저 마음대로 못하게 하는 비인간적 처사에서는 우리를 건져 주셨소.

아리마태아 사람 요셉이 나타난 거요. 빌라도의 허가증을 들고 말이오. 때마침 산헤드린 의원인 니고데모도 장례용품을 넉넉히 가져왔구려. 전혀 생각지 못했던 이들이 이처럼 결정적인 순간에 큰일을 해주니 고맙기 짝이 없는 일이오.

그런데 시신을 내려야 하는 일이 보통 일이 아니라는 사실을 깨닫소. 우리는 당신을 내리는 문제로 얼마간 토론해야만 했소. 매우 사무적인 이야기를 당신 시신 앞에서 하자니 미안한 생각이 드오.

아무튼 결론은 속히 난 편이오.

먼저 당신 가슴께에서 천을 감아 십자가 가로틀에 고정한 다음, 발의 못을 뽑고 그 다음에 손의 못을 뽑아 감은 천을 풀어 천천히 달아 내리기로 한 것이오.

사다리로 올라가 윗 작업을 하는 것은 요한과 내가 맡았소.

당신을 십자가 가로틀에 묶는데, 꺾인 고개가 흐느적거리는 것을 보며 또다시 비통함을 느끼지 않을 수 없었소.

아래쪽에서는 발의 못을 뽑는데 상당히 애로 사항이 있나 보오.

한참만에야 못을 뽑았고 장도리를 위로 보내 주었소.

이제 내가 당신 손을 고정한 못을 뽑소.

의외로 손에 박힌 못은 쉽게 빠지는구려.

드디어 시신을 내리게 되었소.

요한과 나는 팔에 통증을 느낄 정도로 힘이 든 게 사실이지만 그걸 당신 앞에서 드러낼 수 있겠소?

천천히, 아주 천천히 당신을 내리오.

요셉과 니고데모가 아래에서 당신을 받아 안고 있소.

바닥에 깔아 놓은 천 위에 당신을 누이자 성모께서 달려들어 끌어안고 오열하시는구려.

모두 또 한바탕 통곡의 시간을 가졌소.

나는 차마 당신을 바라볼 수 없어 뒤돌아서서 흐느꼈소.

한참을 애곡하고 있는데 요셉이 시간이 촉박하다는 이야기를 해서 우리는 겨우 마음을 추스르고 당신을 안장할 채비를 하오.

남자 넷이 향유로 당신 몸을 닦아내오.

얼굴, 피가 엉긴 손과 발, 가슴, 배, 아랫도리……

왼쪽으로 돌려 눕히고 등을 닦으려는데 억 하는 소리가 절로 나왔소.

사람의 등이 아니었소. 얼마나 모질게 맞았으면 갈기갈기 터진 살은 그야말로 누더기처럼 되어 있지 않겠소!

나쁜 놈들이라고 욕해 봤자 아무 소용없는 줄 알지만, 그렇게라도 하지 않으면 분이 가라앉을 것 같지 않아 한바탕 욕을 해대고 말았소.

이윽고 발에서부터 베를 감아올리오.

당신의 힘없는 팔을 앞쪽으로 모으고 몸통을 감을 때부터 다시 오열이 시작되었소. 눈물이, 내 붉은 눈물이 당신을 감는 천 위로 하염없이 떨어지오.

머리를 수건으로 덮은 다음 베로 싸맬 때는 여자들의 비명 같은 통곡 소리가 낭자했소. 나는 눈물을 참으려 했지만 북받쳐 올라오는 오열을 어찌 할 수가 없었소.

울컥거리며 쏟아지는 눈물이 앞을 가리는 바람에, 내가 무엇을 하고 있는지도 모를 지경이 되어 버렸소.

이제 당신을 들어 메고 돌무덤으로 가오.

허깨비같이 가벼운 당신. 십자가에서 내릴 때는 몰랐는데 당신은 그야말로 남김없이 내어 준 삶이었구려.

당신을 들어 멜 때 빈 바가지를 들어 올리는 것 같던 느낌은 사실 섬뜩한 것이었소.

천천히 발걸음을 옮기면서 갑자기 내 인생도 파노라마처럼 지나가는구려. 나는 이처럼 아낌없이 쏟아부을 수 있을까 하며…….

돌무덤의 입구를 닫을 즈음 한 무리의 성전 경비병들이 몰려오는구려. 이 거칠기 짝이 없는 놈들은 다짜고짜 다가와서는 총독의 지시라며 자기들 마음대로 무덤에 회칠 봉인을 하더니 떡하니 경비를 서는 것이 아니요!

저들 속내가 보여 어이가 없었지만 그래, 잘들 해보라지 하며 거길 떠났소.

아지트로 와 보니 베드로와 다른 제자들도 다시 모여 있는데 한결같이 안절부절못하는 상태요.

내가 자초지종을 대충 이야기하자 모두 다시 한바탕 눈물바다를 이루었소.

이제 어찌하나 다들 막막하기만 한데, 토마가 나서서 축제 기간이 끝날 때까지 만이라도 어떻게 해서든 상을 이어 나가자고 했소. 하루에 한 번은 무덤에 가서 애곡하는 것이 도리 아니겠냐고…….

문제는 머물 장소였소. 유대인들의 눈총이 무서운데다 이 아지트는 이미 노출되었고 무엇보다 무덤에서 너무 멀리 떨어져 있소.

갑자기 파스카 만찬상을 차려 주었던 친절하게 생긴 집주인 생각이 났소.

 우리는 혹시나 하고 요한을 보내 봤는데 주인은 흔쾌히 우리를 오라 한다는구려.

 짐을 챙겨 성 안으로 이동하오.

 때는 그제 우리가 파스카 만찬을 마치고 밖으로 나오던 무렵 같은 한밤중이오.

 키드론 골짜기를 건너는데 저 멀리 달 속으로 기러기 떼가 날아가는구려.

 아 – 당신이 그날 불렀던 노래가 생각나지 않을 수 있겠소?

 누군가 시작한 노래는 어느 샌가 우리 모두의 합창이 되고 눈물이 되고 마는구려.

　한 고개 넘어 또 너머로 보인다.
　한 조각 구름 속에 잠긴 둥근 달
　수많은 목숨 앗아버린 총탄 자욱이
　산허리를 수놓아 둔 채 말이 없는데
　기러기 한 떼 줄지어 난다.
　처량히 울며 줄지어 간다.
　그 슬픈 추억 지닌 채 저 산 너머로
　기러기 떼 줄지어 난다…….

반복: 돌아가심과 묻히심[9]

    십자가 위에서 세상을 바라봅니다. 나의 고통, 나의 죽음에는 아무런 관심도 없어 보이는 이들이 내가 남긴 유품들을 나누느라 정신이 없습니다.

    저들이 매단, 저들의 손에 피를 묻혀 희생시키는 이의 인생이 갖는 의미 따위에는 신경 쓸 새가 없어 보입니다. 그러니 하느님 나라니 정의니 평화니 하는 것들이 저들 눈과 귀에 들어올 리가 없습니다. 아버지, 저들을 용서하소서…….

    저들은 나를 꼼짝달싹 못하게 해놓고서는 내가 가진 알량한 재산을 나누느라 정신이 없습니다. 내가 쓰던 컴퓨터, 운동기구, 책, 옷가지까지 남김없이 가져가야 성이 찰 모양입니다. 그렇지만 내가 외치던 소리들은 기억조차 하지 못합니다. 저들 눈엔 내가 소중히 보듬어 안고 살아왔던 진리가 그저 하나의 상품, 소모품처럼 보입니다. 주님, 억장이 메어지는 느낌이지만, 당신이 용서하시니 당신의 은총에 힘입어 저도 마지막까지 저들을 위해 기도하겠습니다.

    당신의 죄목은 '유대의 왕'이라 적혀 있습니다. 이스라엘의 왕, 하느님 나라의 주인공이라는 뜻입니다. 저들의 치기 어린 장난이 진실에 대한 고백이 되어 버렸습니다. 아무튼 저들은 당신이 하느님 나

---

9) '십자가의 길' 묵상 자료처럼 자연스럽게 장면 장면마다 나의 고백이 달려 나왔다.

라의 주역이기 때문에, 하느님이 온전히 통치하시는 나라를 향해 나아가는 주역이시기에, 그것을 정죄하고 처벌한 것입니다.

그러니 주님, 결국 제가 이 세상에서 하느님 나라의 주인공으로 살고자 하면 그것은 세상의 단죄를 받게 될 것입니다. 하느님 나라의 가치가 다른 어떤 것보다 소중하다 여기고 오직 그것만 바라보고 사는 것은, 저들에게는 견딜 수 없는 죄악이요 놀림감이 됩니다. 그러나 당신이 먼저 그 고발로 희생되셨으니 제가 당신과 같은 죄목으로 사회에서 냉대받는 것은 영광일 뿐입니다.

백성의 지도자라는 이들이 당신을 희롱합니다. 아니 당신을 유혹합니다. 다른 이들을 살려내는 그 능력으로 스스로를 살려 보라고! 냉큼 그 자리를 박차고 우리 쪽으로 오면 당신이 말하는 것을 믿어주겠노라고…….

주님, 세상을 이끄는 논리들은 하느님 나라의 주역이 되려 하는 저에게도 똑같은 미끼를 던집니다.

다른 사람을 위한 삶이 참된 행복을 보장한다고? 웃기지 말라. 네 인생은 너의 것이야! 먼저 네 인생을 보듬고 즐겁게 해주어야 다른 이들에게도 행복을 나눌 수 있는 거야…….

당신은 침묵으로 저들을 대하셨습니다. 그렇습니다. 일일이 대꾸할 필요조차 없는 이야기들입니다. 내 인생의 참된 길을 발견하고 그 길을 가는 동안에는, 그 길을 어떻게 걸어갈지에 대해서만 생각하면 그만입니다. 왜라고 질문하는 것은 어리석은 일입니다.

당신은 외로이 십자가에 달려 있지만, 세상이 온통 당신을 정죄하고만 있는 듯하지만, 멀찍이 보이는 사람들 중에는 당신을 인정하고 당신을 응원하는 이들이 많습니다. 어머니와 여인들, 그리고 당신이 사랑하시는 제자…….

주님, 제가 이 생명의 길을 가노라면 모든 이가 나를 외면하는 듯이 보일 것입니다. 심지어 가까운 가족과 친구들까지도 말입니다. 그러나 주님께서도 십자가상에서 보시고 마음 든든하셨듯이 저도 주변에서 당신의 길을 걷는 적지 않은 이들을 봅니다. 희망입니다. 연대의 힘을 얻습니다. 그들 중에는 물론 피붙이도 있습니다. 더 큰 힘을 얻습니다.

고통의 끝이 다가옵니다. 당신은 당신의 유일한 통교자였던 아버지를 부르십니다. 아버지, 지금이야말로 당신이 나의 세례 때, 내가 모세와 엘리야를 만날 때 들려주셨던 음성을 들려주실 때입니다. 한 말씀만 하소서. 제가 이 마지막 고통의 순간을 넘어 가겠나이다…….

하느님은 아무 말씀 없으시군요. 완전한 침묵.

주님, 저도 당신의 길을 걸을 때 분명 지금은 영적 위로를 주셔야 할 때라고 생각하며 주님을 부를 때가 있습니다. 그런데 정작 반드시 필요하다 생각하는 곳에서 제 기도는 메마르곤 합니다. 이 시간 그 비밀을 알려주시니 감사합니다.

완전한 침묵 - 그것은 바로 완전한 동참이라고!

지금 예수께서 아무런 위로를 받고 있지 못하시는 것 같으나, 사실 하느님은 예수님과 혼연일치가 되어 그 고통을 송두리째 공유하고 계신 것입니다. 이는 극도의 자기 분열을 경험하며 스스로에게 '왜 나를 버리셨나이까' 외치시는 것으로 절정을 이룹니다.

주님, 제가 극도의 고독과 시련 속에서도 아무런 영적 위로를 경험하지 못할 때, 우리가 당신의 평화의 길을 걷다가 극한 곤경에 처하여 어떤 희망도 발견하지 못할 때, 바로 우리 한복판에 당신 와 계심을 알게 하여 주십시오.

마침내 당신은 돌아가셨습니다. 숨이 끊겼습니다. 모든 게 끝난 것처럼 보였습니다.

그러나 그렇지 않았습니다. 당신이 어머니께 새로운 아들을 주시고 제자에게는 새 어머니를 주셨듯이 당신은 이제 새로운 아들, 수많은 새 예수로 태어나십니다. 그리고 지금 이 자리에도 백부장이라는 이방인이 당신의 사람이 되는 기적이 일어났습니다.

주님, 저도 죽습니다. 제 눈으로 하느님 나라의 완성을 보지 못하고 죽을 것입니다. 외견상 평생 추구했던 일이 물거품이 되는 것처럼 보일 수도 있습니다. 그러나 그렇지 않음을 오늘 알게 되었습니다. 저의 숨이 지상에서 멎을지라도 제가 추구했던 예수의 길, 생명의 길은 또 다른 나를 통하여 끊임없이 이어질 것입니다. 그러니 저는 결코 죽는 것이 아닙니다.

당신과 함께 가는 것입니다.

당신의 시신은 내리워져 소중한 이들의 품에 안기고 평안하게 묻히십니다. 당신이 남긴 흔적은 당신을 사랑하는 이들의 가슴에 따뜻하게 머뭅니다. 당신의 시신, 당신의 흔적은 봉인된 무덤처럼 저들을 떠날 수 없을 것입니다.

  주님, 저 또한 죽어 저의 자취를 남길 것입니다. 그중에서도 당신을 향한 사랑의 길만큼은 저를 아끼던 모든 이의 가슴속에 남게 될 것입니다. 영원히 지워지지 않는 흔적으로 남게 될 것입니다.

  그러하오니 주님,

  저의 지금의 시련이 주님의 길 때문이라면,

  저의 죽음이 당신 향한 사랑의 결과라면,

  저는 당신과 함께 영원히 살게 될 것입니다.

  주님,

  당신만이 희망이고 생명이며 기쁨입니다.

  당신을 만날 수 있어서 제 인생은 참으로 복됩니다!

수난의 여정 마무리 성찰

　수난 여정을 통하여 가장 크게 부각된 영적 체험은 뭐니 뭐니 해도 너무나 사실적인 고통의 실감이었다. 성 프란체스코가 받은 오상의 은총을 어느 정도 이해할 수 있을 정도였다고 감히 말할 수 있는 체험이었다.
　이제 내가 살면서 나약함에 빠져 한 길 주님 사랑의 길에서 한눈을 팔라치면, 주님께서 주먹세례를 받던 그 충격이 떠오를 것이다. 나도 모르게 사탄의 유혹에 넘어가서 하느님 사랑의 도를 파괴하고 있으면, 그날 손에 박히던 못, 발에 찍혀 들어오던 그 대못질의 고통이 나를 찌를 것이다.
　물론 주님의 생명길을 걷는 이들이 수난과 고통의 길만 가는 것은 아니다. 주님의 공생애도 대부분은 해방의 잔치였다. 그러니 자칫 다른 이들을 옥죄는 또 하나의 종교 이데올로기가 되지 않도록 주의해야 마땅하다. 아울러 주님 해방의 잔치 또한 사랑의 창조 질서(원리와 기초)라는 식별 기준에 따라, 더러 단호한 입장을 표명하고 저항 혹은 전투해야 한다는 점도 잊지 말아야 하리라.
　주님은 내게 사랑이 무엇인지 가르쳐 주셨다. 그리고 내 인생에서 가장 주목해야 할 것이 무엇인지 분명히 해주셨다. 그것은 '분별력 있는 사랑'이었다.

제4부

부활
Resurrection

하느님이 죽었다가 살아나셨다.

왜?

나와 수많은 '나'들은

죽지 않으면 살 수 없고

당신의 부활 생명의 길이 아니면

영원히 죽을 수밖에 없기 때문이다.

부활1: 어머니께 발현

• 성경 본문: 없음 (비록 성경 본문에는 언급이 없으나 성서가 증언하는바 예수의 탄생과 생애, 그리고 수난의 현장에서 드러난 성모와 예수의 관계상 예수께서 부활하신 후 가장 먼저 어머니께 발현하셨다는 추정은 매우 논리적이다. 이냐시오 성인은 이 점을 당연하게 생각하고 관상 주제로 선정했다.)

관상의 길: 성모 마리아의 입장으로 예수와의 만남 일체를 되돌아 봄.

우리 일행이 아지트로 돌아왔을 때 베드로가 나를 보고 어찌나 슬피 우는지…….
이날 밤 하나둘 모여온 제자들과 밤을 하얗게 새며 슬픔을 나누었지.
낮에 요한을 성내에 들여보냈는데 다행히 파스카 축제를 지낸 집을 우리가 쓸 수 있게 되었어.
집주인 이야기가 산헤드린 사람들이 예수 제자들을 찾고 있다는 소문이야. 사흘 만에 부활하네 어쩌네 하면서 유언비어를 퍼뜨릴 가능성이 있다는 거지. 당분간 제자들은 몸조심해야 하겠어. 그래서 우리 이동 시간도 저녁으로 정했지.
베드로는 스스로에게 얼마나 실망을 했는지 울음을 그치지 않는군. 이제는 내가 다독거려 줘야 할 판국이야.

성 안 그 집에 들어와서 남자들은 이층을, 우리 여자들은 부엌 옆에 있는 방을 쓰게 되었어. 베드로를 한참 위로해 준 다음에야 내려와서 나도 밀린 잠을 청하게 되었지.

꿈결에 너무나 황홀한 경험을 했어. 말로 표현할 수 없는 아름다움을 보았지. 새벽잠에서 깨어 부엌으로 난 문을 통해 마당으로 나왔어. 아직 온 땅이 고요한 가운데 있는데 내 마음은 왠지 모를 설렘으로 채워지는군.
아들 예수와 있었던 지난 일들이 생생하게 기억나는 시간이야.

처음에 천사로부터 예수를 잉태하게 되었다는 이야기를 들었을 때의 엄청난 충격이 떠오르는군.
나 같은 시골 무지렁이가 하느님의 아들을 잉태하게 된다는 말이 곧이 들렸겠어?
게다가 남자와 동침도 없이 그런 일이 벌어진다 하니 기분이 어땠겠냐구.
요셉도 생각나고 어머니도 생각나고 한참을 고민했던 게 생각나.
천사의 말 중에 성령께서 나를 덮으실 거라는 이야기가 나오면서 내 마음은 묘한 확신 같은 게 들었지. 그래 주님의 뜻을 이루소서 한 거야.
엘리사벳을 찾았을 때 이 신비한 일이 나 혼자 겪는 신기루 같은 일이 아님을 알게 되고 얼마나 기뻤는지!
내 마음에서는 찬미의 노래가 샘물 터지듯 터져 나왔었지.

의롭고 착한 사람 요셉도 하늘의 명확한 음성을 들었나 봐. 내가 임신한 것을 알고도 혼례를 치렀고 이 아이가 하느님의 아이라는 것을 굳게 믿었어.

예수를 낳던 때의 고생이 생각나는군. 그 비바람 몰아치던 밤. 찾아도 찾아도 빈 집은 없고 산통은 시작되고⋯⋯. 마침내 얻은 헛간이지만 어찌나 고마운지!

그 밤에 세상에 태어난 예수. 얼마나 귀여웠는지 몰라! 세상의 눈으로 보면 핏덩이에 눈도 못 뜨는 못난이로 보였을지 모르지만 애를 낳아 본 사람은 다 알거야. 내겐 그 아이가 보석처럼 빛나 보였어.

아기를 구유통에 뉘어 놓고 한숨 돌리는데 나타났던 목동들 얘기 아는가? 천덕꾸러기 같은 목동들 얘기였지만 예수가 어떤 아이인지 다시 실감케 해주었지.

정결의 시간을 마치고 성전에 봉헌하러 갔을 때, 시므온의 감동 섞인 고백은 이 아이가 참으로 하느님의 아들이요 이 시대에 큰일을 할 주님의 사자라는 것을 완전히 확신하게 해주었어. 물론 나는 모든 일을 마음에 잘 새겼을 뿐이야.

베들레헴에서 한밤중에 이집트로 피난 갔던 시절. 예수 기저귀를 갈 새도 없이 밤길을 헤쳐 갔던 일도 생각나는군. 말도 잘 통하지 않는 곳에서 두 해를 보냈다는 게 지금도 믿어지지 않아. 그땐 바람만 불면 예수 때문에 죽어야 했던 어린 생명들 생각에 눈시울이 붉어지곤 했었어⋯⋯.

이 모든 사연을 내 가슴속에 품고 있으니 내가 예수를 어떻게 생각하는지 잘 알 수 있을 거야. 고향으로 돌아와서 무럭무럭 자라는 예수를 보며 나는 늘 얘기하곤 했지.

 넌 하느님의 아들이야!

 예수 나이 열두 살 되던 해. 유월절 나들이에 처음 데리고 갔을 때도 잊을 수가 없어. 애를 잃어버린 줄 알고 얼마나 노심초사했었던지!

 가까스로 찾아낸 애가 대뜸 왜 내 아버지 집에 있는 것이 잘못되었냐 했을 때, 난 아차 했어.

 이 아이는 '내' 아이가 아니다. 하느님의 아들이다 하는 깨달음이 새롭게 오는 거야.

 물론 이후로 예수는 다시 그런 짓을 하지 않았지만 나는 그 아이가 슬기롭게 성장해 나가는 것을 보며 한시도 이 애가 하느님의 아들이라는 사실을 잊지 않았어.

 예수가 출가 의사를 표명했을 때 그래서 크게 놀라지 않았지. 오히려 난 이제야 그 애의 때가 시작되는구나 했어.

 갈릴래아 일대에 예수의 소문이 돌면서 나는 내 마음속에 새겨 두었던 하느님의 음성을 새롭게 떠올리곤 했지. 특히 시므온 통해 들려주신 말씀, 이 아이가 세상 사람들을 일으키기도 하고 넘어뜨리기도 할 것이고, 내 마음은 칼에 찔리듯 아프겠지만 사람들의 속마음을 드러내게 될 거라는 말씀.

 예수가 나자렛에 왔다가 고향 사람들과 그다지 좋지 못한 상황을 만들었을 때도 나는 그 말씀을 떠올리며 하느님을 찬양했어.

 예수가 이웃 동네 가나로 혼인 잔치 집에 갔을 때 함께 갔던 내가 사람들에게 무조건 예수 말을 따르라고 했던 것은 사실 다 이런 배경을 가지고 있는 거야.

예수가 갈릴래아 일대에서 그야말로 하느님의 아들다운 일을 할 때, 오히려 내 주변에서는 그 아이를 미쳤다고 하면서 집으로 데려오려고 했었어, 참 어이없는 일이었지. 어쩔 수 없이 그들과 함께 예수를 찾아 나서기도 했지만, 그 아이가 '누가 내 어머니요 형제냐' 하고 말하기 전에 나는 이미 그 아이의 신원에 대해 추호의 의심도 하지 않았어.

예수는 '하느님의 아들'이야!

어느 날 그 아이가 의미심장한 얼굴로 예루살렘 행을 이야기했을 때, 나도 뭔지 모를 직감 때문에 예수를 따라 나섰어.

가는 길에 예수가 알 듯 모를 듯한 얘기를 여러 차례 했지만 – 메시아는 수난을 받고 죽어야 하고 사흘 만에 다시 살아나야 한다는 – 다른 이들은 그냥 흘려듣는 눈치였어. 나는 아니었어. 여느 때처럼 그 말을 마음속에 잘 새겨 두었지.

신나는 예루살렘 입성, 그리고 성전 상인들을 몰아내었을 때, 우리 일행의 기분은 그만이었지.

그런데 그건 잠시 – 그야말로 잠시였어. 산헤드린 사람들이 우리를 해하려 한다는 소문이 돌고 우리는 밤마다 아지트로 피신해야 했어.

마침내 파스카 축제의 날 예수는 참으로 의미심장한 일을 했어.

만찬상에서 제자들의 발을 정성스럽게 씻겨 주던 충격.

내 발을 부여잡고 씻으며 한참을 기도하던 모습.

빵을 떼어 주며 내 살이라 하고 잔을 나누며 내 피라 했을 때의 전율!

그 아이는 마치 유언처럼 자기가 없을 때 이 일을 항상 행하라 했지.

그런데 그 밤 아지트로 돌아오는 길의 예수 안색은 썩 좋아 보이지 않았어.

키드론 골짜기를 지날 때는 평소에 잘 부르지 않던 슬픈 곡조의 노래도 하더군.

아지트로 돌아와서 그 아이가 기도해야 하겠다고 했을 때 나는 직감했어. 아, 얘가 말했던 그 수난의 때가 온 것인가!

한참을 기도하고 돌아온 예수의 얼굴은 하지만 너무나 평온했어. 내 아들이 아니라 하느님의 아들이라는 것을 분명히 하는 모습이랄까······.

이윽고 예수가 잡혀가고 제자들은 혼비백산했지만 나는 두렵고 떨리는 마음으로 여자들과 그 아이가 끌려간 곳으로 갔지.

빌라도 관저에서 멀리 서 있는 예수를 보았어.

얼마나 맞았는지 얼굴을 잘 알아볼 수 없을 정도였어. 순간 어찌나 설움이 북받치는지. 내 평생에 그 아이가 그토록 상하게 된 모습은 처음이었어.

사형이 선고되었을 때도 마음이 덤덤하긴 했지만 그 아이의 얼굴을 볼 때면 스며 올라오는 슬픔을 가눌 수가 없었지.

개가 끔찍하게 못 박히고 매달릴 즈음에는 난 거의 정신이 나간 상태였어.

예수는 그 와중에도 다른 사람들을 위해 기도하고 내 노후까지 챙겨 주지 않겠나!

요한에게 이런저런 말을 하면서 내게 하는 말이 스치듯 지나갔어. "어머니 이게 끝이 아니에요. 걱정하지 마세요."라고 했던 말.

마침내 예수가 숨을 거두고 선한 이의 도움으로 시신을 내리게 되었을 때. 내려진 시신을 보는 순간 다시 슬픔이 북받쳐 와서 난 그 아이를 끌어안고 하염없이 울지 않을 수 없었어. 자식의 시신을 끌어안아 본 어미라면 다 공감할 거야.

이 말을 하노라니 눈앞이 흐려지고 가슴이 미어지네…….

흐음 -.

이제 그 아이는 무덤에서 쉬고 있어.

어쩌면 내 마음속에, 그리고 많은 이들 마음속에서 쉬고 있을 거야.

이런저런 생각을 하며 마당을 거니는데 홀연히 누군가 앞에 나타났다.

어머니! 놀라지 마세요. 저예요!

아니, 저라니. 예수? 네가 정녕 예수란 말이냐?

놀라움을 금할 수가 없었다. 그에게 다가가 그를 만지고 쓰다듬어 본다.

그래요 어머니 저예요. 당신의 태로 낳았던 아들 예수예요.

그래 그렇구나. 내 아들 예수가 맞구나. 이게 어찌된 일이란 말이냐!

예수, 생전의 그 튼튼한 팔로 와락 끌어안으며 말한다.

어머니. 저는 그저 어머니 마음속에만 남아 있는 그런 부활을 얘기했던 게 아니에요. 이처럼 확실하게 살아난 그런 부활을 말했던 거예요.

예수는 어머니를 바로 쳐다보며 이야기를 잇는다.

어머니. 전 이제 아버지의 영광 안에 있어요. 태초에 있었던 아버지 영광 속에 있는 거예요. 이제 저를 따르던 이들은 내가 결정적으로 악의 세력을 이기고 하느님의 영광을 드러냈다는 것을 알게 될 거예요.

어머니. 기뻐하세요. 빛이 어둠을 결국 이겼어요.

어머니, 이제 나는 다른 제자들에게도 일일이 찾아가서 직접 이 사실을 알릴 거예요.

그러니 아무 말씀 안 하셔도 돼요. 그저 기뻐하시기만 하면 됩니다. 늘 그러셨듯이 마음속에 잘 품고 계시기만 하세요. 나머지는 제가 다 알아서 할 거예요.

어머니. 사랑하는 내 어머니……

아- 예수야. 나의 아들, 하느님의 아들아!

영적 체험

부활하신 예수께서 얼마나 생생하게 내 곁에 살아 계시는지 나는 안다. 그의 부활은 추상적 명제 그 이상의 것이다.

부활 2: 여인들에게

• 성경 본문: 마태오복음 28:1~10

1 안식일이 지나고 그 이튿날 동틀 무렵에 막달라 여자 마리아와 다른 마리아가 무덤을 보러 갔다. 2 그런데 갑자기 큰 지진이 일어나면서 하늘에서 주의 천사가 내려와 그 돌을 굴려 내고 그 위에 앉았다. 3 그 천사의 모습은 번개처럼 빛났고 옷은 눈같이 희었다. 4 이 광경을 본 경비병들은 겁에 질려 떨다가 까무러쳤다. 5 그때 천사가 여자들에게 이렇게 말하였다. "무서워하지 마라. 너희는 십자가에 달리셨던 예수를 찾고 있으나 6 그분은 여기 계시지 않다. 전에 말씀하신 대로 다시 살아나셨다. 그분이 누우셨던 곳을 와서 보아라. 7 그리고 빨리 제자들에게 가서 '예수께서는 죽었다가 다시 살아나셨고 당신들보다 먼저 갈릴래아로 가실 터이니 거기에서 그분을 뵙게 될 것이오.' 하고 알려라. 나는 이 말을 전하러 왔다." 8 여자들은 무서우면서도 기쁨에 넘쳐서 제자들에게 이 소식을 전하려고 무덤을 떠나 급히 달려갔다. 9 그런데 뜻밖에도 예수께서 그 여자들을 향하여 걸어오셔서 "평안하냐?" 하고 말씀하셨다. 여자들은 가까이 가서 그의 두 발을 붙잡고 엎드려 절하였다. 10 그러자 예수께서는 그 여자들에게 "두려워하지 마라. 가서 내 형제들에게 갈릴래아로 가라고 전하여라. 그들은 거기서 나를 만나게 될 것이다." 하고 말씀하셨다.

관상의 길: 현장에서 나도 한 배역이 되어 주님을 만남.

안식일 낮 동안은 꼼짝도 할 수 없어 종종거리며 해 지기를 기다렸다. 어제 시신을 급히 수습하긴 했으나 뭔가 정성을 다하지 못한 것 같아 안타까웠던 것이다. 해가 지자마자 마리아 막달레나와 작은 야고보의 어머니 마리아와 함께 장으로 나가 향신용품을 구입했다. 돈은 아깝지 않았다. 지갑을 열어 있는 대로 다 썼다.

집(파스카 만찬했던 곳)으로 돌아와서 잠을 자는 둥 마는 둥 하다 새벽 먼동이 트자마자 일어선다.

두 마리아와 아직 어둑한 시내 길을 지나 성 밖 골고타 쪽으로 오른다. 무덤으로 가려면 골고타를 지나야 하기에 찝찝하지만 어쩔 수 없이 그곳을 통과해야 한다.

예수님 좌우에서 처형되었던 두 죄수의 시체가 참혹하게 걸려 있다. 여자들은 보지 못하게 하며 지나갔다. 예수님이 돌아가셨던 자리 구덩이를 보자 그저께 예수께서 당했던 고초가 다시 생각나서 눈물이 솟구친다.

짧은 숲길을 지나 드디어 무덤에 도착했다.

그런데 이게 웬일인가!

갑자기 땅이 흔들리고 천지가 개벽하는 듯한 굉음이 울린다.

몸의 균형을 잡느라 정신이 없는데 눈앞에 기가 막힌 풍경이 펼쳐진다. 무덤을 막아 놓았던 큰 돌이 옆으로 밀리고 눈부신 차림의 누군가가 서 있는 것이 아닌가! 꿈인지 생시인지 분간이 되지 않았다.

엄청난 충격에 경비병은 졸도해 버렸고 우리도 오금이 저려 꼼짝달싹을 못하고 있었다.

갑자기 그 눈부신 이가 말한다.

"두려워 마시오. 나는 하느님의 천사요. 당신네들이 찾는 예수는 여기 안 계시오. 그분은 말씀하셨던 것처럼 살아나셨소."

아니 이게 무슨 말인가! 예수가, 예수께서 여기 안 계시다니!

"그분은 갈릴래아로 가셨소. 제자들에게 가서 빨리 갈릴래아로 가라 하시오. 예수께서는 거기에서 제자들을 만난다 하셨소."

여자들은 상기된 표정이지만 나는 얼떨떨하다. 그가 살아났다고? 바로 그저께 내가 그의 시신을 수습하지 않았나! 참으로 믿을 수 없군. 그의 시신은 쏟아 낼 것은 다 쏟아 내어서 도저히 되살아날 수 있는 그런 시신이 아니었지 않았나 말이다.

어정쩡하게 길을 돌아 나서는데 난데없이 앞에 사람이 서 있다.

헉. 예수. 틀림없는 예수다.

여자들은 기쁨의 환호성을 지르며 그에게 달려가 발에 입 맞춘다. 두 마리아의 믿음은 참으로 깨끗하다.

나는 꼼짝도 할 수 없었다. 이 비현실적인 상황을 어떻게 받아들여야 한단 말인가…….

순간 예수가 말을 건넨다.

"평안한가 안셀모! 아무 걱정 말게. 나네 나, 예수. 자네가 그토록 서러워하며 안장해 준 바로 그 예수라네. 이것저것 복잡한 생각 다 내려놓게.

내가, 죽었던 내가 이렇게 확실하게 살아 있는 것이네!"

그래. 내가 부활에 대해 생각하고 있는 온갖 형이상학적 이미지들은 다 내려놓아야 해. 그러지 못하면 난 영원히 부활한 예수를 만나지 못하고 말거야!

"맞네. 먼저 나의 죽음을 체험적으로 알게 되었다면 그 죽음에서 살아났다는 사실만을 단순하게 받아들여야 하네. 그런 다음에야 일상 안에서의 부활 같은 것을 논할 수 있는 것이네. 믿음의 선후가 있는 것일세."

좋아. 내 모든 선지식 다 내려놓음세.
그러나 내 부족한 믿음을 더하여 주게.

"그래 안셀모. 잘 생각했어! 이리 오게. 자네 그때 생각나나? 마태오를 처음 부른 날 저녁 환영 파티! 지금은 그때보다 훨씬 더 기쁜 때라네. 그렇게 우중충하게 있을 이유가 없어! 내가 살아났어! 내가 이겼어! 사탄의 모든 권세를 완전히 꺾어 버렸다구!"

덩실덩실 옛날처럼 예수가 춤을 춘다. 맵시 있는 춤사위. 그가 손짓으로 함께 추자고 나를 부른다. 두 마리아가 장단을 맞추고 나도 춤판에 끼었다. 어느새 30일 영신수련 도반들이 하나둘 나타나 수녀복을 휘날리며 흥겹게 춤을 춘다. 느닷없이 아내와 두 딸까지 등장해서 함께 춤을 춘다.

춤판은 이어지고 또 이어진다. 그런데 이상하게 그때 그날 밤 만큼 신명이 나질 않는다.

결국 나는 시무룩하게 길옆으로 나와 앉았다. 예수가 다가왔다.

"안셀모, 자네 마음 다 아네. 내가 이겼다곤 하나 현실은 전혀 그렇게 보이질 않으니 그럴 만도 하네. 지금 바깥 상황을 조금 짐작하고 있는 자네 마음이 한결 무거울 수밖에 없을 걸세. 그러나 보시게. 자네가 철들어 세상 물정을 어느 정도 알고 난 지 벌써 30년이 넘었는데, 그 굽이굽이를 더듬어 생각해 보시게. 조급해할 것 하나도 없네. 중요한 것은 내가 결정적으로 악에게 항복 선언을 받아 놓았다는 사실일세. 지금 내가 살아서 자네 앞에 있는 것이 바로 그 증거일세. 힘을 내게 안셀모!"

예수와, 부활한 예수와 난 이런저런 깊은 얘기를 많이 나누었다.

특히 시국에 대한 이야기를 많이 했다. 얘기 말미에 예수가 한 가지 분명한 사실을 잘 알아 들으라 강조했다.

내가 부활했다는 것은 이제 더 이상 육체적인 속박과 악의 유혹에 시달리지 않게 되었다는 것을 의미하네. 자네와 함께해 온 지난

30여 년과는 전혀 다른 거야.

　나는 물론 예전처럼 자네와 늘 함께 동고동락할 것이네만 이제는 자네의 확실한 보디가드로, 세상 그 어떤 권세로도 범하지 못할 권위로 자네를 지키게 된다는 것이네. 바로 이 엄청난 변화를 보아야 하네.

　어떤가. 이래도 신나지 않은가?

　내가, 부활한 내가, 세상을 이긴 내가 자네와 함께한다는 것이 말일세!

부활에 대한 관상의 걸림돌

　사실상 부활 관상의 시작이랄 수 있는 여자들에게의 발현 부분은 처음에 제대로 관상이 진행되질 못했다. 관상의 기본 원칙조차 망각한 처사 때문이었다. 관상 도중 의미를 찾으려 애쓰지 말아야 하는 것이 기본인 터인데, 나는 아예 의미를 세워 놓고 거기에 기도를 맞추려고 애를 쓰고 있었다.

　이런 나의 오류를 주님은 산책 시간에 바로 깨닫게 해주셨다. 주님 돌아가신 것에 대한 그 감동적인 체험―그것을 그대로 안고 가면 되는 것이었다. 그렇게 주님을 사랑하는 마음 하나만 안고 모든 선지식 내려놓고 성경 안으로 들어갈 일이었던 것이다.

　어쭙잖은 사변적 지식들은 모두 내려놓아야 부활하신 예수님을 만날 수 있다는 사실을 크게 각성하였다. 실제로 여자들과 함께 만났던 부활하신 예수님은 이후 상상도 할 수 없는 엄청난 은총으로 계속해서 나를 만나 주셨다.

부활 3: 엠마오

• 성경 본문: 루가복음 24:13~35

13 바로 그날 거기 모였던 사람들 중 두 사람이 예루살렘에서 한 삼십 리쯤 떨어진 곳에 있는 엠마오라는 동네로 걸어가면서 14 이 즈음에 일어난 모든 사건에 대하여 말을 주고받고 있었다. 15 그들이 이야기를 나누며 토론하고 있을 때에 예수께서 그들에게 다가가서 나란히 걸어가셨다. 16 그러나 그들은 눈이 가려져서 그분이 누구신지 알아보지 못하였다. 17 예수께서 그들에게 "길을 걸으면서 무슨 이야기들을 그렇게 하고 있느냐?" 하고 물으셨다. 그러자 그들은 침통한 표정인 채 걸음을 멈추었다. 18 그리고 글레오파라는 사람이 "예루살렘에 머물러 있던 사람으로서 요새 며칠 동안에 거기에서 일어난 일을 모르다니, 그런 사람이 당신 말고 어디 또 있겠습니까?" 하고 말하였다. 19 예수께서 "무슨 일이냐?" 하고 물으시자 그들은 이렇게 설명하였다. "나자렛 사람 예수에 관한 일이오. 그분은 하느님과 모든 백성들 앞에서 그 하신 일과 말씀에 큰 능력을 보이신 예언자였습니다. 20 그런데 대사제들과 우리 백성의 지도자들이 그분을 관헌에게 넘겨 사형 선고를 받아 십자가형을 당하게 하였습니다. 21 우리는 그분이야말로 이스라엘을 구원해 주실 분이라고 희망을 걸고 있었습니다. 그러나 그분은 이미 처형을 당하셨고, 더구나 그 일이 있은 지도 벌써 사흘째나 됩니다. 22 그런데 우리 가운데 몇몇 여인이 우리를 깜짝 놀라게 하였습니다. 그들이 새벽에 무덤을 찾아가 보았더니 23 그분의 시체가 없어졌더랍니다. 그뿐만 아니라 천사들이 나타나 그분은 살아 계시다고 일러 주더라는 것이었습니다. 24 그래서 우리 동류 몇 사람이 무덤에 가 보았으나 과연 그 여자들의 말 대로였고 그분은 보지 못했습니다." 25 그때에 예수께서 "너희는 어리석기도 하다! 예언자들이 말한 모든 것을 그렇게도 믿기가 어려우냐? 26 그리스도는 영광을 차지하기 전에

그런 고난을 겪어야 하는 것이 아니냐?" 27 하시며 모세의 율법서와 모든 예언서를 비롯하여 성서 전체에서 당신에 관한 기사를 들어 설명해 주셨다. 28 그들이 찾아가던 동네에 거의 다다랐을 때에 예수께서 더 멀리 가시려는 듯이 보이자 29 그들은 "이젠 날도 저물어 저녁이 다 되었으니 여기서 우리와 함께 묵어가십시오." 하고 붙들었다. 그래서 예수께서 그들과 함께 묵으시려고 집으로 들어가셨다. 30 예수께서 함께 식탁에 앉아 빵을 들어 감사의 기도를 드리신 다음 그것을 떼어 나누어주셨다. 31 그제야 그들은 눈이 열려 예수를 알아보았는데 예수의 모습은 이미 사라져서 보이지 않았다. 32 그들은 "길에서 그분이 우리에게 말씀하실 때나 성서를 설명해 주실 때에 우리가 얼마나 뜨거운 감동을 느꼈던가!" 하고 서로 말하였다. 33 그들은 곧 그곳을 떠나 예루살렘으로 돌아갔다. 가 보았더니 거기에 열한 제자가 다른 사람들과 함께 모여서 34 주께서 확실히 다시 살아나셔서 시몬에게 나타나셨다는 말을 하고 있었다. 35 그들도 길에서 겪은 일과 빵을 떼실 때에 그분을 알아보게 된 일을 이야기해 주었다.

관상의 길: 두 제자의 입장에서 출발.

우리는 그야말로 '건전한' 신앙인이다. 율법 규정도 철저히 준수할 뿐만 아니라 예언서에 쓰인 대로 메시아를 대망하며 성실하게 일상을 사는 하느님의 백성이다.

그런데 몇 달 전부터 우리 가슴을 설레게 하는 소문이 돌았다. 우리가 찾던 그 메시아가 나타났다는 것이다. 그는 나자렛 사람 예수라는 인물인데, 가는 곳마다 하느님의 권능이 나타난다고 한다. 그런 그가 곧 예루살렘에 온다고 하니 만사 제쳐 놓고 가 볼 일이다. 예루살렘이야 여기서 두세 시간이면 족히 갈 수 있는 곳이니 어찌 가만 앉아 있을 수 있겠는가!

그가 입성했다는 소식을 듣고 아침 일찍 길을 나섰다. 예루살렘 북문으로 들어가서 곧장 성전으로 향했다. 그가 성전에서 가르치고 있다 했기 때문이다.

성전 입구에 도착했을 때, 우리는 놀라운 광경을 목격했다.

일단의 사람들이 눈엣가시 같던 성전 상인들을 몰아내고 있는 게 아닌가! 사람들은 너나 할 것 없이 내심 성전 상인들이 없어지는 날을 고대하고는 있었지만 일을 도모할 생각은 감히 할 수 없던 터였다.

그러니 저토록 쩔쩔매며 혼비백산 도망치듯 성전을 빠져나가는 상인들을 보는 마음이 통쾌할 수밖에. 저들이 누구인지는 모르지만 참으로 용감하고 장한 일이다.

모든 상인들을 물리친 후에 그 중 제일 앞장서서 호통을 치던 이가 높은 곳으로 올라가 연설을 시작했다.

저이가 누군가 하는데 옆에서 "예수다, 예수!" 하는 소리가 들렸다.

아! 저이가 바로 그 예수구나!

그의 연설은 그야말로 힘이 넘쳤다. 에너지가 넘치는 뿐만 아니라 권위도 넘쳐흘렀다.

우리는 그에게 완전히 매료되었다.

그래! 이분이야말로 틀림없는 메시아야!

우리는 바로 그분을 바싹 쫓아다니기 시작했다. 그의 말씀을 들으며 점점 더 그에 대한 신뢰와 믿음이 커져 갔다.

저녁에 그와 그의 제자들이 성 밖으로 나가 자기들의 숙소로 갈 때 우리 둘도 따라갔다. 우리는 아예 그분의 제자단에 들어가서 함께 살기로 작정했던 것이다.

모두 친절히 대해 주었다.

파스카 축제날은 함께 성 안에 있는 이층집에서 파스카 예식을 행하기도 했다.

그는 파스카 예식도 보통과는 다르게 아주 감동적으로 진행하였다. 먼저는 우리 모두의 발을 그가 직접 씻어 주는 것이었다. 생전 처음 당해 보는 일이다. 스승이 제자들의 발을 씻기다니!

그러면서 그는 우리도 이처럼 서로의 발을 씻어 주는 삶을 살라고 가르친다. 이 얼마나 감동적인 가르침인가!

이어서 빵을 나누어 주시는데, 이것은 내 몸이다, 너희를 위해 내어 주는 참된 양식이다 하신다. 잔을 나누시면서는 이것은 새로운 언약을 맺는 내 피의 잔이라 하시는 것이 아닌가! 그 말씀의 깊은 뜻은 다 몰라도 우리를 전율케 하는 엄청난 영적 체험이 있는 순간이었다.

아무튼 파스카 축제일을 성 안에서 지내고 흥겹게 숙소로 돌아왔다. 그런데 이게 웬일인가! 우리 꿈이 채 영글기도 전에 일련의 병사들이 와서는 그분을 체포해 가 버렸다. 어이가 없었다. 무슨 영문으로 이분을 체포한단 말인가! 하지만 그들의 무력시위 앞에서 우리 모두는 겁을 먹고 도망치고 말았었다.

다시 돌아와 여자들과 함께 재판정까지 가서 일의 추이를 지켜보았다.

세상에. 이 땅의 지도자란 것들이 어쩜 저럴 수가 있는가! 저분을 십자가형에 처하라니! 아무리 권력과 기득권에 눈이 먼 이들이라지만 어떻게 저처럼 양심적이고 훌륭한 지도자를 없애버릴 생각을 할 수 있단 말인가!

하지만 사태는 이미 수습하기 어려웠다.

결국 그분은 우리가 먼발치에서 보는 가운데 십자가 위에서 참혹하게 돌아가셨다.

마침 양심적인 의원이 있어서 시신만큼은 내려 안장할 수 있었으니 불행 중 다행이었다.

엄청난 충격 속에 우리 모두는 어찌할 바를 몰랐다. 올리브산 천막 숙소로 일단 모였지만 뾰족한 수가 없었다. 누군가 제자된 기본 도리가 있으니 우선 상을 치르는 동안이라도 모두 함께 행동하자 해서 그렇게 하기로 했다. 그래서 숙소도 묘지 쪽과 가까운 성 안으로 옮겼다.

성 안 숙소로 옮긴 날은 마침 안식일이라 묘지에 가 볼 수도 없었다. 다음 날 가 보는 수밖에 없어 모두 꼼짝없이 집 안에서만 서성이는 하루였다. 맏형인 베드로는 자신의 연약한 모습을 연신 괴로워하며 눈물을 그치지 않았다.

여자들이 오히려 현명해서 다음 날 묘지에 가져갈 향신품을 사러 안식일 시간이 끝나자마자 저녁 장을 보러 갔다가 왔다. 아마 내일 아침 일찍 우리가 단체로 애곡하러 가기 전에 향품을 처리할 모양이다.

아침에 잠자리를 정리하고 있는데 여자들이 화급히 돌아온다.

"주님이 살아나셨어요! 주님이 살아나셨어요!"

아니 이게 무슨 소린가.

무덤에 갔더니 시신이 없어졌다는 것이다. 다른 무엇보다도 시신이 없어졌다는 얘기에 우리 모두는 가슴이 철렁했다. 또 이놈들이 무슨 수작을 벌인 게 아닌가 하는 의구심이 들기도 했다.

행동이 빠른 베드로가 요한을 데리고 급히 무덤으로 가 보았다. 한참 만에 돌아온 그들이 틀림없이 시신이 없어졌다고 증언한다. 우리 모두는 이 일에 대하여 열띤 논의에 들어갔다.

여자들이 주님을 보았네 어쩌네 한 소리는 거의 무시했다.

어떻게 하면 잃어버린 시신을 찾아내느냐에 초점이 맞춰졌다.

하지만 헛수고였다. 우리가 할 수 있는 일이 아무것도 없었다.

오전 내내 입씨름들을 했지만 아무 결론도 낼 수 없었다. 시신이 없어진 마당에 애곡의 기간을 지낸다는 것도 우습게 되어 버렸다.

우리 둘은 허탈해하며 집도 가까우니 일단 집으로 가 있겠다고 하고는 일행을 떠났다. 무슨 일이 있거든 지나다 소식 전해 주라 부탁하고 우리도 종종 성 안으로 올라오겠다 했다.

그렇게 엠마오로 내려가는 길이다.

우리 둘은 다시 낮 동안 열띠게 토론했던 문제를 꺼냈다.

"자네는 어찌 생각하는가. 사실 난 여자들 얘기가 조금 솔깃하긴 해."

"무슨 소린가. 자네도 똑똑히 봤잖은가. 그분은 확인 사살까지 당했고 시신을 수습해서 안장한 것도 확인했잖은가! 여자들이 충격이 너무 커서 환상을 본 게지."

"하지만 시신이 없어진 이유를 딱히 설명할 수가 없잖은가. 놈들이 숨길 이유는 더더욱 없는 일이잖아. 오히려 저놈들은 시신이 없어질까 봐 경비병까지 세웠는걸!"

이런저런 얘기를 나누는데 누군가 우리 곁에 다가와서 토론에 합류했다. 그런데 이 사람은 아예 예수님에 대한 소식을 전혀 모르고 있었다. 예루살렘에 있었다면서 이렇게 큰 사건을 모른다니 도통 이해가 되지 않는 일이었지만 우리는 차분하게 사건 개요를 설명해 주었다.

그리고 우리가 토론하는 내용을 이야기했더니 대뜸 열변을 토하기 시작하는 것이었다. 우리 둘이 한심하다는 투였다.

첨엔 좀 언짢았지만 그이의 말을 듣고 있노라니 뭔가 꿰뚫리는 느낌이 들었다. 이미 알고 있는 성경 이야기이지만 그것을 메시아와 연결해서 이야기하니까 섬광이 비치는 것 같은 깨달음이 왔다.

우리 마음이 점점 뜨거워지고 있다는 사실도 이야기 속에 빠져드는 바람에 한참만에야 알아차렸다.

"그래. 우리가 선지식으로 알고 있는 것들은 어쩌면 모두 뒤집어 봐야 될 필요가 있을지도 몰라. 진리는 우리네 속 좁은 인간들 마음 안에 갇혀 있을 무엇이 아니지. 메시아가 고난을 받아야 한다는 생각은 누구도 하지 못하였지 않은가!"

그이의 말에 점점 더 빠져드는데 동네 어귀에 도착했다. 그분은 그냥 길을 가야 한다 했지만 날도 어두워졌고 해서 정중히 붙들고 집으로 모셨다.

그분의 발을 씻겨 드리며 불현듯 주님이 우리 발을 씻기시던 밤이 떠올라 다시 울컥한 심정이 되었다.

간단한 저녁상을 차렸다. 무교절 기간이라 빵도 딱딱한 것뿐이지만 그분은 개의치 않았다.

우리가 식사 기도를 해주십사 청하였더니 흔쾌히 들어주신다.

그분이 찬미의 기도를 드릴 때, 우리는 우리도 모르는 사이 며칠 전 파스카 저녁상 때의 전율적 상황으로 들어가고 있었다.

이윽고 그분이 빵을 떼어 나누어 주시는데, 갑자기 시야가 탁 트였다. 눈이 밝아진다는 말이 어떤 뜻인지 실감나는 순간이다.

앗! 예수님이시다!

감격과 놀라움으로 그분을 바라보는데, 그분은 우리 손에 빵만 남겨 놓은 채 홀연히 사라져 버리셨다.

우리는 서로 얼굴을 마주보며 우리의 흥분을 확인했다.

이럴 수가! 이럴 수가!

가만히 있을 수가 없었다. 둘은 누가 먼저랄 것 없이 밖으로 나와 예루살렘으로 뛰었다.

아 - 우리는 만났다. 예수님을 만났다!

부활하신 예수, 진리 자체이신 분을 만났다! 다시 살아나신 그분을 만났다!!

당신은 이처럼 분명 다시 사셨군요. 살아 우리 곁 가까이 오셔서 숨을 토해내시며 당신의 존재, 당신의 진리를 보여주고 계시군요. 오 주님. 감사합니다. 지금 이 순간은 아무것도 필요치 않습니다.

오직 다시 사신 당신을 만나는 기쁨 외에는…….

기도 말미에 주님이 내게로 다가오신다. 그분은 내 왼손을 살며시 잡으셨다. 참으로 아늑했다. 세상 그 어디에서도 맛볼 수 없는 평화 그 자체였다. 영원히 머물고 싶은 그윽함이었다.

주님, 이것이면 됩니다. 이것이면 충분합니다. 오늘 하루는 종일토록 이처럼 주님 손에 포근히 붙들리어 이 말로 다하기 어려운 평화 가운데 주님을 음미하며 있겠습니다. 감사합니다 주님.

영적 체험

주님께서 내 마음을 아시고 직접 오셔서 내 손을 잡아 주셨다!
이보다 더 진한 영적 체험이 어디 있으랴!
나는 이날 하루 내내 이 기쁨을 음미하며 보냈다.
마침 비가 부슬거리며 오고 비안개가 하루 종일 끼어 등산로에도 사람 하나 없었다.
주님과의 데이트!
주님의 그 아늑한 손길을 느끼면서 하루 종일 평화와 자유를 만끽했다.
돌아가시기 전까지 주님을 만나던 방식이 폭포수와 같은 은총의 쏟아짐이라 비유한다면, 부활하신 주님을 만나는 것은 잔잔한 바람결 같은 은혜였다.
부활은 요란하지 않다. 부활은 사랑의 차원을 격상시킨다.
이제 주님은 예전처럼 격하게 다가오지 않으셔도 된다.

꼬치꼬치 말씀하지 않으셔도 들을 수 있고
강하게 잡아 주지 않으셔도 당신께 사로잡혀 있음을 알 수 있다.
계신 듯 안 계신 듯하지만 더욱 선명히 주님의 임재를 느낀다.
물론 나는 연약하다. 그것 때문에 주님은 필요하다 생각하실 때면 뚜렷한 음성과 다정한 표정으로 당신의 임재를 드러내실 것이다. 그러나 나머지 모든 고요와 침묵의 시간들은 당신의 사랑으로 채워져 있음을 느낀다.
오늘 낮기도 한 시간을 다음의 기도로 채우며 행복했다.

오 주 예수그리스도 나의 벗 나의 사랑
그 사랑의 감각을 나에게 심으소서.
오 주 예수그리스도 나의 사랑 나의 벗
나를 비추소서. 나를 채우소서.

부활 4: 토마

• 성경 본문: 요한복음 20:24~29

24 열두 제자 중 하나로서 쌍둥이라고 불리던 토마는 예수께서 오셨을 때에 그들과 함께 있지 않았었다. 25 다른 제자들이 그에게 "우리는 주님을 뵈었소." 하고 말하자 토마는 그들에게 "나는 내 눈으로 그분의 손에 있는 못 자국을 보고 내 손가락을 그 못 자국에 넣어 보고 또 내 손을 그분의 옆구리에 넣어 보지 않고는 결코 믿지 못하겠소." 하고 말하였다. 26 여드레 뒤에 제자들이 다시 집 안에 모여 있었는데 그 자리에는 토마도 같이 있었다. 문이 다 잠겨 있었는데도 예수께서 들어오셔서 그들 한가운데 서시며 "너희에게 평화가 있기를!" 하고 인사하셨다. 27 그리고 토마에게 "네 손가락으로 내 손을 만져 보아라. 또 네 손을 내 옆구리에 넣어 보아라. 그리고 의심을 버리고 믿어라." 하고 말씀하셨다. 28 토마가 예수께 "나의 주님, 나의 하느님!" 하고 대답하자 29 예수께서는 "너는 나를 보고야 믿느냐? 나를 보지 않고도 믿는 사람은 행복하다." 하고 말씀하셨다.

관상의 길: 토마의 입장을 충분히 공감하는 가운데 예수님의 마음에도 동참한다.

토마는 의협심이 강한 사내다. 동정심도 많다. 친구가 어려운 처지에 있을 때 선뜻 빚보증을 서 주고 그것 때문에 자기 재산을 다 날려 버렸는데도 마음의 동요가 없던 인물이다.

사실 주님의 제자 중에 혁명당원 출신 시몬이 있었지만 어쩌면 토마가 가진 투신에의 열정이 시몬보다 더 컸는지도 모른다.

그는 예수님을 극진히 사랑했다.

주님이 가시는 길이라면 죽음의 길이라도 전혀 문제될 것이 없었다. 주님이 라자로 때문에 유대로 돌아가려 하실 때 '우리 모두 주님과 함께 죽으러 갑시다!' 하고 말한 것은 꾸밈없는 그의 진심이었다.

그러던 그가 그저께 밤에 보인 행동은 스스로에게 도저히 용납될 수 없는 것이었다. 칼 두 자루가 베드로와 시몬에게 있지 않고 그의 손에 쥐어져 있었다면 상황은 어찌 되었을지 모를 일이다.

아무튼 그는 느닷없는 군인들의 창칼 앞에서 본능적인 도피행각을 벌이고 말았다. 정신을 차리고 그 자리로 돌아왔을 때 그의 심정은 참담하기 이를 데가 없었다.

'내 인생에 이런 일이 벌어지다니!'

그의 허탈감과 자기 분노는 극에 달했다. 흩어졌던 이들이 다시 한 데 모여 안식일을 보낼 때도 베드로는 마냥 훌쩍거리고 있었지만 그는 분을 삭이지 못하고 있었다.

왜 나는 그때 주님을 위해 죽지 못했는가? 아니 최소한 같이 잡혀가기라도 했어야 옳지 않은가 하는 생각이 온통 그를 지배하고 있었다.

다음 날 아침 막달레나가 무덤에 다녀오더니 이상한 소리를 한다. 주님이 살아나셨다나 어쩐다나…….

'아 - 그래. 그녀도 무척 주님을 사랑했지. 그 상실감이 오죽 컸으면 저렇게 반 실성한 이가 다 되어서…….'

이런저런 제자들의 반응을 보면서 그의 가슴은 더 답답해진다. 더구나 유대인들이 고발할지 모른다며 문까지 꼭꼭 걸어 잠그고 있으려니 가슴이 폭발할 것 같다.

견딜 수가 없다. 에잇 잡히면 잡히라지 하며 독한 포도주 큰 병 하나를 들고 밖으로 나왔다. 다른 제자들의 걱정스러운 얼굴 표정 따위는 안중에 들어오지도 않았다.

한걸음에 내달려 간 곳은 바로 주님 잡혀가신 곳.

그 자리에 도착하자 통곡이 터져 나온다. 사나이가 울 수 있는 가장 크고 절절한 울음이었다.

"주님, 이 배신자를 용서하세요. 주님, 이 바보 같은 놈을 용서하세요……."

그 독한 술이 어쩌면 물처럼 넘어간다.

이 소리 저 소리 이 통곡 저 통곡 하염없이 쏟아 내며 밤을 지새운다. 사실 바로 그때 주님은 다른 제자들에게 나타나셨지만…….

새벽녘 찬이슬을 맞으며 돌아오는데 키드론 골짜기에서 다시 주님 생각이 북받친다. 그날 밤 주님이 부르셨던 그 쓸쓸한 노래가 떠올라 꺽꺽거리며 토하듯 불러 본다.

    한 고개 넘어 또 너머로 보인다 으흐
    한 조각 구우름 쏙에 잠권 둥근 다아알 흐흐흑

초췌한 몰골로 돌아왔을 때, 다들 자지 않고 있는지 불이 켜져 있다.

문을 두드리니 안에서 "열려 있네!" 한다. 아니 문을 풀었네?

방 안에 들어서니 분위기가 묘하다. 다들 곯아떨어져야 될 시간이건만 눈빛들이 초롱초롱하니 뭔가에 사로잡혀 한껏 고조된 분위기다.

"토마! 주님이 오셨네. 주님이 살아서 오셨다구!"

"뭐라고? 주님이 오셨다구?"

"그래. 예수께서 살아 계신단 말일세. 여기 이 자리에 오셔서 당신 상처까지 뚜렷이 보여주셨어!"

"잠깐, 잠깐! 자네들 날 놀리나? 내가 술이 좀 되었기로서니 그럼 못쓰네."

"아니야 토마. 그분은 정말 살아 계셔! 우리더러 성령을 받으라 하시면서 이제는 밖으로 나가서 당신이 하셨던 일을 우리더러 하라고까지 말씀하셨는걸."

"이럴 수가. 이럴 수가. 내가 그토록 애타게 주님을 부르짖어 찾고 있는 동안에 그런 일이 일어났다고? 아냐. 그럴 리가 없어. 사랑하는 주님이. 날 빼놓고 그러실 리가 없어! 자네들이 그런다고 내가 믿을 줄 아나! 어림도 없지! 주님이 내 앞에 오셔서 내 손으로 그 상처를 만져 보기 전에는 절대로 믿을 수 없지. 암!

크크크흑! 이젠 자네들까지 날 무시하는구만. 아아……."

벽에 있던 술병 하나를 낚아 들고 병나발을 분다.

베드로가 나서서 말린다.

"자네 왜 이러나. 안 그래도 많이 취했구만 이제 그만하게."

"나둬요 형님. 형님은 내 맘 아시잖아요. 제발 날 내버려둬요!"

베드로가 포기한 듯 손을 놓자 벌컥벌컥 술을 들이키고는 횡설수설하다가 쓰러져 잠이 들고 만다.

(부활하신 예수께서는 이 모든 과정을 지켜보고 계셨다.)

술병이 났다. 성모께서 죽을 쑤어 주셨는데도 제대로 넘기질 못했다. 사흘간을 꼼짝달싹 못하고 누웠다.

그 사이 다른 제자들은 연일 부산하다. 이제 각자 혹은 함께 삶의 현장으로 돌아가서 주님께서 주신 사명을 감당해야 할 텐데 사실 조금은 막막했기 때문에, 무교절이 끝날 때까지만이라도 함께 기도하며 앞길을 논의하자는 것이었다. 집주인은 아무 걱정 말고 한 달 아니라 일 년이라도 상관없으니 그냥 지내라고 호의를 베푼다.

술병으로 누워 있지만 사실 새로운 울화가 생겨 더 마음이 상했다.
저들의 태도를 보면 주님께서 이곳에 오셨던 것은 분명한데, 그렇다면 나는 무엇인가? 하필 나 혼자만 빠져 있을 때 그런 일이 일어난단 말인가!

'왜?'라는 질문이 꼬리를 물면서 낭패감과 야속함과 부끄러움과 온갖 나쁜 상념들이 온몸을 휘감고 있다. 그저께 술 마시기 전보다도 어쩌면 더 혼란스러운 마음이다.

자리를 털고 일어났지만 마음은 점점 더 엉망이 되어 간다. 하루 종일 장작을 패기도 하고 씩씩거리며 시키지도 않은 대청소도 해보곤 하지만 한번 꼬인 마음은 걷잡을 수가 없다.

나도 모르게 입에서 나오는 말과 행동이 거칠어진다. 다른 이들이 좋은 마음으로 하는 말들도 다 나를 비웃는 것처럼 느껴진다.

이건, 이건 사는 게 아니다!

여드레째 되는 날 드디어 폭발하고 말았다.

베드로 형님이 "자네 요새 왜 그러는가. 내 자네 마음 이해 못할 바도 아니지만 이젠 그만 좀 하게나. 말이야 바른 말이지 스승님이 살아나신 게 중요하지, 누구에게 나타나셨는가는 중요한 일이 아니지 않은가……" 하고 핀잔 아닌 핀잔을 주었을 때다.

도무지 제어되지 않던 마음속 화가 폭발하고 말았다.

"아니 형님. 그걸 말이라고 하시우? 형님이 내 입장 돼 보셨수? 도대체 다들 왜 이러는 거요. 왜 날 못살게 구느냐 말이욧!"

들고 있던 쿠션을 집어던지며 훤한 대낮이건 말건 다시 술병을 집어 들었다.

그때다. 바로 그 순간.

주님이 홀연히 모습을 드러내셨다.

다른 제자들은 익숙한 모습을 보는 듯 그분께 달려가 엎드려 절한다.

입으로 가져가려던 술병을 떨어뜨리고 말았다.

"토마야. 이리 오너라. 난 너를 잠시도 떠난 적이 없건만, 너는 왜 그다지도 내 마음을 몰라주느냐. 네가 날 사랑하는 그 마음 누구보다 내가 더 잘 알고 있다. 내가 널 사랑하는 마음도 하나도 변하지 않았고!"

주님은 팔을 벌리며 말씀을 이어나가셨다.

"하지만 언제나 그랬듯이 이제 내가 다시 산 것은 토마, 바로 자네와 같은 모든 사랑하는 이들에게 내 사랑을 확증하기 위한 것이야.

내가 다른 제자들에게 나타났을 때 난 이미 자네에게도, 다른 모든 이들에게도 살아났던 거야. 예전처럼 보이지 않고 만져지지는 않지만 바로 자네에게도 살아나 있었던 거지. 자넨 날 느끼지 못했을 뿐이야. 자네가 문을 박차고 밖으로 나갔을 때, 자넨 오히려 자네 마음의 문을 더 심하게 닫아 버렸던 거지. 아무튼 괜찮아 토마. 이리 가까이 와. 와서 나를 확인해. 내가 자넬 얼마나 사랑하는지, 자네 때문에 생긴 이 상처에 손을 대어 봐. 그리고 느껴 봐. 나를."

으흐흑. 아 주님, 나의 하느님!
어찌 이리도 제 애를 태우셨나이까!
이 어리석은 사람을 어찌 그리 시험하셨더이까!
아아, 나의 사랑, 나의 주님······.

기도 성찰

토마의 마음이 너무나 잘 공감된, 그리고 그것을 안타까이 바라보시는 주님의 마음도 잘 느끼게 된 시간이었다.

기도 말미 주님과의 대화 시 내가 어두움 속에 있을 때에도 내 곁에서 안타까이 날 부르시는 주님을 느끼게 해달라고 청하였다.

불현듯 바깥 상황이 떠오른다. 수련을 마치고 나서도 상황은 조금도 변하지 않을 수도 있다. 어쩌면 더 악화되어 있을 수도 있다. 사실 수련을 시작하면서 품었던 막연한 생각은 수련이 끝날 때쯤이면 모든 상황이 개선되어 있을 것이라는 어린애 같은 믿음이었다.

그러나 이제는 다르다. 모든 것이 최악의 상황으로 치닫고 있다손 치더라도 주여 '왜?' 하고 질문하지 않으리라.

토마 사건은 부활 신앙의 한 차원 높은 신비를 깨우쳐 주셨다. 거짓 종교는 우리의 믿음으로 우리가 직면한 어려움들을 없애 주는 방식으로 우리의 기대를 충족시킨다고 유혹하지만, 참 종교는 우리가 당면하는 상황을 바꾸어 주는 기대충족이 아니라, 그 모든 악조건 속에서도 주님을 신뢰할 수 있는 믿음을 가르치고, 마침내 그 시련을 통하여 주실 하느님의 놀라운 은총을 바라보며 감사할 수 있게 한다는 어느 학자의 이야기가 살아있는 진리의 말씀으로 다가온다.

부활5: 좋네. 그런 마음으로 나를 따르게

• 성경 본문: 요한복음 21:1~19

1 그 뒤 예수께서 티베리아 호숫가에서 제자들에게 다시 나타나셨는데 그 경위는 이러하다. 2 시몬 베드로와 쌍둥이라는 토마와 갈릴래아 가나 사람 나타나엘과 제베대오의 아들들과 그 밖의 두 제자가 한자리에 모여 있었다. 3 그때 시몬 베드로가 "나는 고기를 잡으러 가겠소." 하자 나머지 사람들도 같이 가겠다고 따라나섰다. 그들은 배를 타고 고기잡이를 나갔으나 그날 밤에는 아무것도 잡지 못하였다. 4 이튿날 날이 밝아 올 때 예수께서 호숫가에 서 계셨다. 그러나 제자들은 그분이 예수이신 줄을 미처 몰랐다. 5 예수께서 "얘들아, 무얼 좀 잡았느냐?" 하고 물으시자 그들은 "아무것도 못 잡았습니다." 하고 대답하였다. 6 "그물을 배 오른편에 던져 보아라. 그러면 고기가 잡힐 것이다." 그들이 예수께서 이르시는 대로 그물을 던졌더니 그물을 끌어올릴 수 없을 만큼 고기가 많이 걸려들었다. 7 예수의 사랑을 받던 제자가 베드로에게 "저분은 주님이십니다." 하고 말하였다. 주님이시라는 말을 듣자 옷을 벗고 있던 시몬 베드로는 몸에 겉옷을 두르고 그냥 물속에 뛰어들었다. 8 나머지 제자들은 고기가 잔뜩 걸려든 그물을 끌며 배를 저어 육지로 나왔다. 그들이 들어갔던 곳은 육지에서 백 미터쯤밖에 떨어지지 않은 곳이었다. 9 그들이 육지에 올라와 보니 숯불이 있고 그 위에 생선이 놓여 있었다. 그리고 빵도 있었다.

10 예수께서 제자들에게 "방금 잡은 고기를 몇 마리 가져오너라." 하고 말씀하셨다. 11 시몬 베드로는 배에 가서 그물을 육지로 끌어올렸다. 그물 속에는 백쉰세 마리나 되는 큰 고기가 가득히 들어 있었다. 그렇게 많은 고기가 들어 있었는데도 그물은 터지지 않았다. 12 예수께서 그들에게 "와서 아침을 들어라." 하고 말씀하셨다. 제자들 중에는 감히 "당신은 누구십니까?"

하고 묻는 사람이 없었다. 그분이 바로 주님이시라는 것이 분명하였기 때문이다. 13 예수께서는 제자들에게 가까이 오셔서 빵을 집어주시고 또 생선도 집어 주셨다. 14 예수께서 부활하신 뒤 제자들에게 나타나신 것은 이것이 세 번째였다.

15 모두들 조반을 끝내자 예수께서 시몬 베드로에게 "요한의 아들 시몬아, 네가 이 사람들이 나를 사랑하는 것보다 더 나를 사랑하느냐?" 하고 물으셨다. 베드로가 "예, 주님. 아시는 바와 같이 저는 주님을 사랑합니다." 하고 대답하자 예수께서는 "내 어린 양들을 잘 돌보아라." 하고 이르셨다. 16 예수께서 두 번째 "요한의 아들 시몬아, 네가 나를 정말 사랑하느냐?" 하고 물으셨다. "예, 주님. 아시는 바와 같이 저는 주님을 사랑합니다." 베드로가 이렇게 대답하자 예수께서는 "내 양들을 잘 돌보아라." 하고 이르셨다. 17 예수께서 세 번째로 "요한의 아들 시몬아, 네가 나를 사랑하느냐?" 하고 물으시자 베드로는 세 번이나 예수께서 "나를 사랑하느냐?" 하고 물으시는 바람에 마음이 슬퍼졌다. 그러나 "주님, 주님께서는 모든 일을 다 알고 계십니다. 그러니 제가 주님을 사랑한다는 것을 모르실 리가 없습니다." 하고 말하였다. 그러자 예수께서 "내 양들을 잘 돌보아라." 하고 분부하셨다. 18 이어서 "정말 잘 들어 두어라. 네가 젊었을 때에는 제 손으로 띠를 띠고 마음대로 돌아다닐 수 있었다. 그러나 이제 나이를 먹으면 그때는 팔을 벌리고 남이 와서 허리를 묶어 네가 원하지 않는 곳으로 끌고 갈 것이다." 하고 말씀하셨다. 19 예수의 이 말씀은 베드로가 장차 어떻게 죽어서 하느님의 영광을 드러내게 될 것인가를 암시하신 말씀이었다. 이 말씀을 하신 뒤 예수께서는 베드로에게 "나를 따라라." 하고 말씀하셨다.

관상의 길: 제자 중 한 사람(성서 속 인물 이외의 한 사람)이 되어 상황 안으로 들어가서 함께 체험한다. 때때로 등장인물이 되기도 한다.

베드로, 야고보, 요한, 토마, 나타나엘, 필립보, 안드레아 등 일곱 제자들은 성령으로 충만하였다. 이들은 주님 지시대로 주의 일을 하기 위하여 예루살렘을 떠나 갈릴래아의 큰 도시 티베리아 근처 호숫가에 자리를 잡았다.

공동생활을 하며 나름대로 생활 규칙도 정하고 일과 중 대부분의 시간을 도시로 들어가 주님이 하셨던 것처럼 하느님 나라를 선포하고 치유하고 가르치는 일을 해 나갔다.

처음에는 의욕이 넘쳤고 사역의 보람도 많았다. 그러나 날이 갈수록 왠지 조금씩 맥이 빠지는 느낌이었다. 주님 시키신 대로 하는 일인데 왜 점점 기쁜 마음이 사라지고 의욕도 떨어질까 하며 고민하는 때가 많다.

그러던 어느 날 저녁 베드로가 고기를 잡으러 나가겠다고 한 것이다. 사실 종종 밤중에 호수로 나가 고기를 잡아서 양식도 하고 살림에도 보태곤 하였다. 비록 작기는 하지만 진즉 배를 하나 장만하고 있었던 것이다.

다른 이들도 딱히 별다르게 할 일도 없고 해서 따라나서겠다고 한다. 심심할 뻔했는데 잘 되었다며 나타나엘에게 횃불이나 준비해서 오라 하여 모두 함께 물로 나갔다. 물론 나도 따라나섰다.

적당한 곳에 배를 세우고 그물질을 한다.

한 번. 두 번. 세 번.

웬일인지 매번 허탕이다.

"아니 형님 웬일이시우. 어째 피라미 새끼 한 마리도 안 잡히네요 그려."

"시끄럽다. 더러 이럴 때도 있는 게지. 야, 안드레아. 자리를 좀 옮겨야겠다. 저쪽으로 가 보자. 노는 좀 천천히 젓고!"

하지만 거기서도 마찬가지.

매번 수초나 돌멩이 따위만 올라온다. 밤은 깊어 가고 다들 기분이 씁쓸하다.

"헛참. 이거 이러다가 날 새겠수. 형님, 피곤하기도 하실 테니 어디 젊은 애들한테 한번 맡겨 봅시다."

야고보가 한마디 해서 안드레아와 요한에게 그물을 넘겨줘 본다. 안드레아와 요한이 번갈아 가며 익숙한 솜씨를 한껏 발휘해 보지만 소용이 없다.

"이거 웬일이지? 이러다간 영락없이 아침마저 굶게 생겼는걸……"

다시 베드로가 그물을 받아 이곳저곳 고기가 있을 법한 곳은 다 돌아다니며 그물질을 해봤지만 헛수고였다.

모두 피곤하고 지쳐 버렸다. 어느새 밤도 거의 지나고 먼동이 트려고 한다. 허탈하지만 뭍으로 돌아 나오지 않을 수가 없었다.

뭍으로 가까이 가자 저 멀리 누군가 서서 이쪽을 보고 있는 이가 있다. 조금 가까워지니까 뭐라고 소리친다. 좀 더 가까이 다가가자 소리가 제대로 들린다.

"이보게들, 뭣 좀 잡았는가?"

떠돌이 랍비쯤 되어 보이시누만 우리에게 아침을 공양 받을 요량인 모양인데 안 되었소.

"완전 허탕이오. 밤새도록 그물질했지만 이거 원 이러긴 처음이오!"

"오~ 그래요? 그럼 저기 저 오른편에 가서 한번 그물질을 해보시구랴. 내 여기서 보니 고기들이 좀 있는 듯하오만……."

안드레아가 그 손끝을 따라가며 쳐다보면서 "저기? 저긴 아까 지나왔던 데 아니요." 하며 못마땅한 표정을 짓는다.

베드로가 의외의 순한 말투로 말했다.

"물때가 달라졌으니 모를 일이긴 하다. 밑져 봤자 본전인데 한번 시키는 대로 해보자꾸나."

배를 돌려 조금 오른쪽으로 들어가서 그물을 던졌다. 그야말로 밑져 봤자 본전이라는 생각으로 별 기대 없이 던진 그물이었다.

순간. 뭔가 느낌이 온다.

"앗! 고기떼다. 저 봐! 그물 속에 번쩍이는 놈들!"

"우와~ 엄청 많은데!"

다른 이들이 웅성거리는 소리를 들으며 무심코 그물을 당기던 베드로의 가슴에 갑자기 쿵 하고 울리는 울림이 있다.

'혹시……'

베드로는 처음 주님을 만났던 일이 떠올랐다.

'혹시 해변의 그분이……'

생각이 여기에 미치자 심장이 쿵쾅거린다.

"안드레아! 노를 저어. 고기가 많아서 배 위로는 못 올릴 것 같다. 그냥 끌고 뭍으로 나가자."

배를 돌려 그물을 끌고 나가는데 해변의 그분은 아직 서 계신다.

요한이 유심히 보다가 소리 질렀다.

"주님이시다!"

부활5: 좋네. 그런 마음으로 나를 따르게

주님, 그래 맞지? 주님 틀림없지?!

베드로는 배가 뭍에 채 닿기도 전에 물로 뛰어내려 첨벙첨벙 뛰어 간다.

주님 ---

이제야 확연히 주님이 보인다. 그래. 그때 내 가슴을 먹먹하게 만드셨던 내 주님, 바로 그분이야.

"하하. 여전하군. 새벽바람이 쌀쌀한데 이리 와서 불에 좀 말리게."

"주님, 아아 주님."

베드로는 연신 다른 말은 못하고 주님만 외쳐 댄다. 반가워하는 마음이 그대로 묻어나는 모습이다.

"어이. 거기들도 어서 오게나. 피곤하고 시장할 텐데 이리 와서 아침 식사들 함세. 내가 미리 준비를 좀 해뒀네."

따뜻하게 데운 빵이다. 그분에게서 한 사람 한 사람 빵을 받으며 이제는 우리가 예배 때마다 하는 성찬례가 중첩된다.

주님의 사랑이 담긴 빵.

빵을 입에 가져가며 모두 기쁨과 감사와 산 소망에 흠씬 빠져든다. 요즈음 우리를 짓누르고 있던 심한 무기력증이 일거에 달아나는 기분이다. 누구도 예외 없이 한없는 사랑의 눈으로 주님을 바라보며 눈물을 글썽이고 있다.

"아참. 베드로. 가서 고기 잡은 거 좀 가져오게나. 불도 있으니 구워서 함께 먹자구."

"어이 안드레아, 요한. 같이 가자. 혼자 끌어내기엔 너무 많아."

……

"어랏차! 어랏차! 와 세상에, 이 씨알 굵은 것 좀 봐! 이렇게 많이 들었는데 그물은 한 군데도 상하지 않았네 그랴. 허허."

"자. 여기 소쿠리에 한 열 마리 담아. 요한은 저기 가서 고기 꿸 나무좀 마련해 오고."

…….

고기 익는 냄새.

그분이 정성스럽게 구워서 다시 빵을 나누듯 일일이 나눠주신다.

베드로는 생각했다.

'그래 이거야. 우리가 주님의 일을 한답시고 열심히 노력했지만 어쩌면 우린 우리 힘으로만 그 일을 하려 했던 거야. 우린 주님의 사랑을 공급받지 못하면 아무 힘도 쓸 수 없는 허깨비들인 게야.'

그때 한번 부활하신 주님을 뵙고 난 이후 우리는 주님께서 여전히 우리에게 사랑을 붓고 계시다는 것을 잊어 버렸어. 그러니 우리 사랑도 고갈될 수밖에…….

이제 알았어.

주님은 그때나 이제나 앞으로도 항상 우리와 함께 계시면서 당신의 사랑을 퍼부어 주시는 거야. 우리가 그것을 받으려 하고 그 사랑에 눈 뜨기만 하면, 우리는 우리의 것인 양하는 사랑을 나누려고 애쓰지 않아도 돼.

그래, 우린 그저 그분의 사랑의 통로가 되면 되는 거야!'

식사가 끝날 즈음 주님께서 베드로를 잠깐 따로 보자 하신다.

순간 베드로는 안셀모로 바뀐다.

주님이 날 사랑하냐 물었을 때, 그간 수없이 고백해 온 습관에 따라 "그럼요. 이제는 주님을 사랑한다고 자신 있게 말할 수 있습니다!"라고 했다.
 그랬더니 빤히 쳐다보시며 다시 물으신다.
 "사랑한다고?"
 "아, 예. 그럼요."
 "그러면 내 양들. 저렇게 아버지와 떨어져 헤매고 있는 내 양들을 먹여야지······."
 침묵 속에 내가 지금 하고 있는 일들을 생각한다.
 혼란스럽다.
 주님 다시 물으신다.
 "안셀모. 자네 내 친구 맞지?"
 이 말씀 앞에서 갑자기 슬퍼진다.
 "아아, 주님 그럼요. 제가 비록 저도 모르게 당신이 없는 듯 행동하곤 하는 엉터리지만 주님. 이제 주님이 제 친구라는 사실 자체를 부인하는 적은 없어요. 그건 주님이 누구보다 잘 아시잖아요."
 "······."

 "그래 안셀모. 힘을 내게.
 누가 뭐래도 우린 친구야. 그러니 이제 나를 갈급해하는, 사랑을 갈급해하고 자유를 갈급해하는 나의 어린 친구들에게 내 마음을 전해 주게.
 아무것도 두려워할 것 없네.

내가 자네를 사랑하는 그 사랑으로 저들도 사랑하고 있다는 사실 — 이 엄연한 진실만 잘 전해 주면 되네."

"알겠습니다. 주님.

하느님과 내가, 하느님과 우리 모두가 어떤 관계를 회복해야 참된 기쁨과 행복을 누릴 수 있는지 삶으로 증거하겠습니다.

하느님의 사랑으로 죄인을 용서하되 한없이 용서해서 해방의 기쁨을 전달하고, 하느님의 선을 전하되 악에 대하여 단호함으로 진정한 용서의 위로를 전달하게 해주십시오."

"그래. 안셀모.

나만 따르게. 다른 곳 보지 말고 나만 따르면 되네!

그러니 두려워 말게. 혹 나를 따르다 자네가 원치 않는 길을 강요당할 때조차도, 나로 인해 다른 이들에게 얽매어 휘둘릴 때조차도, 두려워하거나 낙심할 필요 없네.

우린 친구요 영원한 동반자니까 말일세."

"그래요 주님.

이젠 감옥이라도 갈 수 있어요. 이제 이 나이에 다시 그런 경험하리라곤 생각도 못했지만 이제는 다르네요. 만일 제게 그런 기회가 온다면 참으로 영광스럽게 그 수난을 받겠습니다. 주님."

"그래 안셀모. 그런 마음이면 됐어.

바로 그 마음으로 나를 따르게나!"

기도를 마치고

가슴 한편에서 평온한 바람이 인다.

내가 주님의 일을 하다가 지금 이 시국에서, 이 나라에서 감옥을 가게 된다면 얼마나 영광인가!

또 내가 부르심을 받아 아프리카 오지에 가서 생을 마감하게 된다면 얼마나 큰 영광인가!

왜 근자엔 이런 마음이 들지 않았던 것일까?

왜 이제야 그런 마음이 내게 감동이 되는 것일까?

노후의 평안함이라는 거짓 행복 프로그램에 나 또한 시나브로 매수되어 있었던 것 아닌가!

이제야 알게 되었다.

루치펠의 교묘한 전술에 나도 걸려들었던 거다.

이것을 깨닫고 이길 수 있도록 한 것은 바로

사랑이다.

오직 목숨까지 기꺼이 바쳐 내 모자람을 도말해준 내 친구 예수 그리스도의 나에 대한 사랑 때문이다.

승천

• 성경 본문: 사도행전 1:3~11

3 예수께서는 돌아가신 뒤에 다시 살아나셔서 사십 일 동안 사도들에게 자주 나타나시어 여러 가지 확실한 증거로써 당신이 여전히 살아 계시다는 것을 보여 주시며 하느님 나라에 관한 말씀을 들려주셨다. 4 예수께서는 사도들과 함께 계신 자리에서 이렇게 말씀하셨다. "너희는 예루살렘을 떠나지 말고 내가 전에 일러준 아버지의 약속을 기다려라. 5 요한은 물로 세례를 베풀었지만 오래지 않아 너희는 성령으로 세례를 받게 될 것이다." 6 사도들은 다 같이 모인 자리에서 예수께 이렇게 물었다. "주님, 주님께서 이스라엘 왕국을 다시 세워주실 때가 바로 지금입니까?" 7 예수께서는 이렇게 대답하셨다. "그때와 시기는 아버지께서 당신의 권능으로 결정하셨으니 너희가 알 바 아니다. 8 그러나 성령이 너희에게 오시면 너희는 힘을 받아 예루살렘과 온 유다와 사마리아뿐만 아니라 땅 끝에 이르기까지 어디에서나 나의 증인이 될 것이다." 9 예수께서는 이 말씀을 하시고 사도들이 보는 앞에서 승천하셨는데 마침내 구름에 싸여 그 모습이 보이지 않게 되셨다. 10 예수께서 하늘로 올라가시는 동안 그들은 하늘만을 쳐다보고 있었다. 그때 흰 옷을 입은 사람 둘이 갑자기 그들 앞에 나타나서 11 이렇게 말했다. "갈릴래아 사람들아, 왜 너희는 여기에 서서 하늘만 쳐다보고 있느냐? 너희 곁을 떠나 승천하신 저 예수께서는 너희가 보는 앞에서 하늘로 올라가시던 그 모양으로 다시 오실 것이다."

관상의 길: 제자 중 한 사람(성서 속 인물 이외의 한 사람)이 되어 상황 안으로 들어가서 함께 체험.

나를 비롯한 주님을 따르는 모든 이들에게 주님은 다양한 방식으로 나타나시고 다가오시어 당신이 다시 사셨음을 확인시켜 주셨다. 그것은 마치 스펀지에 물이 스며들 듯 시나브로 우리를 흠뻑 적시는 놀라운 은총의 과정이었다.

주님은 사십 일을 그리하셨다. 당신이 공생애를 시작하시며 광야에서 보낸 사십 일의 수련 과정처럼 나와 우리에게 이 부활의 사십 일 여정을 통해 확실하게 다지고 또 다지며 부활생명을 가르쳐 주셨다. 처음에는 반신반의했던 이들도 지금은 더 이상 의심의 구름이 없다.

나도 그랬다. 어설픈 지식 때문에 부활하신 주님을 못 만날 뻔했지만 주님은 위로와 평화의 바람으로 오셔서 포근히 나를 감싸 안아 주시고 마침내 당신 사랑의 진수를 깨닫게 하셨다. 그리고 당신의 모든 것을 증거할 증인으로 다듬어 주셨다.

처음에 우왕좌왕했던 우리 공동체는 더 이상 흔들리지 않게 되었다. 무엇을 해야 하나 어디로 가야 하나 걱정할 필요가 전혀 없었다. 주님께서 여전히, 아니 더욱 확실히 우리와 함께 계시기에 그간에 해왔던 일을 조금도 늦추거나 변경할 필요성을 느끼지 못했다.

우리는 주님과 더불어 '공동체'를 유지했다. 그리고 주님과 더불어 주님의 일을 지속해 나갔다. 주님의 일은 하느님 나라를 선포하는 일. 곧 '하느님 사랑의 창조 질서(원리와 기초)'가 우리 모두를 참된 행복, 참 생명, 참된 기쁨과 자유로 가는 길임을 증언하는 일이다. 주님은 당신의 삶과 죽음과 부활로 그 사랑의 원리를 너무도 생생히 우리에게 가르쳐 주셨다.

지난 삼 년, 아니 나에게는 삼십 년 예수와 함께한 여정은 마침내 당신의 부활로 여행의 진정한 목적을 깨닫게 한 것이다.

우리가 묵는 집주인도 부활의 증인이 되었다. 그는 더 이상 자기의 집을 자기 것으로 생각하지 않았다. 이제는 이 집이 예수공동체 — 곧 주님의 증인들의 터전이 되었다.

우리는 이제 더 이상 문을 걸어 잠그고 칩거하지 않는다. 만나는 사람들마다에게 예수 생명에 대한 증언을 해나가고 있다. 물론 아직은 그것이 적극적인 형태를 띠고 있지는 못하지만, 우리는 기쁨에 넘쳐 주변 사람들에게 선한 영향력을 끼칠 정도까지에 이르렀다. 마침내 이 집은 120여 명이 함께 거주하는 놀라운 기쁨의 생활공동체가 되었다.

주님 부활하시고 사십 일이 채워지는 날이었다. 주님께서 발현하시어 베드로에게 사람들을 모으라 하신다. 내게는 아래층 여자들을 모아 오라 시키셨다.

언제나 그랬듯 모두 기쁨에 넘친 표정으로 모였다.

주님께서 함께 밖으로 나가자고 하셨다. 긴요한 말씀이 있으시단다.

우리는 성 밖으로 나와 키드론 골짜기, 올리브산을 거쳐 베다니아 근처에 다다랐다. 키드론 골짜기를 지나면서도, 올리브산—그 치욕의 현장을 지나면서도 예전처럼 우울하지 않았다. 오히려 즐거운 노래를 흥얼거릴 정도였다.

길을 걸으며 베드로 형님, 안드레아, 필립보 등과 얘기를 나누는

데, 얼마나 친근감 있고 다정스러운지 모르겠다. 주님뿐만 아니라 우리 사도들과 제자들도 모두 진정한 친구가 되었다. 서로를 위해 기꺼이 죽을 수도 있는……

앞서 가시던 주님이 조금 너른 곳에 멈춰 서시며 우리들에게 말씀하시기 시작하셨다.

"여러분, 이제는 내가 일일이 나타나서 여러분에게 지시하거나 부탁하지 않아도 여러분 스스로 내 일을 잘 해나갈 만큼 되었소. 그래서 나는 내 본래 있던 자리로 올라가려 하오. 그 자리는 세상 만물을 창조하시고 사랑하시는 하느님 아버지의 나라 권좌이오."

"아, 그러면 지금이 이스라엘을 다시 세우실 때입니까?"

누군가 거침없이 물었다.

부활하신 예수께서 친근한 어투로 대답하셨다.

"하느님 나라는 이미 시작되었소. 그러나 그것이 완성되기까지는 얼마나 더 있어야 할지 아무도 모르오. 그날과 그 시간은 오직 아버지만이 아시는 사항이오. 여러분이 주목해야 할 것은 그게 아니요. 이미 시작된 하느님 나라의 증인들로서 어떻게 살아야 할 것인가 하는 것이 지금 여러분이 신경 써야 될 부분이고 내가 부탁하고자 하는 일이오."

"그것이 어떤 길입니까 주님."

내가 물었다. 언젠가 토마와 필립보가 주님께 여쭈었던 바보 같은 질문[1]과는 좀 다른 뉘앙스의 질문이었다.

---

1) 요한복음 14장 참조

"안셀모. 자네는 이미 그 길을 알고 있네. 이제 자네에게 필요한 것은 나의 증인으로서 더 넓은 시야를 가지고 더 힘 있게 내가 했던 일을 꾸려 나가는 것일세."

"여러분! 이제 내가 영광의 자리에 앉으면 여러분을 확실하게 도우실 분을 보내드릴 것이오. 그분은 나의 영, 곧 성령이시오. 성령이 여러분에게 임하시면 여러분은 악의 세력을 제어할 수 있는 권능을 받게 될 것이오. 그러면 여러분은 지금보다 갑절의, 아니 수십 수백 배의 확신과 신뢰로 나의 길을 이어갈 수 있을 것이오. 그러니 여러분은 이제 좁은 예루살렘뿐만 아니라 온 유대, 원수의 땅 사마리아, 마침내 땅 끝까지 이르러 이 일을 완수하시오. 아니 그렇게 될 것이오! 더욱 힘을 내시오. 그리고 기뻐하시오. 여러분과 동고동락하던 내가 바로 세상을 짓누르던 악의 권세를 결정적으로 꺾어 버리고 메시아 왕국의 왕의 권좌에 앉는 것이오. 앞으로도 여러분과 동행할 내가, 여러분을 지키고 인도해 나갈 내가 바로 하느님 왕국의 주인이란 말이오!"

주님은 이 말씀을 마치시고 우리 시야에서 사라지셨다. 가끔씩 발현했다가 사라지시는 것과 다름없었다. 그러나 그분이 지금 영광의 자리로 가신다는 것을 의심하는 이는 아무도 없었다. 그러니 모두 기쁨의 환호성을 지를 수밖에.

"우리 주님 만세! 메시아 왕국, 하느님 나라 만세!"

모두 들떠 있다. 그런데 갑자기 하늘의 천사가 나타났다. 천사는 우리의 들뜬 마음을 진정시키며 주님의 말씀을 전했다.

"그렇게 하늘만 보며 기뻐 들뜨지들 마시게. 현실은 여전히 냉혹

하오. 당신들이 만나서 투쟁해야 할 악의 실재들은 무수히 많이 존재하고 있소. 이제는 기쁨과 더불어 결의를 다질 때요. 사랑은 의지라고도 했고 행동이라고도 했소. 아마도 기억나실 거요. 성전을 정화하기 전날 예수께서 여러분과 함께했던 일 말이오. 그날 밤 함께 만들었던 그 채찍을 상기하시오! 그리고 주님이 보여 주셨던 사랑의 전투 방법을 다시 한 번 잘 숙고하도록 하시오. 물론 당신들이 만나는 어두움들은 엄청난 위력으로 여러분을 놀래 자빠지게 할 수도 있소. 그러나 걱정 마시오. 여러분의 참된 임금, 진정한 메시아이신 예수께서는 방금과 같은 영광스러운 모습으로 반드시 다시 오실 테니까!"

부활 승천한 예수. 마음의 눈을 밝히면 어디서든 만날 수 있는 분.

마지막 성찰

주님께서 영광의 보좌에 앉으셨다는 것은
하느님과 같은 분이 되셨다는 것.
하느님은 삼라만상, 곧 만물 위에 계시며 만물 안에 계시므로 주님도 이제는 만물 안에 계신다.
그 속에서 내게 부으신 그 사랑의 응답을 기다리고 계신다.
다른 이가 아닌 나의 사랑을.
특별히
가난한 이들, 연약한 이들, 억눌린 이들 안에서 (사회구조적이거나, 가까운 일상 안에서나, 내 연약한 영혼 안에서나, 자연생태계에서나) 그렇게 그 아낌없는 사랑의 교감을 원하고 계신다.

주님의 말씀이다.
채찍을 준비할 때는 꼭 먼저 나의 '사랑'을 생각하라.
무엇보다 나는 만물의 해방을 지향하고 있음을 기억하라.
가난 때문에 옹졸해지지 말 것이며
상황 때문에 기죽지 말 것이다.
해방의 춤을 추는 니 춤꾼 예수를
늘 마음에 품으라 안셀모야.
내 사랑하는 친구야!

제5부

사랑의 관상

관상의 길: 삼십 일 동안 주신 영적 선물들을 되돌아보며 하느님이 내 인생에 주신 모든 선물들과 하느님이 어떻게 현존하시며 활동하시는가를 **관상**하고 이 모든 선의 원천이신 분을 바라보며 선물들이 어떻게 내려오고 있는지 **관상**한다. 아래는 세 번에 걸친 기도를 마지막으로 정리하며 주님께 드리는 편지이다.

당신의 온 생애를 저에게 드러내신 주님.

갓난아기에서부터 당신을 사랑하게 하시고 당신이 제게 품는 사랑의 내용을 깨달아 가도록 인도해 오셨습니다.

공생애 동안, 당신이 사랑하시는 감각을 온몸으로 느끼면서 당신의 사랑을 절절히 알게 하시고 제가 세상에 품는 연민의 정은 결코 제 것으로는 감당할 수 없다는 사실을 각성케 하셨습니다.

당신이 저와 모든 '나'들에게 쏟아부으시는 그 사랑이야말로 저희가 사랑할 수 있는 사랑의 원천임을 압니다.

그 사랑은 무조건적이지만 좋은 것이 좋은 그런 불투명한 사랑은 아니었습니다. 당신께서 저와 모든 이들의 이면에서 준동하고 있는 루치펠의 기세를 보시며 발하신 분노는 진실한 사랑의 분노였음을 깨달았습니다. 그날 밤, 성전을 정화하기 전날 밤, 당신과 함께 만들었던 채찍은 제 가슴속에 잘 담아 두겠습니다.

마침내 지상에서 당신과 이별해야 될 시간에 이르자 저도 모르게 폭발하는 눈물을 보며 이 부족한 인간이 비로소 당신을 정말로 사랑하게 되었음을 알았습니다. 당신은 모름지기 제가 당신 곁을 떠날 때 그토록 슬퍼하셨을 것입니다.

이윽고 당신이 돌아가실 때 그 극한의 고통에 동참케 하시고, 이 길이 저에 대한 당신의 사랑을 완성하시는 길임을 알게 하셨습니다.

더불어 그것은 세상의 모든 '나'들을 질식시키고 있는 악한 영의 권세를 결정적으로 무너뜨린, 두꺼비의 전술과도 같은 당신의 오묘한 희생이셨음을 알았습니다. 그때 루치펠의 깃발은 이미 꺾여 버렸습니다.

절망처럼 보였던 당신의 죽음은 부활 생명이라는, 참으로 상상하기 어려운 방법으로 종식되고, 이전에 몰랐던 참된 평화를 안겨 주셨습니다. 당신이 잡아 주시던 그 손길의 아늑함은 영원히 잊지 못할 선물입니다.

그리고 이유식을 하듯 조금씩 조금씩 부활 생명을 사시는 당신을 새로운 지평에서 사랑하는 방법을 가르쳐 주셨습니다. 토마를 통하여, 베드로를 통하여, 그리고 당신의 사랑하시는 제자공동체를 통하여…….

지극히 감사한 일입니다. 이제는 세상으로 나가는 것이 참으로 기쁨이 됩니다. 제게 다가올 상황 때문이 아니라, 제가 사랑해야 될 수많은 '나'들이 있기 때문입니다.

당신은 살아생전 저의 확실한 동반자이셨습니다. 이제는 부활 생명으로 모든 이들 속에 계시니 더 확실한 동반자이십니다.

제가 해야 될 사명은, 당신께서 확실히 부활하시어 지금 여기 저와 모든 피조물 안에 현존하심을 깨어 바라보고, 당신의 사랑의 초대에 응하며 당신처럼 사랑하는 것입니다. 그 외에 모든 것은 다 이에 부속되는 일입니다.

주님, 감사합니다. 나가서 주님을 뵙겠습니다. 나가서 주님의 사랑을 새롭게 받으며 그 새로운 사랑을 드러내겠습니다.

주님, 저의 자유 저의 사랑

제가 지금 기억하는 모든 것들과 깨달음

저의 곧은 의지들과 나약한 의지들

아 – 제가 소유하고 있다고 생각하는 이 모든 것들은 다 당신의 것입니다.

그러하오니 지금 이대로 모두 당신께 드립니다.

저는

당신이 주시는 사랑과 은총이면 차고도 넘치는

당신의 피조물, 당신 사랑의 파트너,

당신으로부터 사랑받는 죄인일 뿐입니다.

단전 아랫부분이 서늘해지는 깨달음이 무엇인지 우리는 안다. 그것은 뜨거운 가슴으로 오는 감동보다 어쩌면 더 깊은 영적 각성이기 쉽다. 그런 깨달음을 놓치지 말자. 오래오래 간직하자.